Frau Bindle

Einige Begebenheiten aus dem häuslichen Leben der Bindles

Herbert George Jenkins

Writat

Diese Ausgabe erschien im Jahr 2024

ISBN: 9789359943442

Herausgegeben von
Writat
E-Mail: info@writat.com

Inhalt

KAPITEL I

FRAU. Bindles Aussperrung

ICH

„Nun! Was ist jetzt los? Hast du deinen Job verloren?"

Mit einer Hand auf dem Rand des Eimers, neben dem sie kniete, blickte Mrs. Bindle mit herausforderndem Blick auf. Bindles unerwartetes Erscheinen, während sie das Wachstuch in der Küche wusch, erfüllte sie mit Vorahnungen.

„Auf dem Hof wird gestreikt", antwortete er in einem Tonfall, der trotz seines Bemühens, es locker zu machen, wie ein Schuldeingeständnis klang. Er kannte Frau Bindle; Er kannte auch ihre Ansichten zu Streiks.

"Ein Was?" rief sie, stand auf und wischte sich die Hände an der groben Leinwandschürze ab, die den Rock bedeckte, der sorgfältig um ihre Hüften geschmückt war. "Ein Was?"

„Ein Schlag", wiederholte Bindle. „Sie entlassen Walter Odson, also kommen wir alle raus."

„Oh! Das hast du, oder?" sie weinte, ihre dünnen Lippen verschwanden bedrohlich. „Und wann gehst du zurück, würde ich gerne wissen?" Sie betrachtete ihn mit einem Blick, von dem er wusste, dass er Krieg bedeutete.

„Das kann ich nicht sagen", antwortete er, während er seine Pfeife aus einer Blechtabakschachtel stopfte. „Hängt von der Union ab", fügte er hinzu.

"Die Union!" sie weinte mit wachsendem Zorn. „Ich wünschte, ich hätte sie hier. Ich würde ihnen Union geben und Männer von der Arbeit werfen, mit Essen zu dem Preis, den es kostet. Was wird mit uns geschehen? Können Sie mir das sagen?" „Forderte sie, ihre Diktion wurde aufgrund der Intensität ihrer Gefühle an den Rändern etwas ausgefranst.

Bindle schwieg. Er erkannte, dass er sich in einer Krise befand.

„Nett, dass Sie morgens um elf Uhr heimkommen und ruhig sagen, Sie hätten gestreikt", fuhr sie wütend fort. „Sie sind ein fauler Haufen nichtsnutziger Faulenzer, alle zusammen, das ist es. Wenn Sie die Arbeit satt haben und Urlaub machen wollen, streiken Sie und verbringen Ihre Zeit in Kneipen, wetten und trinken und fluchen, und wir Frauen schuften morgens, mittags und abends, um Sie zu unterhalten. Angenommen, ich würde streiken, was dann?"

Sie öffnete ihre Segeltuchschürze, faltete sie mit kurzen, ruckartigen Bewegungen zusammen und legte sie in die Schublade der Frisierkommode. Dann ließ sie die Girlanden, in denen ihr Rock gerafft war, um ihre unauffälligen Hüften herab.

Mrs. Bindle war eine scharfsinnige Frau mit einem scharfen Gesicht und zu eng beieinander liegenden Augen, um einem Künstler zu gefallen.

Die Schmalheit ihres Kopfes wurde durch die Art und Weise betont, wie ihr dünnes, sandfarbenes Haar hinter jedes Ohr gezogen und hinten fest zu einem Knoten zusammengebunden war.

Ihre Lippen waren dünn und leicht ausgeprägt, und wenn sie genervt war, neigten sie dazu, ganz zu verschwinden.

„Wie werden wir leben?" sie verlangte. „Antworte mir das! Du und deine Schläge!"

Bindle zündete ein Streichholz an und war damit beschäftigt, seine Pfeife anzuzünden.

„Was wirst du für Essen tun?" Sie war nicht zu leugnen.

„Wir wollen Streikgeld bekommen", entgegnete er und nutzte die Gelegenheit.

„Streikgeld!" sie weinte verächtlich. „Eine Menge Gutes, das wird genügen. Ein Pfund pro Woche, nehme ich an, und du isst wie ein – wie ein –" Sie hielt inne, um einen zufriedenstellenden Vergleich zu ziehen. „Fresst mich aus dem Haus und aus dem Haus", ergänzte sie. „‚Streikgeld!' Wenn es nach mir ginge, würde ich ihnen Streikgeld zahlen."

„Es wird helfen", schlug Bindle vor.

„Hilfe! Ja, es wird dir helfen herauszufinden, wie hungrig du werden kannst", erwiderte sie grimmig. „Ich hätte diesen Mann, Smillie, gerne hier, ich würde ihm etwas von meiner Meinung geben."

„Aber er hat es noch nicht geschafft", protestierte Bindle. Sein Sinn für Fairplay veranlasste ihn, den abwesenden Anführer zu verteidigen. „‚E ist ein Bergmann. Wir gehören nicht zur ‚is Union'."

„Sie werden alle über einen Kamm geschoren", rief Frau Bindle, „ein nichtsnutziger, fauler Haufen. Sie verdrehen einen um den Finger und lachen einen dann aus dem Ärmel. Ich kenne sie." fügte sie düster hinzu.

Bindle ging zur Tür. Er war nicht für den Streik gewesen; jetzt war es bei ihm noch weniger beliebt.

„Ich nehme an, Sie gehen zu Ihrem niedrigen Wirtshaus, um zu trinken und zu rauchen und sich gegenseitig zu erzählen, wie klug Sie waren", fuhr sie fort. „Dann kommst du zurück und erwartest, dass dein Abendessen bereit ist, es in den Mund zu nehmen."

Die Worte von Frau Bindle waren prophetisch. Bindle *war* auf dem Weg zum Gelben Strauß, um seine Freunde zu treffen und die neuesten Nachrichten über den Streik zu besprechen.

„Du würdest mir doch kein schwarzes Bein geben, Lizzie, oder?" er hat gefragt.

„Sprich nicht mit mir über solche Dinge", erwiderte sie. „Ich bin eine fleißige Frau, die hart daran arbeitet, das Haus respektabel zu halten, während Sie und Ihre niederen Kameraden sich weigern zu arbeiten. Ich wünschte, ich hätte sie alle hier, ich würde ihnen Streiche geben." Ihre Stimme zitterte vor unterdrückter Leidenschaft.

Als Bindle erkannte, dass das Schicksal gegen ihn war, zog er sich düster zurück und wandte seine Schritte in Richtung des Gelben Straußes.

Um ein Uhr kehrte er etwas zweifelnd in die Fenton Street zurück; aber sehr hungrig.

Er schloss das Tor leise, Mrs. Bindle hasste das Zuschlagen von Toren. Plötzlich erblickte er ein weißes Stück Papier, das an der Haustür befestigt war. Einen Moment später las er die verblüffende Ankündigung:

> „Ich habe auch zugeschlagen.
>
> „ E. BINDLE. "

Die Worte, die auf der Rückseite der Werbung eines Kohlenhändlers standen, schienen vor seinen Augen zu tanzen.

Er war sich bewusst, dass ihn auf beiden Seiten des Vorderfensters ein Gesicht aufmerksam beobachtete. In der Fenton Street war das Drama das gemeinsame Eigentum aller.

Mit einem verwirrten Ausdruck in den Augen stand Bindle da und starrte auf das Blatt Papier und seine unheilvolle Botschaft, während seine rechte Hand sich durch die blau-weiße Cricket-Mütze, die er normalerweise trug, am Kopf kratzte.

„Nun, ich bin enttäuscht", murmelte er, als Mrs. Grimps, die in Nr. 5 wohnte, an ihre Tür kam und ihn nicht ohne Mitgefühl betrachtete.

Beim Anblick ihrer Nachbarin erschien auch Mrs. Sawney, die in Nr. 9 wohnte, die Hände in der Schürze verschränkt und ihre Arme dampfend. Sie war in der Spülküche beschäftigt, als „Arriet", der die Ereignisse beobachten sollte, aus dem Wohnzimmer mit der Nachricht hereinstürmte, dass Mr. Bindle käme.

„Das tut Ihnen recht, das tut es“, sagte Mrs. Sawney. „Ihr Männer“, fügte sie hinzu, als wollte sie jeden Hinweis aus ihren Worten entfernen, dass sie persönlich gemeint waren. Bindle war bei seinen Nachbarn sehr beliebt.

„Das fällt Ihnen auf, wenn Sie keine Lust auf Arbeit haben“, sagte Mrs. Grimps im Chor, „ich kenne Sie.“

Bindle blickte von einem zum anderen. Diesmal hatte er das Gefühl, dass es nichts zu sagen gab.

„Dann sind da noch die Kinder“, sagte eine schlampig aussehende Frau mit hartem Mund und staubigen Haaren, die gerade zwei Türen weiter heraufgekommen war. „Es liegt dir sehr am Herzen. Es liegt an uns, zu leiden.“

Es gab ein Murmeln von den anderen Frauen, die von zwei Nachbarn von der gegenüberliegenden Straßenseite verstärkt worden waren.

„Sie ist mein Mitgefühl“, sagte Mrs. Sawney, „obwohl ich nicht sagen kann, dass ich sie als Freundin mag.“

Während dieser Bemerkungen hatte Bindle nach seinem Hausschlüssel gesucht, den er nun hervorzog und ins Schloss steckte; aber obwohl der Riegel reagierte, gab die Tür nicht nach. Es war innen verschraubt.

„Nun, ich bin überwältigt!“ murmelte er erneut, zu überrascht über diese neue Phase der Situation, um sich der Bemerkungen seiner Mitmenschen mehr als nur vage bewusst zu sein.

„Der Mann meiner Schwester hat vor drei Monaten zugeschlagen“, sagte einer der Neuankömmlinge, „und er erwartet den fünften. Ich nenne es Crool. Sie sollten sich selbst retten, sage ich. Das erfahren wir. Sie sollen zuschlagen.

Bei dieser rätselhaften Äußerung ertönte bei den anderen ein zustimmendes Murmeln.

„Es ist alles sehr gut für sie“, rief Mrs. Sawney; „Aber wir müssen leiden, wir und die Porenkinder, segne sie. ‚Arriet, du lässt mich dich wieder dabei erwischen, wie du an diesem Tor schwingst, meine Schönheit, und ich werde dir die Haut abziehen.“

Die letzte Bemerkung war an das kleine Mädchen gerichtet, das den Moment der Beschäftigung ihrer Mutter genutzt hatte, um sich einer unerlaubten Freude hinzugeben.

Ohne ein Wort drehte sich Bindle um und ging den gepflasterten Weg zum Tor hinunter und die Fenton Street entlang in Richtung „The Yellow Ostrich", wobei er eine Gruppe interessierter Frauen zurückließ, die in seiner Tragödie Stoff für Klatsch und Tratsch einer Woche finden würden.

Seine gewohnte Fröhlichkeit hatte ihn verlassen. Ihm wurde klar, dass er mit einer häuslichen Krise konfrontiert war, die ihn ehrlich gesagt verwirrte — und er war hungrig.

Als er die gastfreundliche Schwingtür des Gelben Straußes aufstieß, wurde er von einer neuen und noch verwirrenderen Phase der Situation begrüßt.

„Hier, Bindle", rief eine wütende Stimme, „was zum Teufel hat Ihre Frau vor?"

„Sie können mich durchsuchen", war Bindles düstere Antwort, als er zur Bar ging und ein Pint Bier, etwas Brot und „ein bisschen Käse, der den Lift macht" bestellte.

„Ihr wart gegen uns Streikende", fuhr der Redner fort, der Bindle bei seinem Eintritt begrüßt hatte, einen Mann mit krimineller Stirn, offenem Mund und einem schmutzigen Halstuch.

„Was ist deine Beschwerde, Kumpel?" fragte Bindle gleichgültig, während er sein Zinngefäß von der Theke nahm und daran zog, so dass es seinen Inhalt halb entleerte.

„Was hat deine verdammte Frau gemacht?" forderte der Mann aggressiv.

„Schau her, Enery, alter Sport", sagte Bindle leise, während er sich mit dem Handrücken über die Lippen wischte, „du bist nicht hübsch, und du bist nicht gut; aber versuche, deinen Mund zu behalten." sauber, wenn Sie von Frau B. sprechen. Sehen Sie?

Ein zustimmendes Murmeln erklang von den anderen Männern, bei denen Bindle beliebt war, Henry Gilkes jedoch nicht.

„Was meint sie damit, dass sie zu meinen Mädels geht und sie dazu bringt, mich rauszuschmeißen?"

„Verschwinde!" rief Bindle mit verwirrter Miene. „Worüber redest du?"

„Wenn ich zum Abendessen nach Hause gehe", war die wütende Erwiderung, „dann hängt ein Zettel an der blinkenden Tür, der besagt, dass meine Frau geschlagen ist. Ich werde sie schlagen!" fügte er böswillig hinzu. „Die Dame von nebenan sagt mir, dass es deine Frau ist, die es getan hat."

Einen Moment blickte Bindle seinen Leidensgenossen an, dann schlug er sich mit der Miene eines Mannes auf den Oberschenkel, der gerade einen großen Witz gesehen hat, der ihm seit einiger Zeit entgangen ist.

„Enery", grinste er, „sie hat es mir auch angetan."

„Fertig was?" fragte Henry, der als Pater der Kapelle das Gefühl hatte, ein Mann von einiger Bedeutung zu sein.

und hinten ausgesperrt ", erklärte Bindle und genoss die Verwirrung seines Kumpels. „Was ist jetzt mit der Solidarität der Arbeiter, alter Junge?" erkundigte er sich.

Henry Gilkes hatte ein Gesprächsthema: „die Solidarität der Arbeit". Diejenigen, die mit ihm arbeiteten, empfanden es als ermüdend, sich seine Ansichten über den aufgeblähten Kapitalisten anzuhören und darüber, wie er überwunden werden sollte. Sie diskutierten lieber über ihre eigenen Wettvorhaben und die Aussichten der Fußballmannschaften Chelsea und Fulham.

„Hab es dir angetan!" wiederholte Gilkes dumpf. „Was hat sie getan?"

„Ich bin scherzhaft herumgeschnüffelt, um etwas vom Abendessen zu bekommen", erklärte Bindle, „und da waren beide Türen verriegelt, und ein Zettel, auf dem stand, dass Mrs. B. angeschlagen hat. Ich persönlich nenne es einen Aussperrung", fügte er grinsend hinzu.

Mehrere seiner Zuhörer zeigten Anzeichen von Unbehagen. Sie waren seit dem frühen Morgen nicht mehr zu Hause gewesen.

„Ich werde diesem Stotterer den Kiefer brechen, wenn meine Frau mich aussperrt", knurrte ein bärtiger Mann, der wegen der Intensität seiner Sprache „Ruddy Bill" genannt wurde.

„Machen Sie so etwas, was Sie auch tun würden", sagte Bindle freundlich. „Du hast ein süßes Wesen, Bill, trotz deiner Schnurrhaare."

Ruddy Bill knurrte etwas in seinem Bart, während einige der anderen Männer ihre Zinngefäße leerten und hinausschlüpften, in der Absicht herauszufinden, ob ihr eigenes häusliches Glück durch diese neue und unerwartete Gefahr bedroht war oder nicht.

Von da an hallte es in der öffentlichen Bar des Gelben Straußes von wütendem Gerede und Drohungen darüber, was passieren würde, wenn die Herren, die dort stolz waren und viel tranken, an ihre Herde zurückkehrten und Manifestationen der Rebellion vorfanden.

Zwei der Männer, die den Zustand ihrer heimischen Barometer untersucht hatten, kamen nach einer halben Stunde mit der Nachricht zurück, dass auch sie von Zuhause und Schönheit ausgesperrt worden seien.

Gegen drei Uhr kam Ruddy Bill zurück, Schimpfwörter strömten über seine Lippen. Als er feststellte, dass er hinausgeflohen war, hatte er die Tür aufgebrochen; aber niemand war da. Nun drohte ihm ein Rauswurf vom Vermieter, der von der vorsätzlichen Beschädigung seines Eigentums und den Kosten für eine neue Tür erfahren hatte.

Mehrmals an diesem Nachmittag hielt es der Wirt des Gelben Straußes, der selbst als Genießer in Sachen „Sprache" gilt, für notwendig, den stereotypen Satz „Jetzt bitte meine Herren" auszusprechen, *was* für ihn bedeutete, dass die … Das Gespräch war für das Vorderschiff eines Trampdampfers nicht mehr geeignet.

II

Durch Bindles Weggang zum Gelben Strauß allein gelassen, hatte Frau Bindle einige Zeit tief in Gedanken an der Kommode gestanden. Dann hatte sie den Hauswaschlappen ausgewrungen, den Eimer geleert, alles unter die Spüle gestellt und war noch einmal zur Kommode zurückgekehrt. Nach einer fünfminütigen Meditation folgte schnelles Handeln.

Zuerst nahm sie ihre Haube aus der Kommodenschublade, hakte dann einen dunkelbraunen Regenmantel hinter der Tür hervor und machte sich daran, vor dem Spiegel auf dem Kaminsims ihre Toilette im Freien zu machen.

Dann holte sie eine Tintenflasche und einen Stift heraus und schrieb ihren Trotz mit einer von Tinte zerfressenen Feder. Als dies erledigt war, verriegelte sie die Haustür von innen und befestigte zunächst ihren Türöffner. Sie verließ das Haus durch die Tür, die zur Spülküche führte, schloss sie ab und nahm den Schlüssel mit.

Ihr Gesicht war grimmig und ihr Gang war entschlossen, als sie sich auf den Weg zu dem Hof machte, auf dem Bindle beschäftigt war. Dort verlangte sie, den Manager zu sehen, und wurde nach einigen Schwierigkeiten eingeliefert.

Sie machte ihm zunächst Vorwürfe und befahl ihm, den Streik zu beenden. Als er jedoch erklärt hatte, dass der Streik ausschließlich auf die Aktion der Männer zurückzuführen sei, erzählte sie ihm abschließend von ihrer eigenen drastischen Aktion und ihrer Entschlossenheit, ihren Streik fortzusetzen, bis die Männer zurückgingen.

Der Manager überraschte sie, indem er sich in seinem Stuhl zurücklehnte und schallend lachte.

„Frau Bindle", rief er schließlich, während er sich die Tränen aus den Augen wischte, „Sie sind ein Genie; aber Bindle tut mir leid. Wollen Sie den Streik nun in ein paar Stunden beenden?"

Mrs. Bindle sah ihn misstrauisch an; Aber da sie sich der offensichtlichen Bewunderung bewusst war, mit der er ihre Tat betrachtete, gab sie nach und hörte zu, was er zu sagen hatte.

Zehn Minuten später verließ sie das Büro mit einer Liste der Namen und Adressen der Streikenden, darunter auch der des Organisationssekretärs der Gewerkschaft. Sie hatte sich für eine Gegenoffensive entschieden.

Ihr erster Besuch galt Mrs. Gilkes, einer ruhigen kleinen Frau, die durch die „Solidarität der Arbeit" zur Sanftmut gezwungen worden war. Hier musste sie ihr Scheitern eingestehen.

„Ich weiß, was Sie meinen, meine Liebe", sagte Mrs. Gilkes; „Aber sehen Sie, Mr. Gilkes würde es nicht gefallen." In ihrer Stimme lag ein Zittern der Angst.

„Das würde mir nicht gefallen!" wiederholte Frau Bindle. „Natürlich würde es ihm nicht gefallen. Bindle wird es nicht mögen, wenn er es weiß", ihre Kiefer trafen sich grimmig und ihre Lippen verschwanden. „Du hast Angst", fügte sie vorwurfsvoll hinzu.

„Das ist es, meine Liebe, das bin ich", war die beunruhigende Antwort. „Ich hatte nie ein Herz für einen Streit, deshalb ist Mr. Gilkes so über mich hergefallen. Meine Schwester Mary hat das erst letzten Toosday gesagt – nein, das war es nicht, es war We." Ich erinnere mich an diesen Tag, weil es der Tag war, an dem wir Würstchen annoncierten, von denen Mr. Gilkes sagte, sie seien nicht frisch. „Amelia", sagt sie, „du hast kein Hasenohr, sonst würdest du es tun." „Ertragen Sie nicht, was Sie tun", und als sie in Mrs. Bindles Gesicht blickte, fügte sie hinzu: „Es ist wahr, Mrs. Gimble, obwohl ich es Mary gegenüber nicht eingestanden habe, sie ist meine Schwester und so hochnäsig." auf jede erdenkliche Weise.

„Nun, es wird Ihnen leid tun", war Mrs. Bindles Kommentar, als sie sich zur Tür umdrehte. „Ich werde niemandes Sklave sein."

„Sehen Sie, ich bin nicht der Richtige, Mrs. Gimber."

„Bindle!" schnappte Mrs. Bindle über ihre Schulter.

„Es tut mir leid, Mrs. Spindle, mein Fehler."

Mrs. Bindle stapfte durch den Flur, durch die Vordertür und aus dem Tor und ließ Mrs. Gilkes zurück, die abfällig murmelte, dass sie „kein Herz für einen Kampf" habe.

Obwohl sie es nicht besitzen wollte, war Frau Bindle durch das Scheitern ihres ersten Versuchs, den Streik zu brechen, entmutigt. Hätte sie nicht das Glück gehabt, Mrs. Hopton bei ihrem zweiten Unterfangen zu begegnen, hätte sie vielleicht sogar die Rolle der Lysistrata aufgegeben und wäre nach Hause zurückgekehrt, um Bindles Abendessen zuzubereiten.

Mit so etwas wie Bedenken klopfte sie an der Wessels Street Nr. 32. Dieses Gefühl wurde noch verstärkt, als die Tür plötzlich von einer enorm großen

Frau mit eckigem Kinn, kämpfenden Augen und sehr wenig Haar geöffnet wurde.

Mit in die Seite gestemmten Armen und mit einem Ellenbogen auf beiden Seiten des Gangs, als wäre sie von den Gefühlen Horatius Cocles' erfüllt, stand Mrs. Hopton mit fest geschlossenem Mund da und blickte ihren Anrufer an. Sobald jedoch Frau Bindle ihre Mission bekannt gegeben hatte, veränderte sich das Verhalten von Frau Hopton völlig. Sie ließ die Hände von den Hüften sinken, ihr starrer Gesichtsausdruck entspannte sich und sie trat einladend zur Seite.

„Ich bin deine Frau", rief sie. „Kommen Sie herein, Frau –"

„Bindle!" fragte Frau Bindle.

„Kommen Sie herein, Mrs. Bindle, Sie haben mit Martha Opton die Frau gefunden, die Sie sich wünschen. Wir Frauen haben so etwas lange genug ertragen. Das habe ich immer gesagt."

Sie ging voran in ein stickiges kleines Wohnzimmer, in dem eine Kiste mit Wachsfrüchten, ein staubiger Stoffhund und ein Wäscheständer, auf dem die Vertrautheit von Mrs. Hoptons Wäscherei hing, zum ersten Mal ins Auge fielen.

„Ich habe immer gesagt", fuhr Mrs. Hopton fort, „dass wir Frauen in der Art und Weise, wie wir die Dinge angehen, um die Hälfte zu sanftmütig und mild waren. Mein Mann ist ein Idiot", fügte sie überzeugt hinzu. „Sie lassen sich von diesen Schiedsrichtern, wie ich sie nenne, so leicht leiten, dass sie sie zwingen, einfach zu tun, was sie wollen, dreckige, faule Kerle. Noch nie in ihrem Leben haben sie ihre Arbeit getan, das haben sie nicht." , keiner von ihnen."

„Das sage ich", rief Frau Bindle und fand zum ersten Mal in ihrem Leben eine sympathische Stimmung außerhalb der Mauern der Alton Road Chapel. „Ich habe mein Haus verschlossen", fuhr sie fort, „und einen Zettel an die Tür gehängt, dass ich auch zugeschlagen habe."

Die Wirkung dieser Worte auf Mrs. Hopton war verblüffend. Ihr Kopf fiel zurück wie der eines trinkenden Huhns, ihre Hände hoben sich noch einmal in die Hüften und ihr riesiger Körper zitterte und pulsierte, als ob er einen leistungsstarken Motor enthielt. Mrs. Bindle blickte sie mit großen Augen an.

„Sie-sie-sie!" kam in tiefen, flüssigen Kehllauten von Mrs. Hoptons Lippen. „Sie-sie-sie!" Dann senkte sie den Kopf wieder, und Frau Bindle sah, dass ihre grimmigen Lippen geöffnet waren und einige sehr gelbe, unscheinbare Zähne zum Vorschein kamen. Mrs. Hopton zeigte sich amüsiert.

Ohne weiteren Kommentar verließ Mrs. Hopton den Raum. In ihrer Abwesenheit fasste Frau Bindle anhand der Beweise, die ihr Haus enthielt, ihren Charakter zusammen. Das Ergebnis war ungünstig. Sie war gerade zu dem Schluss gekommen, dass ihre Gastgeberin schmutzig und unordentlich war und keinen Sinn für Anstand oder Religion hatte, als Mrs. Hopton wieder eintrat. In einer Hand hielt sie ein Stück Papier, in der anderen ein kleines Tintenfläschchen, aus dem ein orangefarbener Federhalter hervorragte.

Sie machte einen Platz auf dem unordentlichen Tisch frei, bückte sich und kritzelte mit gestreckten Ellbogen und verkrampften Fingern die Worte: „Ich habe auch zugeschlagen, M. Hopton."

Dann richtete sie sich auf, warf noch einmal den Kopf zurück und ein weiterer Strom von „Her-ihr-ihr" strömte zur Decke.

„Jetzt komme ich mit", sagte sie schließlich. Ohne darauf zu warten, den Umhang oder die Haube anzuziehen, befestigte sie den Aushang an der Haustür, die sie von innen verriegelte. Dann ging sie durch die Tür zur Spülküche, schloss sie ab, genau wie Mrs. Bindle es getan hatte, und trug den Schlüssel bei sich.

Obwohl Mrs. Bindle das Gefühl hatte, dass es ihr gesellschaftlich schadete, mit der schwerfälligen, unordentlichen Mrs. Hopton gesehen zu werden, betrachtete sie es als Opfer für eine gerechte Sache. Es dauerte jedoch nicht lange, bis sie herausfand, dass sie keinen Leutnant, sondern einen Anführer rekrutiert hatte.

Mrs. Hopton nahm die Namens- und Adressenliste aus der Hand ihrer Begleiterin, warf einen Blick darauf und wandte sich in Richtung der Straße, in der die schüchterne Mrs. Gilkes lebte. Während sie gingen, erzählte Mrs. Bindle die Geschichte von Mrs. Gilkes' Feigheit und bezog sich dabei auf die bedeutungsvollen Worte der amazonischen Mrs. Hopton: „Überlassen Sie das mir."

„Nun, nichts davon", war ihre Begrüßung an Mrs. Gilkes, als sie ihre Haustür öffnete. „Du kommst raus und schließt dich den Streikbrechern an. Nichts von deinem Unsinn oder –" Sie machte eine bedeutungsvolle Pause.

Mrs. Gilkes protestierte gegen ihre Feigheit, sie kriecht, sie schleppte ihre Schwester Mary und den zornigen Gilkes herein; aber ohne Erfolg. Fast bevor sie wusste, was passiert war, ging sie zwischen Mrs. Hopton und Mrs. Bindle hin und her, den Schlüssel zur Hintertür in einer Hand festgehalten, und versuchte, die Bänder ihrer Haube unter ihrem offensichtlich zu flachen Kinn zusammenzubinden. In ihrem Herzen herrschte große Angst; Dennoch verspürte sie bei dem Gedanken an ihren eigenen Wagemut eine seltsame und nicht unangenehme Erregung. Sie tröstete sich mit Mrs. Hoptons Versprechen, sie vor dem Zorn ihres Herrn zu schützen.

Die übermächtige Persönlichkeit von Mrs. Hopton war zu viel für die anderen Frauen. Der eine oder andere, der sich tapfer bemühte, aufzufallen, wurde von ihrem schwerfälligen Spott überwältigt, der an Einschüchterung grenzte.

„Hier, hol dir einen Stift und Tinte", schrie sie, und bevor die widerstrebende Hausfrau wusste, was passiert war, hatte sie verkündet, dass auch sie zugeschlagen hatte und Mrs. Hoptons Armee um einen weiteren Rekruten vergrößert worden war.

In einem Haus trafen sie den Ehemann, der sich gerade zu einem frühen Abendessen hinsetzen wollte. Das gab Mrs. Hopton ihre Chance.

„Du fauler, verschlingender, nichtsnutziger Sohn eines gottverdammten Faulenzers!" schrie sie, ihre tiefe Stimme pochte vor Leidenschaft. „Nennen Sie sich einen Mann? Sie sind ein feiner Mann, der seine Frau arbeiten und sklaven lässt, während er schlägt und seinen Bauch mit Rindfleisch und Bier füllt. Ich habe bessere Dinge gesehen, als Sie in die Spüle geworfen haben, das habe ich."

Beim ersten Angriff war der Mann verwirrt vom Tisch aufgestanden. Als Mrs. Hopton die Ampullen ihres Zorns über ihn ausschüttete, hatte er sich langsam zur Tür der Spülküche zurückgezogen. Sie machte eine plötzliche Bewegung in seine Richtung; Er drehte sich um, riss die Tür auf und floh.

„Es tut mir leid, Sie zu unterbrechen, Frau —"

„Bolton", sagte die nette kleine Frau.

„Es tut mir leid, Frau Bolton", sagte Frau Hopton; „Aber wir werden diesen Streik hier brechen, ich und Mrs. Bindle und all diese anderen Damen." Sie winkte mit der Hand, um auf die Armee hinzuweisen, die sie bereits versammelt hatte.

Dann fuhr sie mit der Erklärung fort; Aber Frau Bolton lehnte alle ihre Einladungen, sich den Emanzipationisten anzuschließen, hartnäckig ab.

„Ich nehme an, wir müssen Ihren Kampf ausfechten", rief Mrs. Hopton und überschüttete ihr Opfer mit Spott; Aber Mrs. Bolton blieb standhaft und die Streikbrecher mussten ihre Niederlage eingestehen.

Es war Frau Bindles Idee, ein Treffen vor dem Haus des Organisationssekretärs abzuhalten. Der Vorschlag wurde mit Begeisterung aufgenommen.

„Besorgen wir uns zunächst ein paar ordentlich", riet Mrs. Hopton. „Das wird mich noch mehr zum Nachdenken bringen."

Nach einer Stunde war sogar Mrs. Hopton mit der Zahl ihrer Anhänger zufrieden und gab das Wort zur Eröffnung der Feindseligkeiten.

Als Mr. James Cunham an diesem Nachmittag gerade von einem ausgezeichneten Essen aufstand, stellte er zu seiner Überraschung fest, dass sein ordentlich gepflegter Vorgarten voller Frauen war, während sich auf der Straße offenbar noch mehr Frauen befanden. Nachbarn kamen heraus, Laufburschen riefen Freunde zu sich, damit sie die Episode nicht verpassten, Kinder machten Pause auf dem Weg zur Schule; Alle schienen die dramatischen Möglichkeiten der Situation zu erkennen.

Mrs. Hopton spielte eine Fuge auf Mr. Cunhams Türklopfer und brachte ihn so persönlich zur Tür.

„Na ja, Affengesicht", dröhnte sie. Ihre Anhänger brachen in schallendes Gelächter aus.

Mr. Cunham zuckte zurück, als wäre er geschlagen worden.

„Willst du uns aushungern lassen, oder?" fuhr Frau Hopton fort.

„Worum geht es hier?" erkundigte er sich und erholte sich. Er war ein Mann, der es gewohnt war, mit Menschenmengen umzugehen, sogar mit unfreundlichen Menschenmengen; aber noch nie hatte er so etwas wie den Katarakt zorniger Verachtung erlebt, der jetzt über Mrs. Hoptons Lippen strömte.

„Nur ein gutes Abendessen, nehme ich an", rief sie verächtlich. „Es hat mir Spaß gemacht, was? Vom Braten abgeschnitten und zwei Gemüse, dazu ein Pudding, mit einem Glas Stout zum Abspülen. Das bist du, was? Was kostet es dich, wenn unsere Männer zuschlagen? „Müssen Sie mit einem Pfund pro Woche ein Dutzend Bäuche voll halten?"

Die Frauen hinter ihr murmelten, ein Murmeln, das Mr. Cunham nicht gefiel.

„Hübsches kleines Haus, das Sie hier haben", fuhr Mrs. Hopton kritisch fort, als sie in die gepflegte und gut eingerichtete Halle spähte. „Alle sind aus den Angriffen herausgekommen", fügte sie ihren Gefährten über die Schulter hinzu. „Alle haben sich für das System entschieden, bei dem man überhaupt nichts kaufen kann."

Diesmal war die Bedrohung im Gemurmel der Frauen hinter ihr nicht zu überhören.

„Sie sind eine Schönheit, das sind Sie", fuhr Mrs. Hopton fort. „Sie haben nicht viel Schweiß auf Ihrer Lilienstirn, Mr. Funny Cunham."

Herr Cunham hatte das Gefühl, dass die Zeit zum Handeln gekommen sei.

"Was bedeutet das?" er forderte an. „Warum bist du hierher gekommen und wer bist du?“

"Wer sind wir?" rief Mrs. Hopton verächtlich. „Er fragt, wer wir sind“, warf sie über ihre Schulter.

Wieder gab es wütendes Gemurmel aus der Basis.

„Wir sind die dummen Idioten, die die Männer geheiratet haben, die Sie in den Streik gebracht haben“, sagte Mrs. Hopton und musterte den Organisationssekretär von oben bis unten, als wäre er zur Schau gestellt. „Auch in der Hose sind Falten“, rief sie. „Du bist gar nicht so toll. Nun, wir kommen nur, um dir zu sagen, dass der Streik richtig ist, weil wir zugeschlagen haben. Verstehst du mich, Steve?“

„Wir haben eine Aussperrung verhängt“, warf Frau Bindle begeistert ein.

Mrs. Hoptons Kopf ging zurück, ihre Hände wanderten zu ihren Hüften und ein tiefes „Her-her-her“ strömte aus ihren geöffneten Lippen.

„Eine Aussperrung!“ Sie weinte. „Her-her-her, eine Aussperrung! Das ist das Zeug, das man ihnen geben kann!“ und die Basis nahm den Ruf auf, und aus der Fülle seiner Erfahrung heraus erkannte Mr. Cunham, dass die Menge hoffnungslos außer Kontrolle geraten war.

„Sind wir niedergeschlagen?“ schrie eine Stimme und die Schreie von „Nein!“ Die folgende Sitzung bestätigte Herrn Cunham in seiner Meinung, dass die Situation nicht ohne Ernsthaftigkeit sei.

Er war kein Feigling und blieb standhaft, während er Mrs. Hoptons inspirierenden Reden über die Denunziation lauschte. Es war drei Uhr, als er seinen Garten wieder sah – eine zertrampelte Einöde; ein Opfer für den Moloch der Streiks.

„Verdammt, die Frau!“ schrie er, als er die Tür schloss und in den Raum zurückkehrte, den er als Büro benutzte, um dort über diese neue Phase der Situation zu beraten. „Verflucht sie!“

III

Es war fast halb elf an diesem Abend, als Bindle auf Zehenspitzen den gefliesten Weg hinauf zur Haustür der Fenton Street Nr. 7 schlich.

Leise steckte er seinen Schlüssel ins Schloss und drehte ihn; aber die Tür weigerte sich, nachzugeben. Er trat einen Schritt zurück und blickte zum Schlafzimmerfenster hinauf. Von einem Licht war nichts zu sehen.

Plötzlich fiel ihm auf, dass das Stück Papier an der Tür nicht die gleiche Form hatte wie das, das er beim Abendessen gesehen hatte. Es war zu dunkel, um zu erkennen, ob etwas darauf geschrieben stand. Er holte eine Schachtel

Streichhölzer aus seiner Tasche, zündete ein Licht an und schirmte es sorgfältig ab, damit es nur auf das Papier schien.

Sein Erstaunen über das, was er las, ließ ihn das brennende Streichholz vergessen, an dem er sich die Finger verbrannte.

„Nun, ich bin überwältigt!" er murmelte. „Wenn es das nicht ist", und noch einmal las er die unheimliche Notiz:

> „Ihr habt zugeschlagen. Wir Frauen haben die Aussperrung verhängt."
>
> „ E. BINDLE. "

Nachdem er ein paar Minuten nachgedacht hatte, schlich er auf Zehenspitzen den Weg entlang und zur Rückseite des Hauses. aber die Tür zur Spülküche war in ihrer Ungastlichkeit unnachgiebig.

Als nächstes untersuchte er die Fenster. Jeder war sicher befestigt.

„Wo soll ich schlafen?" murmelte er, als er noch einmal auf Zehenspitzen den Weg hinaufschlich.

Nach einer weiteren langen Überlegung hob er den Türklopfer an, klopfte dreimal sanft darauf – und wartete. Da nichts passierte, versuchte er es mit vier kräftigeren Schlägen. Diese wiederum führten zu keiner Reaktion. Dann klopfte er, was an einen Telegraphenjungen oder an einen eingeschriebenen Brief erinnerte. Bei jedem neuen Versuch trat er zurück, um einen Blick auf das Schlafzimmerfenster zu werfen.

Er bildete sich ein, dass das Klopfen des Postboten und Telegraphenjungen ein leichtes Flattern des Vorhangs verursacht hatte. Er löste dann etwas aus, bei dem es sich möglicherweise um die Polizei oder um ein Feuer handelte.

Als er zurücktrat, wurde das Schlafzimmerfenster hochgeklappt und Mrs. Bindles Kopf erschien.

"Was ist los?" Sie weinte.

„Ich komme nicht rein", sagte Bindle.

„Ich weiß, dass du es nicht kannst", war die kompromisslose Antwort, „und ich meine auch nicht, dass du es sollst."

„Aber wo soll ich schlafen?" forderte er mit Angst in seiner Stimme.

„Das müssen Sie regeln."

„Hier, Lizzie, komm runter und lass mich rein", rief er und verfiel in Schmeicheleien.

Als Antwort schlug Mrs. Bindle gegen das Fenster. Er wartete erwartungsvoll darauf, dass die Tür geöffnet wurde.

Nach fünf Minuten wurde ihm klar, dass Mrs. Bindle wahrscheinlich wieder zu Bett gegangen war.

„Nun, ich kann nicht die ganze Nacht hier bleiben, ich mit den verschiedenen Adern in meinen Beinen", murmelte er und war sich bewusst, dass aus mehreren Fenstern interessierte Köpfe herausragten.

Völlig überzeugt davon, dass Mrs. Bindle nicht auf dem Weg nach unten war, um ihn einzulassen, griff er noch einmal auf den Türklopfer zurück und weckte damit das Echo der Fenton Street.

Als er hörte, wie der Fensterflügel hochgehoben wurde, trat er zurück und blickte gespannt auf.

„„Hier, was zum ——!'

Etwas schien durch die Nacht zu blitzen und er bekam den Inhalt des Kruges direkt ins Gesicht.

„Das wird dir beibringen, mich zu dieser Nachtzeit zu wecken", erklang die Stimme von Frau Bindle, die sich einen Moment später ins Zimmer zurückzog. Bindle, die zu Recht vermutete, dass sie noch mehr Wasser holen wollte, zog sich außer Reichweite zurück.

„Du hast mich bis auf die Haut durchnässt", rief er, als sie wieder auftauchte.

„Und dir auch recht tun, dir und deinen Schlägen."

„Aber willst du mich nicht reinlassen?"

„Wenn der Streik beendet ist, wird die Aussperrung aufhören", lautete die orakelhafte Erwiderung.

„Aber ich wollte nicht zuschlagen", protestierte Bindle.

„Dann hättest du ein Mann sein und es sagen sollen, anstatt dich von dieser kleinen Ratte zwingen zu lassen, alles zu tun, was sie will, und dass er sich jeden Tag zu einem guten Abendessen hinsetzt und alles aus Streiks bezahlt."

Aus der umgebenden Dunkelheit erklang mitfühlendes Gemurmel.

„Aber –" begann Bindle.

„Lass mich heute Abend nichts mehr von dir hören, Joe Bindle", kam Mrs. Bindles kompromisslose Stimme, „sonst werfe ich das nächste Mal den Krug und alles nach dir", und damit schlug sie- auf eine Weise zum Fenster, die Bindle davon überzeugte, dass es sinnlos war, weiter zu verhandeln.

„Fang mir den Tod", grummelte er, als er auf zögerndem Absatz in Richtung Fulham High Street abbog, in der Absicht, die Gastfreundschaft seiner Schwägerin, Mrs. Hearty, in Anspruch zu nehmen. „Was soll ich für Blindgänger tun", fügte er hinzu. „Lustiger alter Vogel, ich sollte in einem von ‚Eartys Gehröcken' nachsehen."

IV

Am nächsten Morgen um neun Uhr trafen sich die Frauen der Streikenden nach Vereinbarung vor dem Haus des Organisationssekretärs; Aber die Streikenden selbst waren vor ihnen, und Mr. Cunham sah sich mit der schlimmsten Situation konfrontiert, die er je erlebt hatte.

Beim Anblick der Streikgruppen stießen die Frauen schrille Schreie aus. Auch die Männer erhoben ihre Stimme, nicht um ihre Helfer zu verspotten oder zu kritisieren; aber beim Organisationssekretär.

In der Nacht zuvor hatte sich vor den Häusern vieler anderer Streikender das gleiche Drama abgespielt, das sich zwischen Bindle und Mrs. Bindle abgespielt hatte, mit dem Ergebnis, dass sie „die ganze üble Angelegenheit bis zum Hals satt hatten". "

"Also!" rief Mrs. Hopton, als sie an der Spitze ihrer Amazonenlegion die erste Männergruppe erreichte. „Wie gefällt es dir?"

Die Männer wandten sich ab und murrten vor sich hin.

„Sie-sie-sie!" Sie lachte. „Boot ist jetzt auf dem anderen Fuß, meine hübschen Kanarienvögel, nicht wahr? Niemand darf sich etwas einfallen lassen, um dich zu verärgern; aber du kannst tun, was dir gut gefällt, du Haufen dummer Kerle!"

„Wotjer lass dich von diesem kleinen, rattengesichtigen Heuler umdrehen, wofür ist der kleine Finger? Ihr seid keine Männer, ihr seid nur Unionisten, die tun müssen, was sie euch sagen. Ich sehe, er ist gestern", fuhr sie fort nach einer kurzen Pause: „Ich habe einen seltenen alten Schnaps gefressen, den du mit dem Zuschlagen bezahlst. Wie viel kostet ihn das? Das will ich wissen, der kleine Stinker mit dem Rattengesicht!"

In diesem Moment erschien „der rattengesichtige kleine Stinker" selbst, mit Hut auf dem Kopf und leichtem Mantel über den Arm geworfen. Er lächelte müde, er war vom Aussehen der Dinge nicht gerade positiv beeindruckt.

Sein Erscheinen löste bei den Frauen schrilles Geschrei und bei den Männern ein grummelndes Gemurmel aus.

„Hier ist Kayser Cunham"', rief eine Frau, und dann gingen einzelne Schreie im wütenden Murmeln des Protests und der Vorwürfe unter.

Mr. Cunham sah sich denselben Männern gegenüber, die seine Worte am Tag zuvor mit Jubel begrüßt hatten. Nun machten sie deutlich, dass es Ärger geben würde, wenn er keinen Ausweg aus der Streikschwierigkeit finden würde.

"Nimm das!" brüllte Mrs. Hopton heiser, als sie etwas aus einer Papiertüte riss, die sie bei sich trug, und es mit aller Kraft auf den Anführer schleuderte. Ihr Ziel war schlecht, und ein kleiner Mann, der im rechten Winkel zum Gewerkschaftssekretär stand, bekam eine große und schmerzhaft reife Tomate direkt am Kinn abbekommen.

Mrs. Hoptons Schrei war ein Signal für die anderen Frauen. Unter Mänteln und Umhängen holten sie alle erdenklichen Geschosse hervor, darunter auch eine Reihe von Eiern, die schon längst dem Hühneralter entgangen waren. Mit mehr Eifer als Zielgenauigkeit schleuderten sie sie auf den unglücklichen Mr. Cunham. Eine ganze Minute lang stand er tapfer da, bis ihn ein Ei zwischen den Augen erwischte und ihn schnell in Vergessenheit brachte.

Die Streikenden zeigten jedoch nicht den Mut ihres Anführers. Obwohl sie für den Organisationssekretär bestimmt waren, fanden die meisten Raketen ihren Weg in dessen Reihen. Sie schwankten, drehten sich einen Moment später um und flohen.

Als die Frauen näher kamen, konzentrierten sie sich auf ihn, den sie für den Angriff verantwortlich machten, und ihr Zielen verbesserte sich. Einige ihrer Schüsse wirkten an seiner Person, die meisten jedoch an der Vorderseite des Hauses. Drei Fenster waren zerbrochen, und erst als Mrs. Cunham kam und ihren mit Eiern bespritzten Herrn in den Flur schleppte und dabei gegen die Straßentür hinter sich schlug, begann der Sturm nachzulassen.

Mittlerweile hatte sich eine beträchtliche Schar interessierter Zuschauer versammelt.

„Zeigt euch nur, was wir Frauen tun können, wenn wir den Willen dazu haben“, war die orakelhafte Äußerung einer Frau, die stolz darauf war, die erste gewesen zu sein, die außerhalb der eigentlichen Kombattanten ankam.

„Sie ist nicht gerade eine Warnung“, bemerkte eine „Freundin“, die sich ihr kurz nach Ausbruch der Feindseligkeiten angeschlossen hatte. „Dieser große Kerl“, fügte sie hinzu und nickte in Richtung Mrs. Hopton, die mit in die Hüften gestemmten Armen und nach hinten geworfenem Kopf ihrer Heiterkeit in einer Reihe von „Her-ihr-ihr“ Luft machte.

Ein Polizist drängte sich durch die Menge zum Tor. Als Mrs. Hopton ihn erblickte, drehte sie sich um.

„Befolgen Sie meinen Rat, mein Junge, und halten Sie sich da raus.“

Der Polizist sah sich etwas unsicher um.

"Was ist los?" erkundigte er sich.

„Es ist ein Streik und eine Aussperrung", erklärte sie, „und es kam ein bisschen durcheinander. Wir haben keinen Streit mit einem gutaussehenden jungen Kerl wie dir, und wir sind auf einem Privatgrundstück, also." Du spielst einfach mit, als ob du uns nicht gesehen hättest.

Ein Lächeln huschte über die Lippen des Polizisten. Der Gedanke, an Mrs. Hopton vorbeizugehen, ohne sie zu sehen, amüsierte ihn; Dennoch beteiligte er sich nicht aktiv an der Veranstaltung, abgesehen von einer offiziellen Aufforderung an die Menge, „bitte weiterzugeben".

„Nun, meine Damen", sagte Mrs. Hopton und wandte sich an ihre siegreichen Legionen. „Jetzt ist alles vorbei, Kneipengeschrei. Wenn einer Ihrer Männer anfängt, Sie umzuhauen, sagen Sie ihnen, dass wir zusammenhalten werden, und lassen Sie es mich einfach wissen. Wir kommen vorbei und Lass sie sich wünschen, sie wären mit etwas geboren worden, das sie nicht fühlen können.

An diesem Morgen empfing der Hofverwalter eine Abordnung der Männer unter der Leitung von Mr. Cunham, der, obwohl er sich umgezogen und ein heißes Bad genommen hatte, immer noch den widerlichen Gestank nach faulen Eiern verspürte. Vor dem Abendessen war die ganze Angelegenheit geklärt, und die Männer sollten um zwei Uhr mit der Arbeit fortfahren.

Bindle kam ein paar Minuten vor eins zu Hause an, hungrig und erwartungsvoll. Der Zettel war von der Haustür entfernt worden und er fand Mrs. Bindle in der Küche beim Bügeln.

„Nun", fragte sie, als er eintrat, „was willst du?"

„Strike's Orf, Lizzie", sagte er freundlich und richtete seinen besorgten Blick auf den Herd, auf dem jedoch keine Töpfe standen. Dadurch kam er zu dem Schluss, dass sein Abendessen im Ofen war.

„Das hätte ich dir sagen können!" war ihr einziger Kommentar und sie fuhr mit dem Bügeln fort.

Bindle sah sich einige Minuten lang um, dann richtete er seinen Blick erneut auf den Ofen.

„Wann gehst du denn zum Abendessen, Lizzie?" fragte er mit der ganzen Herzlichkeit eines verschwenderischen Menschen, der an seinem Empfang zweifelte.

"Ich hatte es." Mrs. Bindles Lippen trafen sich zu einer harten, festen Linie.

„Ist meiner im Ofen?"

„Besser schauen und sehen.“

Er ging zum Herd und öffnete die Ofentür. Es war so leer wie der Schrank von Frau Hubbard.

„Was hast du damit gemacht, Lizzie?“ erkundigte er sich, während sich Befürchtungen in seinem Herzen festhielten.

„Was habe ich womit gemacht?“ sie schnappte, als sie ihr Eisen mit einem Knall zu Boden brachte, der ihn zusammenzucken ließ.

„Mein kleines Stückchen Greiskraut.“

„Wenn du vernünftig sprichst, kann ich dich vielleicht verstehen.“

„Mein Abendessen“, erklärte er mit verletzter Miene.

„Wenn du die Arbeit eines Tages getan hast, bekommst du das Abendessen für den Tag, und nicht vorher.“

„Aber der Streik ist orf.“

„Das Gleiche gilt für die Aussperrung.“

"Aber--"

„Steh nicht da und stoß mich an. Geh und arbeite etwas, dann hast du etwas zu essen“, und Mrs. Bindle drehte den Kissenbezug, den sie gerade bügelte, um und steckte ihn gerade bis ganz in die Mitte hinein davon, während Bindle sich düster zur Tür umdrehte und sich auf den Weg zum Gelben Strauß machte, wo er bei einem Pint Bier und etwas Brot und Käse seine Unzufriedenheit zum Ausdruck brachte.

„Keine Streiks mehr für mich“, sagte ein Mann gegenüber, der ebenfalls engagiert war.

„Dasselbe hier“, sagte Bindle.

„Bob Cunham hat sich heute Morgen einen Floh ins Ohr gesteckt, worum hat er ihn schon gebeten“, sagte der Mann, und Bindle nickte zustimmend und vergrub sein Gesicht in seinem Zinngefäß.

Währenddessen erklärte Mrs. Hopton einigen persönlichen Freunden, wie alles passiert war.

„Sie hat bei der Gründung unserer Organisation gute Arbeit geleistet“, war ihr Tribut an Mrs. Bindle; „Aber ich kann nicht sagen, dass ich sie als Freundin empfinde.“

KAPITEL II

FRAU. BINDLES WASCHTAG

ICH

Juuuuuuuuuuuuuuuuuuuuuuuuuuuuuuuuuuuuuuuuuuuuuuuuuuuuuu   von von Zürich!

Wie ein silberner Blitz fiel der Inhalt eines Wasserkrugs auf den Rücken der mottenzerfressenen Sandkatze, die damit beschäftigt war, Mrs. Bindles Geranienbeet auszugraben.

Eine gelbe Kurve, und Mrs. Sawneys „Sandy" hatte in einem Satz die Trennwand zwischen Nr. 7 und Nr. 9 erobert – und das Drama war vorbei.

Mrs. Bindle schloss ihr Wohnzimmerfenster. Sie füllte den Krug wieder auf, stellte ihn für den nächsten Straftäter bereit und kehrte dann zu ihren häuslichen Pflichten zurück.

Auf der anderen Seite einer dünnen Trennwand verließ Mrs. Sawney das Fenster, von dem aus sie den Angriff ihrer Katze auf Mrs. Bindles Geranienbett und Mrs. Bindles Gegenangriff auf Sandys Person beobachtet hatte. Als sie den kleinen Flur betrat, öffnete sie die Vordertür und formte entschlossen die Lippen.

„Sandy, Sandy, Sandy, Sandy", rief sie mit einem Akzent, der dazu führte, dass Sandy, jetzt drei Gärten entfernt, innehielt, während er seine verschiedenen Gliedmaßen nacheinander schüttelte, in dem Versuch, sich von dem Inhalt von Mrs. Bindles Wasserkrug.

„Sandy, Sandy, Sandy, Sandy", gurrte Mrs. Sawney. „Arme Muschi."

Der Tonfall der Stimme seiner Herrin machte Sandy misstrauisch hinsichtlich ihrer Absichten. Er war eine Katze, die sich vom Kätzchenalter zum Dreijährigen durchgekämpft hatte, und das, ohne nichts Auffälligeres als die Spitze seines linken Ohrs zu verlieren. Er konnte sich nicht an die Zeit erinnern, in der er nicht an der Kriegsführung beteiligt gewesen wäre, weder im Raub- noch im Defensivkrieg, und er hatte dabei viel Weisheit gesammelt.

„Sandy, Sandy, Sandy, Sandy. Kater, Kater, Kater." Mrs. Sawneys Tonfall wurde sanfter, während ihre Wut zunahm. „Arme Muschi."

Mit einer letzten Bewegung seines nahen Hinterbeins legte Sandy zwei weitere Gärten zwischen sich und diese Stimme und machte sich daran, das morgige Wetter zu verfluchen, indem er sich sauber über sein rechtes Ohr wusch.

Mrs. Sawney schloss ihre Haustür und zog sich in die Regionen zurück, die sie am besten kannten. In ihrem Herzen war eine große Wut. Ihre Katze war mit Wasser übergossen worden, was nach Mrs. Sawneys Ethikkodex eine persönliche Beleidigung darstellte.

Es war Montag, und bei Mrs. Sawney war die Wirkung des Montagmorgengefühls in Verbindung mit dem Reinigen der Haushaltswäsche eine schmerzhafte Prüfung für ihre nie sehr philosophische Natur.

„Morgen ist *ihr* Waschtag", murmelte sie, während sie mit einem langen Stock die Kleidung in das brodelnde Kupfer klopfte, die durch das ständige Eintauchen in kochendes Wasser gebleicht und pelzig geworden war. „Ich zeige ihr, indem ich Wasser über meine Katze schütte, das verklemmte Gepäck!"

Am späten Nachmittag rief sie Mrs. Grimps, die in Nr. 5 wohnte, an, um das Scheuerbrett zurückzugeben, das sie sich am Morgen geliehen hatte. Bei Mrs. Sawney bedeutete das Ausleihen, die Qualitäten der Nachbarschaft zum Ausdruck zu bringen, und einer ihrer Beschwerden gegenüber Mrs. Bindle war, dass sie „zu hochnäsig war, um sich eine Stecknadel auszuleihen".

Hätte Sandy die Gefühle gehört, die an diesem Nachmittag über die Lippen seiner Herrin kamen, und wäre er nicht der Odysseus unter den Katzen gewesen, der er zweifellos war, wäre er überzeugt gewesen, dass ein neuer Himmel oder eine neue Erde in Aussicht stand. So wie es war, war Sandy zwei Straßen weiter und hatte eine Affäre mit einer Dame mit geschecktem Aussehen und schüchternem Auftreten.

Als Mrs. Sawney eine halbe Stunde später zu Nr. 9 zurückkehrte, war ihr Gesichtsausdruck noch grimmiger. Der Anblick der rosafarbenen Bänder, mit denen die weißen Spitzenvorhänge von Nr. 7 zurückgebunden waren, ließ sie ihre kürzlich geäußerten Gefühle vergessen. Sie schickte Sandy mit Eilgeschwindigkeit aus ihrem Blickfeld und versetzte Harriet lautstark eine Ohrfeige. Mrs. Sawney war verärgert.

II

Ihr ganzes Leben lang war Mrs. Bindle exklusiv gewesen. Sie war stolz darauf, dass man sie nie beim Klatschen vor der Haustür oder am Gartentor sehen konnte. Infolgedessen galt sie als „eine hochnäsige Katze"; sie nannte es, für sich zu bleiben.

Ein weiterer Grund dafür, dass sie bei den Hausfrauen der Fenton Street unbeliebt war, war die Art, wie sie im Vorbeigehen auf die Fenster starrte. In diesem Blick lag Kritik und Verachtung, und er löste bei ihren Nachbarn Wut aus, umso mehr wegen ihrer Impotenz.

Mrs. Bindle beurteilte eine Frau anhand ihrer Fenster – und verurteilte sie gleichzeitig. Fenton Street wusste es und bewahrte die Erinnerung.

Es war diese Einstellung zu ihren Fenstern, mehr als Mrs. Bindles Exklusivität in Sachen Klatsch vor oder hinter der Tür, die dafür sorgte, dass sie bei denen unbeliebt war, bei denen die Umstände und der Kanisterbauer es angeordnet hatten, dass sie ihr Geld ausgeben sollte Tage. Sie betrachtete es als eine Tugend, mit niemandem auf der Straße zu reden.

Frau Bindle und ihre unmittelbaren Nachbarn lebten größtenteils in einem Zustand bewaffneter Neutralität. Auf der einen Seite stand Mrs. Sawney, eine scheußliche Frau mit einem unstillbaren Appetit auf Skandale und einem schimpfenden Mund, deren Fenster nach Mrs. Bindles Meinung eine Schande waren; auf der anderen Seite stand Mrs. Grimps, eine große, fröhlich aussehende Frau, die laut über Dinge lachte, an die Mrs. Bindle nicht einmal denken durfte.

Trotz des vorherrschenden Waffenstillstands gab es Gelegenheiten, in denen sich schlummernde Abneigung in offene Feindseligkeiten verwandelte. Die angewandte Strategie war fast ausnahmslos dieselbe, ebenso wie die eingesetzten Kräfte.

Diese Begegnungen fanden im Allgemeinen dienstags statt, dem Waschtag von Frau Bindle. Für eine Frau wusch Fenton Street am Montag, und die Tatsache, dass Frau Bindle den Dienstag für die Reinigung ihrer Haushaltswäsche auswählte, war in den Augen anderer Hausfrauen eine direkte Herausforderung. Es war ein Versuch, ihre eigene Überlegenheit zu rühmen, und Fenton Street konnte trotz ihrer Cockney-Gutmütigkeit nicht verzeihen, was sie als „Protz" ansah.

Das Ergebnis war, dass Fenton Street gelegentlich eine Zunge herausgab, manchmal durch die Vermittlung seiner Nachkommen; bei anderen aus den Lippen der Frauen selbst.

Mrs. Grimps und Mrs. Sawney hatten sich eine clevere Strategie ausgedacht, deren Wirkung bei ihrem Opfer nie verfehlte. An Mrs. Bindles Waschtagen, wenn die Feindseligkeiten entschieden waren, ging Mrs. Grimps zum Fenster des Hinterschlafzimmers, während Mrs. Sawney an ihrer Hintertür stand oder umgekehrt. Da die Zäune niedrig waren, hatten sie von dort aus einen hervorragenden Blick auf den Hintergarten von Nr. 7 und konnten ein Gespräch führen, bei dem es um Frau Bindle oder die Kleidungsstücke ging, die sie der Öffentlichkeit präsentierte .

Die beiden Frauen schienen ein nie versiegendes Interesse an der Wäscherei ihrer Nachbarin zu empfinden. Da Mrs. Bindle in all diesen Dingen äußerst kultiviert war, unterzog sie ihre wöchentliche Wäsche einer strengen Zensur und trocknete die intimeren Kleidungsstücke vor dem Küchenfeuer. Dies löste bei ihren beiden Feinden offene Spekulationen darüber aus, wie jemand ohne Wechselkleidung leben könne.

In ihrem Herzen hatte Mrs. Bindle eine Abneigung gegen die Waschtage entwickelt, ja fürchtete sie fast, auch wenn sie ihre kompromisslose Haltung gegenüber ihren Nachbarn keineswegs milderte.

Als Mrs. Bindle am Mittwochmorgen nach einer dieser einseitigen Auseinandersetzungen einkaufen ging, richteten sich ihre Blicke auf die Vorderfenster von Mrs. Grimps' Haus oder auf die von Mrs. Sawney, je nachdem, in welche Richtung sie ging stabiler und kritischer als je zuvor. Mrs. Bindle gehörte nicht zu den Leuten, die dem Feind ihre Flagge entgegenstreckten.

Kurz nach neun Uhr am Dienstagmorgen, nachdem Sandy sich zum Casus Belli erklärt hatte, kam Mrs. Bindle mit einem Korb voller Kleidung aus ihrer Spülküche, auf deren Oberseite eine Handvoll Wäscheklammern lagen. Sie stellte den Korb auf den Boden und wischte mit einem Tuch die Wäscheleine ab, die Bindle vor dem Frühstück aufgehängt hatte.

Der Anblick ihrer gepflegten, kantigen Gestalt im Garten war für Mrs. Grimps das Signal, zu ihrer Hintertür zu kommen, während Mrs. Sawney ihre Treppe hinaufstieg. Einen Moment später öffnete sich schwungvoll das hintere Fenster von Nr. 9, und das harte Gesicht von Sandys Geliebte erschien.

Es war ein merkwürdiger Umstand, dass Mrs. Sawney immer dann am Fenster zu erscheinen schien, als Mrs. Grimps aus ihrer Hintertür kam, obwohl es nie eine vorherige Vereinbarung gab, sonst wäre die Reihenfolge umgekehrt. Man hatte nie erlebt, dass sie beide zusammen erschienen, weder am Fenster noch an der Tür. Ihr gegenseitiges Verständnis schien das des alten Paares im altmodischen Wetterindikator zu sein.

„Guten Morgen, Mrs. Grimps", rief Mrs. Sawney von ihrem Aussichtspunkt aus.

„Guten Morgen, Frau Sawney", antwortete Frau Grimps. „Wunderschöner Tag, nicht wahr?"

„Schönes, trockenes Wetter", antwortete Mrs. Sawney.

„Wie ich sehe, hast du deine Wäsche heute früh fertig gemacht."

„Ja, das war diese Woche eine Seltenheit", sagte Mrs. Sawney und ließ ihre Arme bequem auf dem Fensterbrett nieder. „Du bist auch ganz nett, wie ich sehe."

„Ja", antwortete Mrs. Grimps und stocherte mit einer Haarnadel in einem Backenzahn. „Mr. Grimps ist wie Mr. Sawney, er muss jede Woche eine saubere Hose haben, er muss auch ein Hemd und eine Weste haben. Ich sage ihm, er hätte Millionär werden sollen." "

"Ah!" sagte Mrs. Sawney, „Ich wünschte manchmal, mein Mann würde sich mit Kattunfutter an seinen Hosen begnügen, wie einige Leute, die ich nennen könnte. „Er hat Angst, dass sie ihn reiben", sagt er, aber dann ist er immer war in 'is' abits sauber.

Diese Bemerkung richtete sich direkt gegen Mrs. Bindles Zensur von allem, was mit Unterwäsche zu tun hatte.

„Nun, ich muss sagen, ich habe Mitleid mit ihm", bemerkte Mrs. Grimps und steckte die Haarnadel dorthin zurück, wo sie hingehörte. „Wenn ich sehe, wie einige Leute sich waschen, denke ich mir: ‚Was können die darunter anziehen?‘"

„Na gut, das können Sie, Mrs. Grimps", rief Mrs. Sawney bedeutungsvoll. „Vielleicht geben sie das Geld für rosa Bänder aus, um ihre Spitzenvorhänge zuzubinden. Es ist schön und gut, mit seinen Fenstern eine Show zu machen, aber", mit der Miene von jemandem, der eine wichtige Entdeckung gemacht hat, „kann man nicht." Sei sauber, es sei denn, du bist am ganzen Körper sauber, sage ich.

Während diese Bemerkungen in ihrem Kopf hin und her gingen, war Frau Bindle damit beschäftigt, die erste Wäscheladung ihrer Woche an die Wäscheleine zu hängen. Ihr Gesicht war grimmiger und härter als sonst, und in ihren Augen lag ein kalter, grauer Ausdruck, der auf eiserne Kontrolle hindeutete.

„Ja", fuhr Mrs. Grimps fort, „ich habe immer gesagt und werde es immer tun, dass es auf die Unterwäsche ankommt."

Mrs. Bindle steckte einen Stift in die Ecke einer Tischdecke, nahm einen weiteren aus dem Mund, ging zum anderen Ende der Tischdecke und stach auch diesen quer über die Leine.

„‚Ich habe immer ein zierliches Leinen, ‚Arriet‘", sagte meine Mutter immer", fuhr Mrs. Sawney fort, „und ‚ich habe immer‘. Wer möchte schon drei Kissenbezüge pro Woche?"

Dies hatte den Charakter einer direkten Herausforderung, da Mrs. Bindle gerade einen Schritt zurückgetreten war, um einen dritten Kissenbezug an der Leine zu befestigen, der sich sofort in freudige Vergänglichkeit aufblähte.

„Wenn Sie religiös *sind*, sollten Sie dummen Tieren gegenüber nicht grausam sein", verkündete Mrs. Grimps, „und Wasser über die Porengeschöpfe gießen."

„Dieser Typ ist nie freundlich zu irgendjemandem anders als zu sich selbst“, kommentierte Mrs. Sawney mit der Miene einer Person, die sich mit den Bräuchen der Gläubigen gut auskennt.

Jedes Mal, wenn Mrs. Bindle an diesem Morgen aus ihrer Spülküche kam, erschienen ihre beiden unerbittlichen Nachbarn wie von Geisterhand, und über ihrem Kopf schwirrten schräge Höflichkeiten hin und her.

Der Vorfall der Aussperrung von Frau Bindle wurde ausführlich besprochen. Die „Goody-Goody“-Eigenschaften, die „manche Leute“ an den Tag legen, wurden im Zusammenhang mit den brutaleren Instinkten kommentiert, die sie gelegentlich manifestierten.

Die Behandlung, die bestimmte gutmütige Ehemänner, die „eine Freude kennen zu lernen“, von ihren Frauen erhielten, deren Gesichter wie „Essig auf einer Nadelspitze“ waren, ließ sowohl Mrs. Grimps als auch Mrs. Sawney unfähig, sich auszudrücken die Empörung, die in ihnen war.

Als Bindle zum Abendessen nach Hause kam, stellte er fest, dass „Mrs. Er war jedoch zu klug, um eine Untersuchung nach der Ursache zu wagen. Er erkannte, dass das Bitten um den Wind bedeuten könnte, den Wirbelsturm zu ernten.

Unmittelbar nach dem Essen machte sich Frau Bindle daran, die Warteschlangen wegzuräumen, um Platz für eine weitere Portion zu schaffen. Sie hoffte, fertig zu werden, während ihre Nachbarn beim Abendessen waren; aber sie war noch keine halbe Minute im Garten gewesen, als ihre Peiniger auftauchten.

„Ich habe darüber nachgedacht, ein paar Hühner zu halten“, bemerkte Mrs. Sawney, den Mund voller Brot und Käse, „ein paar Schwänze und ein paar Hühner“, und sie zwinkerte Mrs. Grimps zu. als Mrs. Bindle einen Spitzenfenstervorhang an der Leine befestigte, nachdem sie ihn zuvor kräftig mit einem Staubtuch gerieben hatte.

„Auch sehr nett“, stimmte Mrs. Grimps zu; „Ich muss sagen, ich mag ein Ei zum Tee“, fügte sie hinzu, „nur diese Schwänze kämpfen so.“

„Nun, ich sollte nicht zu viele bekommen“, fuhr Mrs. Sawney fort, „sagen wir drei Schwänze und drei. Sie sollten gut miteinander auskommen.“

Diese Bemerkungen bezogen sich auf ein einmaliges Projekt von Frau Bindle, ihren Tisch mit frisch gelegten Eiern zu versorgen, und hatte zu diesem Zweck drei gleichgeschlechtlich geteilte Vogelpaare gekauft.

„Das war das einzige Mal, dass ich ein bisschen Spaß am Hahnenkampf hatte“, pflegte Bindle zu bemerken, als er die Geschichte erzählte, wie Frau Bindle die Regel der Monogamie auf einen Geflügelstall anwandte.

Er hatte versucht, Frau Bindle darüber aufzuklären, dass der Haushahn (sie bestand auf dem Begriff „Hahn") weder Cape Turk umrundet noch Seraglio Point überstanden hatte; aber man sagte ihm, er solle nicht ekelhaft sein, antwortete Mrs. Bindle immer wieder, wenn es um Sexthemen ging. Deshalb hatte er es aufgegeben und genoss Mrs. Bindles Bemühungen, ihre neue Kolonie zu überwachen, in vollen Zügen.

Damals war der Hintergarten des Bindle ein Aufruhr aus fliegenden Federn, kriegerischen Hähnen und kreischenden Hühnern gewesen, die von Mrs. Bindle herumgejagt wurden, bewaffnet mit Mopp oder Besen.

Mrs. Sawney und eine Mrs. Telcher, die Mrs. Grimps bei der Belegung von Nr. 5 vorangegangen war, hatten an ihren Schlafzimmerfenstern gesessen und gelacht, bis ihnen die Tränen über ihre zweifelhaften Wangen liefen und ihre Seiten schmerzten. Wenn ihre Heiterkeit es erlaubte, gaben sie Ratschläge; aber zumeist waren sie vom Lachen so schwach, dass ihnen das Sprechen verwehrt blieb.

Mrs. Bindle hatte nur begrenzte Kenntnisse über die Art und Weise der Vögel; Es enthielt jedoch eine wichtige Information: Ohne „Hähne" würden Hühner nicht legen. Als Bindle versucht hatte, sie wieder in Ordnung zu bringen, war er mit dem unvermeidlichen „Sei nicht eklig" zum Schweigen gebracht worden.

Sie hatte argumentiert, dass, wenn Hennen durch die Anwesenheit des „männlichen Vogels" zum Legen angeregt würden, ein Kavalier für jede einzelne sicherlich zu einer höheren Leistung führen würde.

Die Vögel waren jedoch so plötzlich verschwunden, wie sie gekommen waren, und Bindle erkannte danach, dass es weder sicher noch politisch war, sich auf das Thema zu beziehen. Es hatte einen Teller Reis bedurft, der ihm von der anderen Seite der Küche an den Kopf geschleudert worden war, um ihn in diese philosophische Stimmung zu versetzen.

Wochenlang begrüßten die Kinder der Fenton Street Mrs. Bindles Erscheinen mit seltsamen krähenden Geräuschen, die ihnen Freude bereiteten und ihre Eltern erschütterten; denn Mrs. Bindles Hühner waren *zum* Witz der Nachbarschaft geworden.

„Ich muss sagen, ich mag einen Mann, der für jeden ein nettes Wort hat", bemerkte Mrs. Sawney etwa zwei Stunden später, als Mrs. Bindle den Wäschekorb mit der letzten Wäsche des Tages aufhob und zur Spülküche ging „Selbst wenn man nicht in seinem Leben arbeitet", fügte sie hinzu, während die Tür der Spülküche zugeschlagen wurde, und Mrs. Grimps stimmte zu, als sie verschwand, um den Tagesablauf nachzuholen Sie arbeitete so gut sie konnte und bereitete den Kindertee zu.

An diesem Abend hörte Bindle beim Abendessen, was Mrs. Grimps und Mrs. Sawney – Mrs. Grimps – vorenthalten worden war. Bindles Meinung über ihre Nachbarn. Mit großer Geschicklichkeit gelang es ihr, ihn mit ihren Missetaten in Verbindung zu bringen. Er hätte sich genauso verhalten sollen wie sein Schwager, Mr. Hearty, und dann wäre sie nicht gezwungen gewesen, in einem Viertel zu wohnen, das jeglichem Sinn für Vornehmheit und angemessenes Benehmen völlig abgestorben war.

Bindle betrachtete die Dienstage inzwischen als Tage des Zorns und schaffte es normalerweise, sich nach dem Abendessen so wenig wie möglich zur Schau zu stellen. Er kam zu dem Schluss, dass Religion und Sauberkeit zu solchen Geistesstörungen führten, und war offen gesagt für das, was er „einen schmutzigen ‚Eiden‘" nannte; aber er war klug genug, seine Ansichten für sich zu behalten.

„Wenn du ein Mann wärst, würdest du damit aufhören", stürmte sie, „und zulassen, dass ich so beleidigt werde, wie ich es heute getan habe."

„Aber wie kann ich dich und sie davon abhalten, abzuhauen?" protestierte er mit gerunzelter Stirn.

„Du kannst reingehen und ihnen sagen, dass du es nicht haben wirst."

„Aber dann würden Sawney und Grimps auf mich losgehen."

„Das ist es, du hast Angst", rief sie triumphierend. „Wenn du ein Mann wärst, würdest du zurückschlagen; aber das bist du nicht."

„Aber ich werde nicht anfangen zu kämpfen, weil jemand sagt, ich trage keine …"

"Hör auf!"

Und Bindle hat es gestoppt.

„Warum machen Sie nicht so etwas wie Mr. Hearty?" forderte Frau Bindle, als er seinen Stuhl zurückschob und aufstand. Sie war fest entschlossen, sich ihres Sündenbocks nicht berauben zu lassen, zumindest nicht ohne eine weitere Offensive.

Er hielt inne, bevor er antwortete, und vergewisserte sich, dass seine Rückzugslinie frei war. Der Erfolg ihres Schwagers im Gemüsehandel wurde von Frau Bindle als Peitsche der Skorpione genutzt.

„Earty, tu nichts", antwortete er und schlich zur Tür. „E macht Leute", und mit einer Beinarbeit, die einen Champion im Fliegengewicht neidisch gemacht hätte, war er draußen im Flur, bevor Mrs. Bindle etwas erwidern konnte.

Lange und spät in dieser Nacht dachte sie über die Demütigungen nach, denen sie tagsüber ausgesetzt gewesen war. Es gab Momente, in denen sie sich danach sehnte, den Nachbarn ihre gesamte Wäsche – und die von Bindle – zeigen zu können. Da sie selbst eine Kennerin der Kleidungsstücke war, die durch die Waschzuber gingen, wusste sie, dass die Kleidungsstücke ihres Hauses mithalten konnten, so fröhlich weiß und verspielt im Wind wie alle anderen, die ihre Nachbarn anfertigen konnten.

Sie hatte mit stiller Zunge gelitten; Dennoch hatte es den Zorn nicht abgewendet, insbesondere ihren eigenen Zorn. Instinktiv dachte sie an die Zeit zurück, als Auge um Auge und Zahn um Zahn als gesetzliches Zahlungsmittel galten.

Die ganze Nacht und am nächsten Tag dachte sie darüber nach. Als Bindle am Mittwochabend zurückkam, fand er sie fast unbeschwert vor. „Gospel Bells", Mrs. Bindles Lieblingshymne, klang mit einem seltenen Schwung, und während des darauffolgenden Essens grenzte sie an Gesprächsstoff.

Mehrmals betrachtete er sie neugierig.

„Irgendetwas stimmt da nicht", murmelte er; aber da er seiner Erfahrung nach zu weise war, unternahm er keinen Versuch, dem Geheimnis auf den Grund zu gehen.

Den Rest der Woche verbrachte Frau Bindle jeden Moment, den sie von ihren häuslichen Pflichten übrig hatte, damit, das zu sammeln, was sie im Geiste als „Müll" bezeichnete. Sie ging mit einem Zahnkamm durch jedes Zimmer. Am Samstagabend hatte sie im Waschhaus einen Haufen Krimskrams angehäuft, der, wie Bindle sagte, ausgereicht hätte, um einen Lumpenladen zu eröffnen.

Merkwürdigerweise nahm Mrs. Bindle seine Bemerkung nicht übel; Stattdessen lächelte sie fast, so deutlich war ihr Ausdruck grimmiger Selbstgefälligkeit.

Am Sonntag sang sie in der Kapelle mit einer Kraft und Inbrunst, die die neugierigen Blicke von mehr als einem Augenpaar auf sich zog.

„Mrs. B. hat etwas im Vorrat", murmelte Bindle, als er an diesem Abend vom Abendessentisch aufstand. „Ich habe ihn in meinem ganzen Zug noch nie so fröhlich gesehen. Ich gehe davon aus, dass es kein Alkohol ist."

Der Montagmorgen dämmerte, und Frau Bindle war eine Stunde früher als gewöhnlich auf, immer noch fast fröhlich in ihrer Art.

„Es sollte mich nicht wundern, wenn sie mit dem alten Earthy durchbrennt", murmelte Bindle, als er beim Frühstück seine dritte Tasse Tee aus ihren fast gnädigen Händen nahm.

„Du singst wie eine Zweijährige, Lizzie", wagte er es. „Ich mag die kleinen, verdrehten Teile, die du in diese Hymne eingebaut hast."

Die „twiddley bits", auf die sich Bindle bezog, waren ihre Wiedergabe von „bells" als ein Wort mit drei Silben, „be-e-ells".

„Mach weiter mit deinem Frühstück", war ihre Erwiderung; aber darin lag weder Vorwurf noch Groll.

Erneut sah er sie neugierig an.

„Ich kann ihn in den letzten Tagen nicht erkennen", murmelte er, als er aufstand und seine Mütze aufhob. „Da ist was los!"

Mrs. Bindle machte sich daran, die Frühstückssachen zu der Melodie „Hold the Fort" abzuwaschen. Von Zeit zu Zeit blickte sie morgens aus dem Fenster, um zu sehen, ob Mrs. Grimps oder Mrs. Sawney schon angefangen hatten, „rumzuhängen".

Sie kamen normalerweise zu spät; aber heute Morgen waren sie später als gewöhnlich. Es war nach zehn, als Mrs. Grimps mit dem ersten Korb nasser Kleidung erschien. Ein paar Minuten später folgte ihr Mrs. Sawney.

Die beiden Frauen tauschten Grüße aus, der Tag war zu arbeitsreich für mehr.

Während sie die verschiedenen Wäschestücke der Woche an ihre jeweiligen Linien anordneten, sah Mrs. Bindle vom Fenster im hinteren Schlafzimmer aus zu, ihre Augen wie Stahlspitzen, ihre Lippen ein grimmiger grauer Strich. Sie erlebte die Empfindungen eines Generals, der den Feind in seine Hände ausgeliefert sieht.

Sobald Mrs. Grimps und Mrs. Sawney zu ihren Waschbecken zurückgekehrt waren, stieg Mrs. Bindle in die Spülküche hinab, wo der Müllhaufen lag, den sie in der vergangenen Woche gesammelt hatte. Mit großer Bedacht stopfte sie es in einen Wäschekorb, mit dem sie die Masse auf den Grund des Gartens transportierte, ein Vorgang, der mehrere Fahrten erforderte.

Mrs. Sawney und Mrs. Grimps waren zu beschäftigt, um sich um die Bewegungen ihrer Nachbarin zu kümmern.

Nachdem sie ihre Aufgabe erledigt hatte, kehrte Frau Bindle zu ihren häuslichen Pflichten zurück und aß zur gegebenen Zeit ein einsames Abendessen, da Bindle zu weit entfernt verlobt war, um zuzugeben, dass er es mit ihr teilte. Anschließend ging sie nach oben, um ihre Toilette zu verrichten, da sie Montagnachmittage immer verabredete, „angezogen" auszugehen. Dies war an sich schon eine direkte Herausforderung für Fenton Street, das zu Hause bleiben und sich um die Reinigung seiner Wäsche kümmern musste.

Nachdem sie ihre Toilette beendet hatte, schlüpfte Mrs. Bindle in das hintere Schlafzimmer. Unten waren ihre beiden Nachbarn damit beschäftigt, den zweiten Teil ihrer Wäsche aufzuhängen, während der erste Teil zum Mangeln bereitgelegt worden war. Danach aßen sie ihr Mittagessen. Obwohl es keinen Klatsch gab, war Mrs. Bindle nicht unaufmerksam, und sie kannte die Bewegungen ihrer Nachbarn genauso gut wie diese ihre eigenen.

Eine Viertelstunde später fiel die Haustür von Nr. 7 zu. Mrs. Bindle, gekleidet in braunes Alpaka, eine braune Mütze mit einem Hauch Lila und keksfarbenen Handschuhen, wollte ihre Nichte Millie Dixon, geborene Hearty, besuchen, mit der sie den Nachmittag verabredet hatte.

IV

„Mrs. Sawney! Mrs. Sawney! Kommen Sie und schauen Sie sich Ihre Kleidung an!"

Mrs. Grimps, die Hände oben auf dem Zaun, schrie ihren mitreißenden Appell durch den dazwischen liegenden Garten.

Mrs. Sawney erschien, als würde sie von einer unsichtbaren Kraft aus ihrer Spülküche geschleudert.

Einen Moment lang stand sie da und blinzelte dumm, während dichte Mengen schmutzigen Rauchs aus dem Garten von Nr. 7 zum Blau des Himmels aufstiegen. Es war jedoch nur der Rauch, der aufstieg. Ein Blick auf die gescheckten Kleidungsstücke, die an ihren Leinenleinen hingen, genügte, um Mrs. Sawney davon zu überzeugen.

„Das ist diese Frau", schrie sie fast, als sie anfing, gegen den Zaun zu hämmern, der ihren Garten von dem von Mrs. Bindle trennte. „Ich werde es ihm zeigen."

„Ja; aber was ist mit dem –" Mrs. Grimps brach ab, erstickt von einer dicken schwarzen Rauchwolke, die auf sie zurollte. „Schau dir diese Schweinereien an."

Mrs. Bindle hatte vorsichtshalber etwas Paraffin und Rapsöl in ihr Lagerfeuer gegeben, das jetzt fröhlich loderte und eine immer größer werdende Flut von Ruß ausstieß, als wüsste sie, was von ihr erwartet wurde.

Mrs. Sawney schlug weiterhin gegen den Zaun, während Mrs. Grimps durch ihr Haus rannte und mit einer Kraft aus Hass und Verzweiflung gegen Mrs. Bindles Haustür hämmerte.

„Sie ist erschöpft."

Die Auskunft erteilte ein kleiner Junge im Unterrock, der unsicher von der anderen Straßenseite hergetrottet war und sich nun mit schmutzigen Händen am Geländer festklammerte.

Mrs. Grimps eilte wieder zum Ort der Katastrophe zurück.

Sie kam gerade noch rechtzeitig, um zu sehen, wie Mrs. Sawney etwas trug, das wie das Ende einer Kopfzeile aussah, in Mrs. Bindles Hintergarten und dabei ein Paar Strümpfe zur Schau stellte, die kaum etwas mit der Waschwanne zu tun hatten, und schon gar nicht so sehr die Stopfnadel.

„Hol dir etwas Wasser", keuchte sie, als sie sich wieder aufraffte und ihre Strümpfe wieder unter ihren Röcken verstaute. Mrs. Grimps stürzte in die Spülküche.

Eine Minute später erschien sie mit einem großen Eimer wieder, aus dem beim Gehen Wasser tropfte. Unter lautem Grunzen und beträchtlichem Durchnässen ihrer eigenen Kleidung gelang es ihr, es über den Zaun zu ihrer Nachbarin zu reichen.

Während Mrs. Sawney mit einer Hand den Griff und mit der anderen den Rand am Boden umklammerte, taumelte sie zum Feuer und drehte den Eimer um. Dann ließ sie mit einem Schrei den Eimer fallen, warf sich die Schürze über den Kopf und floh vor der Dampfwolke und der Flut von Schwarzen, die ihre überstürzte Tat verursacht hatte.

„Verdammt‘?" fragte Frau Grimps besorgt, während sie traurig auf ihr zerstörtes „Waschbecken" blickte, auf dem große schwarze Flocken wie Heuschrecken über die schönen Länder des Pharaos herabstiegen.

Mrs. Sawney nahm die Schürze von ihrem Kopf und blinzelte zum Himmel hinauf, als wollte sie sich vergewissern, dass der Segen des Sehens immer noch ihr gehörte.

„Die böse Katze!" schrie sie, als sie feststellte, dass kein Schaden angerichtet worden war. „Komm, lass es uns löschen", ermahnte sie, während sie mit einer schnellen Bewegung den Eimer aufhob und ihn über den Zaun der wartenden Mrs. Grimps reichte.

Zehn Minuten später war das Feuer gelöscht; aber die Wäsche war ruiniert.

Mrs. Sawney blickte über den Zaun auf eine zerzauste Karikatur von Mrs. Grimps, mit dem vollen Bewusstsein, dass sie selbst noch schlimmer aussehen musste. Sie erkannte auch, dass sie unter den kritischen Augen von Frau Grimps den Rückweg über den Zaun antreten musste und dass es unmöglich war, einen Zaun zu erklimmen, ohne ihr Bein freizulegen.

Beide Frauen waren bis auf die Haut durchnässt, da sich keine der beiden als Expertin darin erwiesen hatte, randvoll gefüllte Eimer mit Wasser über einen

Holzzaun zu transportieren; beide waren gefleckt wie der Pard; Beide atmeten in ihren Herzen schreckliche Rache an dem Täter, der gerade in diesem Moment in Hammersmith aus einer Straßenbahn ausstieg.

Den ganzen Nachmittag über warteten Mrs. Sawney und Mrs. Grimps; Mit grimmigen Lippen und hartem Blick warteten sie. Die Fenton Street sollte etwas sehen, wovon sie nicht einmal geträumt hatte. Mrs. Sawney und Mrs. Grimps hatten einstimmig beschlossen, „ihm zu zeigen".

Ihre Sprösslinge waren angewiesen worden, beim Anblick von Mrs. Bindle sofort zurückzukommen und Bericht zu erstatten.

Die Kinder hatten es ihren Freunden erzählt, und diese hatten es ihren Müttern erzählt, mit dem Ergebnis, dass nicht nur Mrs. Sawney und Mrs. Grimps; aber jede Hausfrau in der Fenton Street war in Aufruhr.

Kurz nach sechs erklangen Rufe: „Hier kommt sie", als wäre Mrs. Bindle das Bootsrennen gewesen, gefolgt von einem plötzlichen Ansturm von Kindern.

Mrs. Sawney und Mrs. Grimps eilten zum Aktionsquartier. Mrs. Sawney rührte einen Eimer voll Blei und Wasser hinter der Haustür, während Mrs. Grimps einen weichen Besen ergriff, den sie mit Wasser getränkt hatte, das zum Abwaschen des Essensgeschirrs verwendet wurde.

Die Kinder drängten sich um das Tor und hielten sich am Geländer fest. Hausfrauen kamen an ihre Türen oder erschienen an ihren Schlafzimmerfenstern. Fenton Street liebte Drama, je größer das „D", mit dem es geschrieben wurde, desto mehr Spaß hatten sie daran.

Hinter ihren Haustüren warteten Mrs. Sawney und Mrs. Grimps und schauten zu. Plötzlich begann die Menschenmenge, die sich am Geländer festgesetzt hatte, aufzulösen, und das Stimmengewirr verstummte. Man sah, wie mehrere Frauen ihre Gartentore verließen und die Straße hinaufgingen. Noch immer warteten die beiden grimmig dreinblickenden Frauen hinter ihren „Straßentüren".

Als schließlich das letzte Kind das Geländer verließ und die Straße aufstürmte, kamen beide Frauen zu dem Schluss, dass etwas passiert sein musste.

Der Anblick von Mrs. Sawney an ihrer Tür brachte Mrs. Grimps zu sich, als Harriet, die neunjährige Tochter von Mrs. Sawney, atemlos auf sie zustürmte.

„Sie kommt", keuchte das Kind, woraufhin beide Frauen verschwanden, Mrs. Sawney, um den Griff ihres Eimers zu ergreifen, und Mrs. Grimps, um ihren Besen zu ergreifen.

Als Frau Bindle auftauchte, im Mittelpunkt einer wirbelnden Kindermasse, mit ein paar Frauen am äußeren Rand, trug sie ein etwa fünfjähriges Kind auf dem Arm, das mitleiderregend wimmerte. Ihre Haube war zurückgerutscht, ihre rechte Hand, von der man den keksfarbenen Handschuh abgenommen hatte, war mit Blut befleckt, während ihr Regenschirm von einem lockigen kleinen Jungen getragen wurde, als wäre er eine heilige Reliquie lebt seine Stunde.

Beim Anblick der Prozession ließ Mrs. Sawney klirrend den Henkel ihres Eimers fallen, während Mrs. Grimps ihren Besen fallen ließ.

„Das ist mein ‚Ector‘“, schrie sie, als sie den Gartenweg entlang rannte. „Oh mein Gott! Er ist tot.“

„Holen Sie heißes Wasser“, befahl Frau Bindle, als sie die Mutter beiseite schob und das Tor betrat. „Er hat sich das Bein aufgeschnitten.“

Gefolgt von Mrs. Bindle stürmte Mrs. Grimps ins Haus. Es lag etwas in Mrs. Bindles Tonfall, das keinen Aufschub duldete.

Unter den Augen von Mrs. Grimps, Mrs. Sawney und mehreren ihrer Freundinnen wusch Mrs. Bindle die Wunde und verband sie mit einem sauberen weißen Lappen anstelle ihres eigenen blutgetränkten Taschentuchs, und sie erledigte ihre Arbeit mit der gebotenen Gründlichkeit was sie alles getan hat.

Als sie fertig war, nahm sie das Kind in die Arme und beruhigte es eine Stunde lang mit der Versicherung, dass es „das tapferste kleine Kostbare auf der ganzen Welt“ sei. Als sie sich anschickte, ihre Last in die Arme ihrer Mutter zu legen, beschloss der daraus resultierende Aufruhr, dass Frau Bindle ihre Fürsorge fortsetzte.

Es war zehn Uhr, als sie endlich das Haus von Frau Grimps verließ, und sie tat dies wortlos.

„Wer hätte das gedacht!“ bemerkte Mrs. Sawney, als Mrs. Bindle das Tor schloss.

„Sie kann gut mit Kindern umgehen“, gab Frau Grimps zu. „Das sage ich mal“, und als sie sich durch den dunklen Flur umdrehte, fiel sie über den Besen, mit dem sie ihren Nachbarn begrüßen wollte.

Mrs. Sawney kehrte in ihr eigenes Haus zurück und warf einen Topf auf Sandy, ein Umstand, der ihn zwei Tage und drei Nächte lang von zu Hause fernhielt – er war kein Typ, der übermäßige Risiken einging.

KAPITEL III

FRAU. BINDLE UNTERHALTET

ICH

„Bindle!" Mrs. Bindle stieg von einem Stuhl herunter, geschützt durch ihre Bügeldecke, auf der sie gestanden hatte, um ein Stück Stechpalme zu ersetzen, das von einem Bild gefallen war.

Sie blickte mit offensichtlichem Stolz auf den Aufruhr im viktorianischen Stil, der sie umgab; es bildete ihr Allerheiligstes. Sie hatte tagelang mit Wasser und Seife und Möbelpolitur, mit immergrünen und bunten Kerzen daran gearbeitet, es dem bevorstehenden Fest würdig zu machen. Es war ihr nur gelungen, die kompromisslose Atmosphäre der Kälte und Kantigkeit hervorzuheben.

Antimacassars schienen verlegen auf den Rückenlehnen von geprägten Plüschstühlen, Fotorahmen und dem, was sie „Nippsachen" nannte, zu zittern und starrten einander mit großen Augen und Verzweiflung an; während Ketten aus farbigem Papier, überwiegend hellgrün und gelb, in galligen Girlanden von Bildnagel zu Bildnagel gespannt waren.

Auf dem Kaminsims standen in weinroten Lüstern, die Mrs. Bindles besonderen Glanz verliehen, zwei lange Kerzen in ihrer rosafarbenen Nacktheit. Sie sollten niemals angezündet werden und sie wussten es; Kühl, rosa und nackt würden sie bleiben, um schließlich wieder in den Karton gepackt zu werden, aus dem sie jahrelang herausgeholt wurden, um jedes weitere Fest zu schmücken.

Es war schon immer Bindles Ziel gewesen, diese Kerzen anzuzünden, die wahrscheinlich die ältesten Petroleumwachsstücke im Königreich waren; aber ihm fehlte der moralische Mut.

„Komisch, dass man nicht sauber sein kann, ohne so zu stinken", hatte er an diesem Morgen gemurmelt, während er die Luft schnupperte, die nach Terpentin stank, unterlegt mit gelber Seife. „Ich nehme an, Appiness ist wie ein Getränk", fügte er hinzu, „es nimmt die Menschen auf unterschiedliche Weise an."

Als sie zur Anrichte ging, blickte Mrs. Bindle auf die Erfrischungen: Wurstbrötchen, Sandwiches, Steinkuchen, Zuckerrüben, Gelees, dreieckige Törtchen, deren Inhalt an jedem Stück, jeder Schokoladenform und anderen Köstlichkeiten ausströmte .

In der Mitte stand eine große, offene Marmeladentorte auf einer Fleischplatte. Es war Mrs. Bindles Meisterwerk, eine Hommage an die Erde und den Himmel gleichermaßen. Auf der Marmelade stand in Buchstaben, die aus Teigstreifen gebastelt waren, die Ermahnung: „Bereite dich, deinem Gott zu begegnen."

Bindle hatte beim Anblick dieses Kunstwerks und der Religion der Superlative den Atem angehalten. „Das ist eine komische Art, einer Bucht Appetit zu machen", hatte er gemurmelt. „Wenn es nicht Frau B. gewesen wäre, hätte ich gesagt, es sei ein Witz."

Es war offensichtlich eine Genugtuung, dass Frau Bindle ihr Werk betrachtete. Beim Anblick einer Eistorte, die sich hinter einem Teller Bananen versteckte, lächelte sie. Auch hier hatte ihr hingebungsvoller Instinkt gesiegt. Auf der unebenen weißen Oberfläche stand in unregelmäßigen Buchstaben eines unsicheren Blaus die Aussage: „Der Lohn der Sünde ist der Tod."

„Na ja, das ist nicht meine Vorstellung von Appiness."

Sie drehte sich um und sah Bindle, der ungehört hereingekommen war und zweifelnd auf die Torte mit der beunruhigenden Legende blickte.

„Was ist nicht deine Vorstellung von Glück?" sie verlangte.

Er grinste freundlich zu ihr herüber.

„Sie hätten gerne Bierflaschen auf dem Kaminsims, nehme ich an", fuhr sie fort, „und Tonpfeifen und Spucknäpfe und –"

„Nicht für mich, Frau B.", erwiderte er; „Niemand hat noch nie gewusst, dass ich den Kamin vermisse."

Mrs. Bindles Lippen verengten sich, als ob sie sich bemühte, die wütenden Worte zurückzuhalten, die nur so darauf warteten, herauszuspringen.

Sie hatte einen Musikabend geplant, mit dem Ziel, ihren Schwager bei seinen Ambitionen als Chorleiterin der Alton Road Chapel zu unterstützen, eine Stelle, die kürzlich frei geworden war.

Indem sie einige der bescheideneren Mitglieder des Chores einlud, die auf einer höheren sozialen Ebene als ihrer eigenen wohl kaum annehmen würden, hatte Mrs. Bindle gedacht, Mr. Heartys Kandidatur zu fördern.

Sie erkannte, dass ihr Einfluss in ihrer Wirkung indirekt sein würde; Aber selbst das, so entschied sie, wäre von Vorteil.

Mr. Hearty hatte bereitwillig zugestimmt, sein Harmonium zu leihen, und hatte es mit seinem Lieferwagen vorbeigeschickt. Zwei Männer und ein Junge sowie Mr. Hearty und Mrs. Bindle brauchten lange, um es durch den schmalen Gang zu überreden. Hier war es fast eine Stunde lang ununterbrochen steckengeblieben. Erst als Bindle zurückkehrte, um seine Berufserfahrung einzubringen, wurde es in den Salon gelockt.

Weihnachten stand vor der Tür und der Chor hatte schon seit Wochen unter Zwangsentzug Weihnachtslieder geübt. Das hatte Mrs. Bindle auf die Idee gebracht, ihren Abend ganz der passenden Musik zu widmen.

„Warum rufst du mich an?" fragte Bindle plötzlich und erinnerte sich an den Grund seiner Anwesenheit.

„Vergessen Sie nicht, einen Eimer Kohlen zu holen und ihn in die Küche zu stellen", befahl sie.

„Wir wollen keine Kohlen haben, Frau B., bei all dem Zeug, das uns erwartet", murmelte er betrübt. „Warum haben wir nicht ein bisschen Mistelzweig?" er forderte an.

„Sei nicht ekelhaft", erwiderte sie.

„Ekelhaft!" er weinte unschuldig. „An einem Mistelzweig ist nichts Ekelhaftes."

„Ich werde solche Dinge nicht in meinem Haus haben", verkündete sie entschieden. „Du hast einen unzüchtigen Verstand."

„Es hat keinen Sinn, ein Mädchen unter dem Mistelzweig zu küssen", wandte er ein, „oder unter irgendetwas anderem", fügte er nachträglich hinzu.

„Du bist böse, Bindle, und das weißt du."

„Nun, was machen wir auf einer Party, wenn es kein Küssen gibt?" Er beharrte darauf und sah sich mit ungewohnter Verzweiflung um.

„Mr. Hearty hat uns sein Harmonium geliehen!" sagte sie salbungsvoll und blickte ehrfürchtig auf das Instrument hinüber, das der Stolz des Herzens ihres Schwagers war.

„Aber was nützt ein Armonium?", beschwerte er sich. „Man kann nicht mit einem Armonium bis zum Pantoffel spielen oder den Postboten anklopfen."

„Wir werden singen."

„Was, Hymnen?" er stöhnte.

„Nein, Weihnachtslieder", war die Antwort. „Es ist Weihnachten", fügte sie wie zur Erklärung hinzu.

„Nun, es sieht nicht so aus und es riecht auch nicht danach." Er schnüffelte mit offensichtlichem Abscheu an der Atmosphäre. „Das erinnert mich an Orse-Öle", fügte er hinzu.

„Das stimmt, machen Sie weiter", erwiderte sie säuerlich. „Du tust mir nicht weh, wenn du das denkst." Sie zog die Lippen zusammen und verschränkte die Hände vor sich, wobei Mrs. Bindle ein Ausdruck christlicher Resignation war.

„Ich möchte dich nicht ärgern, Lizzie; aber ich frage dich, kannst du mir Weihnachtslieder singen sehen?" Er blickte sie mit einem verzweifelten, fragenden Blick an. „Ich, in meinem Alter?"

„Von dir wird nicht verlangt zu singen. Du kannst rausgehen und den Abend mit deinen niederträchtigen Kameraden fluchen und trinken verbringen." Sie ging zum Kaminsims und stellte eine ihrer geliebten rosa Kerzen zurecht. „Du würdest nur die Musik verderben", fügte sie hinzu.

„Wenn es keine Musik gäbe, gäbe es keine Religion", schimpfte er. „In dieser Welt sind es ‚Armoniums‘ und in der nächsten ‚Arps‘. Ich wäre lieber ein Schleicher, als einen ‚Arp‘ zu spielen."

Mrs. Bindle ignorierte die Bemerkung und begann, einen Teller mit Wurstbrötchen in größerer Symmetrie neu zu stapeln, wobei sie einen imaginären Staubfleck aus einem Glaskrug mit Limonade schnippte.

„Jetzt mach dir Gedanken", rief sie, als er zur Tür ging, „ich lasse nicht zu, dass du mir den Abend verdirbst, du gehst besser raus."

„Der Scheideweg eines Mannes oder warum Bindle von zu Hause weggegangen ist", grinste er, drehte sich um, zwinkerte der rechten rosa Kerze zu und verschwand, sodass Mrs. Bindle ihr Werk bewundernd betrachten konnte. Sie hatte sich sehr viel Mühe gegeben, sich auf die Feierlichkeiten des Abends vorzubereiten.

II

Auf halber Höhe der Treppe blieb Mrs. Bindle stehen und lauschte. Ihre scharfen Ohren hatten das Geräusch von Stimmen an der Hintertür und zweifellos das Klirren von Flaschen wahrgenommen. Sie setzte ihren Abstieg fort, betrat die Küche und blieb direkt vor der Tür stehen.

„Das ist in Ordnung, ‚Op-o‘-my-thumb. Ein Dutzend ist es", hörte sie Bindle zu jemandem in der äußersten Dunkelheit sagen. Es gab ein schrilles „Gute Nacht", und Bindle betrat die Küche aus der Spülküche, eine Bierflasche unter jedem Arm und eine in jeder Hand.

"Wer war das?" sie forderte, ihre Augen auf die Flaschen gerichtet.

„Oh, das ist doch nur ein Scherz, der mir etwas gebracht hat", sagte er mit scheinbarer Unbekümmertheit.

„Was hat er mitgebracht?" forderte sie, ihre Augen immer noch auf die Flaschen gerichtet.

„Etwas Bier, was ich bestellt habe."

"Wozu?"

"Trinken." Er sah sie an, als wäre er von der Frage überrascht.

„Ich dachte nicht, dass du es zum Waschen gekauft hast“, war die wütende Erwiderung. „Im Schrank sind vier Flaschen. Die reichen bis Samstag. Warum hast du mehr bestellt?“ Mrs. Bindle war offensichtlich misstrauisch.

„Vielleicht wird heute Nacht jemand trocken“, hielt er zurück.

„Erzähl mir keine deiner bösen Lügen, Bindle“, rief sie wütend. „Du weißt, dass sie alle Mäßigkeit haben. Wie viele hast du bestellt?“

„Oh, Scherz ein paar“, sagte er und stellte die Flaschen auf das untere Regal der Kommode. „Es gibt nichts Schöneres, als ein oder zwei Flaschen im Ärmel zu haben.“

„Warum hast du deinen besten Anzug angezogen?“ Missbilligend betrachtete sie den blauen Anzug und die rote Krawatte, die Bindle trug. Ihr Blick fiel auf die weißen Handschellen, die nur durch eine vorsichtige Bewegung seiner Daumen verhindert wurden, dass sie ganz abrutschten.

„Ist es nicht die Nacht der Party?“ erkundigte er sich unschuldig.

„Ich habe dir gesagt, dass ich dich nicht hereinkommen lassen werde, du mit deiner gewöhnlichen Art und deinem leisen Gerede.“

„Das ist in Ordnung“, antwortete er fröhlich. „Ich werde mich in die Küche setzen.“

„Und was nützt dir das?“ fragte sie misstrauisch. „Ein anderes Mal, wenn ich alleine bin, kannst du schnell genug ausgehen. Jetzt, wo ein paar Freunde kommen, wird dich nichts mehr bewegen.“

„Aber ich möchte die Musik hören“, protestierte er. „Vielleicht werde ich Weihnachtslieder mögen, wenn ich genug davon höre“, fügte er mit der Miene eines Menschen hinzu, der verkündet, dass er hofft, eines Tages auf den Geschmack von Rizinusöl zu kommen.

„Sie reichen aus, um die Geduld eines Heiligen auf die Probe zu stellen“, rief sie und beäugte immer noch die Bierflaschen. „Ich nehme an, dass du etwas Böses im Schilde führst. Es wäre nicht deine Aufgabe, wenn du mir erlauben würdest, mich zu amüsieren.“

„Ich freue mich, wenn du Spaß hast, Lizzie“, protestierte er. „„Wie würdest du dir wünschen, dass der alte Ginger in einem‘——— rennt?“

„Wenn dieser Mann mein Haus betritt, werde ich ihn beleidigen!“ sie weinte, ihre Augen glitzerten wütend.

„Das ist nicht einfach", antwortete er fröhlich, „es sei denn, man trinkt Bier. Das kriegt immer einen Lappen raus."

„Ich werde diesen Mann nicht in meinem Haus haben", stürmte sie. „Du sollst mein Zuhause nicht mit deinen unflätigen Wirtshauskameraden verunreinigen. Ich –"

„Ole Ging geht es gut", versicherte Bindle ihr, während er vier weitere Flaschen aus der Spülküche holte. „Alles, was Sie tun müssen, ist, ihm etwas Bier zu geben, „All is Forgiven Wot" zu spielen, „Appened on Peace Night", und „Ihn mit den Füßen zum Refrain stampfen zu lassen", und es ist eine der fröhlichsten Buchten, die es gibt du wirst es finden."

„Nun, bringen Sie ihn hierher und sehen Sie, was ich mache", verkündete sie düster.

„Das ist schon in Ordnung, Frau B., machen Sie sich keine Sorgen. Ich habe scherzhaft gebeten, dass Uggles herumlaufen und mir Gesellschaft leisten sollen, und Wilkie könnte vorbeikommen, wenn er nicht zu sehr mit Husten beschäftigt ist; aber sie werden es tun. Ich werde mich nicht mit den Kanarienvögeln einlassen – sie werden es nicht mehr wollen, nachdem ich ihnen das gesagt habe, und wir werden alle so still wie Mäuse sein.

„Wenn du einen deiner Freunde mit ins Wohnzimmer bringst, Bindle", rief sie, „drehe ich das Gas ab."

"Frech!" ermahnte er und wedelte spielerisch mit dem Zeigefinger. „Ich werde nicht zulassen, dass –"

"Hör auf!" Und damit sprang sie aus der Küche und rannte nach oben ins Schlafzimmer, wobei sie die Tür hinter sich zuknallte.

„Sind Frauen nicht lustig", grummelte er, während er die restlichen vier Flaschen Bier aus der Spülküche holte und sie auf das Regal der Kommode stellte. „Es hätte einen schönen Krach gegeben, wenn ich gesagt hätte, dass ich das Gas ausdrehen soll. Deshalb ist der alte Earthy so scharf auf die Chorproben. Ich wette, sie haben ein Penny-in-the-Slot-Meter, und „Jeder achtet darauf, sein gesamtes Geld bei sich zu lassen."

Von oben konnte man hören, wie Frau Bindle beim Öffnen und Schließen von Schubladen ihren Gefühlen Ausdruck gab.

"Gut gut!" Er seufzte philosophisch. „Ich schätze, man kann nicht alles haben, wie die Bucht sagte, als man den Mieter mit seinen Hosen auf der Bank Olivia fand", und er machte sich daran, zwei zerbrochene Gläser zusammenzusuchen war von Mrs. Bindle als ungeeignet für ihre Gäste zensiert worden, ein großer weißer Becher mit einem rosafarbenen Band und den Überresten einer Ansicht von Margate sowie ein Bierkrug mit einem rosafarbenen Schmetterling am Auslauf.

„Wir werden uns jedenfalls amüsieren", murmelte er, während er ein Fleischgericht von der Kommode nahm, in den Salon schlüpfte und einen Moment später mit Steinen voller Steine zurückkam. Kuchen, Sandwiches und Wurstbrötchen. Diese versteckte er auf dem unteren Regal der Kommode und stellte ein Paar Stiefel davor.

„Scherz rechtzeitig", murmelte er, als man Mrs. Bindle die Treppe hinuntersteigen hörte. „Es ist – ‚Ullo!' Er brach ab, „hier ist der erste Appetit", als es an der Haustür klopfte.

Die nächsten zehn Minuten war Frau Bindle damit beschäftigt, ihre Gäste nach oben zu führen, damit sie „ihre Sachen auszogen". Ihre Begleiter warteten im Gang, räusperten sich oder streichelten ihr Kinn. Der Konvent forderte, dass sie warten sollten, bis sie mit ihren Frauen offiziell den Salon betraten.

Bindle lauschte interessiert, sein Ohr an die Küchentür gedrückt, und bemühte sich, anhand ihrer Stimmen die Ankömmlinge zu erkennen, die vorbeikamen.

Um zehn Minuten nach sieben waren die Geräusche im Flur verstummt – die Gäste waren alle gekommen. Im Kreise von Frau Bindle war es üblich, die in der Einladung genannte Zeit wörtlich zu nehmen und sich für auch nur ein paar Minuten Verspätung zu entschuldigen.

Damit die Montagues nicht mit den Capulets verwechselt wurden, hatte Bindle vorsorglich seine eigenen Freunde gebeten, zur Hintertür zu kommen. Er hatte hinzugefügt, dass das Bier in der Küche sein würde.

Mrs. Bindle war immer unerschütterlich in ihrer Entschlossenheit, dass Bindles „niedrige Wirtshauskameraden" keine Gelegenheit haben sollten, ihre Freunde aus der Alton Road Chapel zu „beleidigen".

Bei Mrs. Bindle war die erste Viertelstunde ihrer seltenen geselligen Zusammenkünfte immer eine Zeit der Angst und Unsicherheit. Obwohl jeder jeden kannte, waren alle eingeschränkt und unwohl.

Miss Lamb drehte immer wieder ihr gerolltes Goldarmband um ihr mit Spitzenhandschuhen besetztes Handgelenk und lächelte dabei ausdruckslos. Fräulein Tod schien nicht in der Lage zu sein, ihre harten grauen Augen, die viel zu eng beieinander standen, von der Anrichte mit Erfrischungen fernzuhalten, während Mrs. Dykes, eine winzige Frau in einem rehbraunen Rock und einer korallenrosa Bluse, ständig ihren Hinterkopf befühlte. als erwartete sie eine Katastrophe für ihr Haar.

Mrs. Hearty, die zunächst eine leuchtend blaue Satinbluse trug und am Ende kanarienfarbene Strümpfe trug, die in Stoffschuhe mit Leimschnallen steckten, schlug sich auf die Brust und rang nach Luft. Mr. Hearty war negativ eingestellt, im Gespräch war er ein Bankrotteur, während Mrs. Stitchley geschwätzig und zielstrebig war. Sie war bestrebt, das Bewusstsein, dass sie nicht eingeladen worden war, herunterzureden.

Ihre Entschuldigung für ihr Kommen, zumindest die Entschuldigung, die sie sich selbst vortrug, war, dass sie ihre Tochter beaufsichtigen wollte, ein kurzsichtiges, formloses Mädchen ohne Brust und mit schlammigem Teint, das niemals eine solche Aufmerksamkeit hatte und niemals benötigen würde.

Die anderen waren einfach kastriert, mit Ausnahme von Mr. Thimbell, dessen akute Nervosität und die Länge seiner Gliedmaßen ihn lästig machten.

Frau Bindle war sich bewusst, dass sie in einem dunkelblauen Alpakakleid mit einer cremefarbenen Spitzenpasse am besten aussah, die sie aus Bescheidenheit mit dem Stoff des Kleides gefüttert hatte. Für sie war die Zurschaustellung jedes Teils ihrer Person oberhalb des Spanns oder unterhalb des weiblichen Äquivalents des „Adamsapfels" eine Hommage an den Mammon der Ungerechtigkeit, und ihre Schneiderin wurde entsprechend angewiesen.

Sie ging im Raum umher und versuchte, allen das Gefühl zu geben, zu Hause zu sein. Es gelang ihr jedoch nur, die Tatsache zu betonen, dass sie alle draußen waren.

Alle waren bestrebt, sich dem ernsten Geschäft des Abends zuzuwenden; Dennoch mussten die sozialen Einrichtungen beachtet werden. Es muss eine Vorgesprächsphase gegeben werden.

Nachdem sie sich eine Viertelstunde lang bemüht hatte, Ideen auszutauschen, über die keiner von ihnen verfügte, ging Mrs. Bindle zu Mr. Hearty hinüber und flüsterte etwas, während sie gleichzeitig einen Blick auf das Harmonium warf. Auf den Gesichtern, die einen Moment zuvor noch ausdruckslos und apathisch gewesen waren, zeichnete sich sofort ein Ausdruck von Interesse und Erwartung ab.

Mr. Goslett, ein kleiner Mann mit hohen Wangenknochen und einem kriminellen Geschmack in Sachen Krawatten, räusperte sich; Mr. Hearty ließ sich heimlich einen Säuretropfen in den Mund gleiten, den er gerade aus seiner Westentasche genommen hatte; Mr. Dykes, ein langer, dünner Mann, den seine Zeitgenossen in seiner Jugend als „Razor" bezeichnet hatten, zog schwungvoll sein Taschentuch und testete Mrs. Bindles Mauern, als wäre er ein Priester vor Jericho.

Es gab einige Schwierigkeiten, wer Mr. Heartys geliebtes Instrument spielen sollte. Mrs. Stitchley machte deutlich, dass sie erwartete, dass ihre Tochter Mabel gefragt würde. Frau Bindle entschied jedoch, dass Frau Snarch, eine farblose Frau, die Alt sang (ihre eigene Altstimme) und schniefte, wenn sie nicht Alt sang, den Vorsitz führen sollte; Ihr Einfluss auf ihre Chorkollegen dürfte größer sein. So hatte Frau Bindle in den ersten zehn Minuten zwei unversöhnliche Feinde und einen zweifelhaften Freund.

Mrs. Snarch nahm am Harmonium Platz, fummelte an ihren Röcken herum und blinzelte kurzsichtig auf das Weihnachtsliederbuch, das anscheinend nicht offen bleiben wollte. Die anderen gruppierten sich um sie.

Es gab ein Durcheinander seltsamer Geräusche, da jedes Mitglied der Gruppe die notwendigen Schritte unternahm, um die Reinheit des Stimmtons sicherzustellen. Darüber hinaus zog Mr. Dykes seinen Kragen von seinem Hals und streckte seinen Hals nach oben, als wollte er den Ton freimachen, den er aussenden wollte. Mr. Goslett schob seinen sandfarbenen Schnurrbart mit der Rückseite seines rechten Zeigefingers von seinen vollen Lippen, während Miss Stitchley ihre dünnen, farblosen Lippen immer wieder befeuchtete.

Dann sangen sie gemeinsam.

Nach einem einleitenden Weihnachtslied, an dem offenbar niemand besonderes Interesse zu haben schien, kamen sie mit „Good King Wenceslas“, einem der Lieblingslieder der Alton Road Chapel, gut zurecht.

An diesem Abend war es ein voller Erfolg.

Die Schrillheit von Miss Stitchley kollidierte stärker mit der Schärfe von Mrs. Bindle als im vorangegangenen Weihnachtslied. Mr. Hearty schloss seine Augen fester und war wolliger, Mr. Dykes bekam mehr Atem hinter seinem Boom und Mrs. Dykes machte mehr Fehler in ihrer „Harmonie“. Mr. Goslett hob seinen Kopf höher und sah mehr denn je aus wie ein trinkendes Huhn, während die dünnen, hohen Töne von Miss Death sogar Mr. Dykes' Boom zu durchdringen schienen, gerade als sie Miss Lamb, die immer unsicher war, was die Tonhöhe anging, noch weiter von ihr entfernten Schlaganfall.

Trotzdem hat es allen sehr viel Spaß gemacht. Sogar Mrs. Stitchley, die gestand, dass sie „nicht im Singen“ sei, krächzte ein paar heisere Töne, während sie aufgrund eines Sechs- und Elfpenny-Paares, das sie an diesem Nachmittag gekauft hatte, akut aufrecht saß, und nickte ihr zu Kopf und Schlagzeit.

Frau Stitchley ließ sich nie die Gelegenheit entgehen, ihre Position in Bezug auf die Musik deutlich zu machen.

„Ich bin musikalisch, meine Liebe", würde sie sagen. „Es liegt in der Familie; aber ich singe nicht, ich bin in Krämpfen, wissen Sie." Sie gab diese Information freiwillig preis, so wie ein Mann seine Unfähigkeit, Waldhorn zu spielen, damit entschuldigen möchte, dass er süchtig nach Bassgambe sei.

„Das nenne ich ein Weihnachtslied", sagte Mrs. Stitchley und bemühte sich zu verhindern, dass sich der obere Teil ihres Stiers in ihrem Fleisch vergrub. Dann rief sie plötzlich inspiriert: „Zugabe! Zugabe!" und machte eine Bewegung, in die Hände zu klatschen; aber der Söldner nutzte die Gelegenheit, um in eine heftige Auseinandersetzung zu geraten. Mit einem leisen Schmerzensschrei flogen Mrs. Stitchleys Hände zu ihrer Rettung.

Alle waren zu zufrieden mit „Guter König Wenzel", als dass sie sich um Mrs. Stitchleys Haushälterin gekümmert hätten. Das Wort „Zugabe" hatte sie jedoch auf eine Idee gebracht. Mr. Hearty sah Mrs. Bindle fragend an.

„Glauben Sie –", begann er.

„Sollen wir es wieder haben?" fragte sie und es ertönte ein Chor erfreuter Zustimmung. Jeder war fest entschlossen, etwas mehr in die Zugabe zu stecken als in die Originalwiedergabe. Es gab nur eine abweichende Stimme, die von Mr. Dykes, der sich auf „The First Noël" freute, was ihm eine solche Chance für individuelle Anstrengungen gab. Wenn Mr. Dykes mit den Weihnachtssängern der Kapelle unterwegs war, weckte er bekanntermaßen bis zu sechs Straßen mit einer einzigen Strophe dieses beliebten Weihnachtsliedes.

Mrs. Bindle lächelte fast. Ihre Party erwies sich als Erfolg.

Mrs. Stitchley, die noch immer den oberen Teil ihres Stiers in der linken Hand hielt, nickte zustimmend, ihre kleinen Knopfaugen auf die Sänger gerichtet. Sie wartete auf eine Gelegenheit, eine halbe Viertelflasche aus ihrer Tasche zu holen, die etwas enthielt, das sie, wenn sie beim Trinken erwischt worden wäre, als medizinisch eingenommenes Nelkenwasser bezeichnet hätte.

Um ihrer Behauptung Farbe zu verleihen, kaute sie nach jedem Hinweis auf die Flasche stets eine Gewürznelke.

Im Golden Horse war Mrs. Stitchleys Nelkenwasser als Old Tom Special bekannt.

Eine Stunde lang sangen Mrs. Bindles Gäste und beglückwünschten sich mit Begeisterung. Mr. Dykes setzte sein berühmtes „Noël" ein, er sprach es „No-ho-hell" aus, und alle anderen schienen zufrieden zu sein, wenn auch ein wenig Halsschmerzen.

Es war halb neun, als Frau Bindle beschloss, dass die Zeit für Erfrischungen gekommen sei.

Den ganzen Abend über hatte sie aufmerksam auf Geräusche aus der Küche gehorcht; aber außer einem unterdrückten Stimmengewirr konnte sie nichts erkennen; Trotzdem fühlte sie sich unwohl. Wenn Mrs. Hearty zum Beispiel wüsste, dass Bindle im Haus war, würde sie mit Sicherheit zum Feind überlaufen.

Was die Bewirtung ihrer Gäste anging, musste Frau Bindle nichts lernen. Sie war eine gute Köchin und hatte Freude daran, die Menschen, die sie bewirtete, gut zu versorgen. Ihre Wurstbrötchen, einfache Dinge, bei denen die Wurst mehr als nur eine begehbare Rolle spielte, waren bei ihren Freunden berühmt. Ihr Pudding, ihre Marmeladenbällchen, Steinkuchen und Sandwiches hatten ihren Ruf bereits bei denen begründet, die das Privileg hatten, sie zu probieren. Sie sonnte sich im Sonnenschein des Lobes für das, was sie geleistet hatte. Ohne sie hätte sie das Gefühl gehabt, dass ihre Partei gescheitert sei.

An Zustimmung, herzlich ausgedrückt, mangelte es an diesem Abend nicht. Mrs. Stitchley, die absichtlich ein leichtes Mittagessen und keinen Tee zu sich genommen hatte, war in ihren Lobreden besonders laut und leitete ab dem sechsten jedes Wurstbrötchen, das sie aß, mit einem neuen Adjektiv ein.

Frau Bindle war fast glücklich.

Sie war gerade dabei, Miss Lamb ein Glas Limonade einzuschenken, als sie plötzlich innehielt. Ein ungewohntes Geräusch aus der Küche hatte ihre Hand blockiert. Andere hörten es auch, und das Summen der Unterhaltung verstummte, nur unterbrochen von Mr. Heartys Kauen eines Wurstbrötchens.

Durch die Trennwand drang der Klang einer Ziehharmonika. Mrs. Bindle stellte den Krug ab und drehte sich zur Tür. Während sie das tat, begann eine dünne, nasale Stimme zu singen:

Denn er war in allen Gelenken geölt. Ein Bobby kam herbei, der seinen Standpunkt vertrat. Er blies in seine Pfeife, um mehr herbeizurufen, und Bill traf ihn auf der Spitze seines Kinns. Dann schrien sie, traten und bissen sich in die Knie, während jeder nach und nach ein Bein oder einen Arm packte. Und so wurde Bill Morgan am Abend der Beerdigung seiner ersten Frau nach Hause gebracht.

Der Strophe folgte ein vollgestopfter Refrain, begleitet von einem Hämmern, als würde jemand Ziegelsteine herumschleudern.

Danach kam Stille; bis auf das Summen der Unterhaltung, über dem sich Bindles Stimme erhob, die weiteres Singen verbot, bis „die von nebenan es versuchen.‘‘

Die Gäste sahen sich verwundert an. Der starre Gesichtsausdruck von Mrs. Bindle verhärtete sich und die Falten um ihren Mund wurden grimmig. Ihr erster Instinkt war gewesen, in die Küche zu eilen; aber sie beschloss zu warten. Sie wollte keine Szene, während ihre Gäste dort waren.

Allmählich kehrten die Weihnachtsliedsänger zu ihren Tellern und Gläsern zurück, und in ihrer Mitte war erneut Mr. Heartys Kauen zu hören. Mr. Hearty aß immer mit Genuss.

Unbemerkt von Mrs. Bindle schlich sich Mrs. Hearty aus dem Wohnzimmer, um Nachforschungen anzustellen. eine Minute später folgte Mrs. Stitchley. Die Einsamkeit der Passage gab ihr eine wunderbare Gelegenheit, das „Nelkenwasser‘‘, das sie mitgebracht hatte, auszutrinken.

Als alle Mrs. Bindle als Antwort auf ihre dringende Aufforderung, sich noch mehr aufzufrischen, versichert hatten, dass sie „wirklich nicht könnten, nicht wenn sie sie bezahlen würde‘‘, wandte sie sich noch einmal an Mr. Hearty, um die nötige Ermutigung zu erhalten Beginnen Sie ein weiteres Weihnachtslied.

Ihr erster Versuch zeigte jedoch deutlich, dass Mrs. Bindles Erfrischungen ihrem Gesang die Schärfe genommen hatten. Miss Stitchley hatte viel von ihrer Schrillheit verloren, Mrs. Bindle war weniger scharfsinnig und Mr. Hearty wolliger. Der Boom von Mr. Dykes war nur noch ein Gespenst seines früheren Selbst und bewies die Wahrheit von Mrs. Dykes‘ lachender Bemerkung, dass er überhaupt nicht singen könnte, wenn er so viele von Mrs. Bindles Wurstbrötchen essen würde. Nur Miss Death war in Form, ihr schriller Sopran spaltete immer noch die Atmosphäre wie ein Speer.

Als die letzten Akkorde des Weihnachtsliedes verklangen, nahm die Ziehharmonika in der Küche den Lauf auf, und eine Minute später folgte dieselbe Stimme wie zuvor, die nasal von den Abenteuern einer besonders ausgelassenen Gruppe von Segensgefährten sang, die sich weder darum kümmerten noch kümmerten Ausgangssperre.

Beim ersten Geräusch ging Mrs. Bindle schnell zur Tür, wo sie unsicher stehen blieb. Sie befand sich in einer Zwickmühle. Ihre Vorstellung von guten Manieren ließ es nicht zu, dass eine Gastgeberin ihre Gäste allein ließ; trotzdem musste etwas getan werden.

Am Ende des Verses verstummte die Stimme; aber die Ziehharmonika jammerte weiter. Mrs. Bindle holte Luft. Ihre Gäste blickten einander irgendwie benommen an. Dann ertönte mit einem Krachen der mit Begeisterung vorgetragene Refrain:

Wir werden alle nach Hause rollen, wir werden alle nach Hause rollen, denn „Ome" ist der einzige Ort für müde Männer wie uns. Wir werden alle nach Hause rollen, wir werden alle nach Hause rollen, Denn wir sind es nicht Ich habe das Geld bekommen, um einen Bus zu bezahlen. Denn es ist erst kurz nach zwei, und es wird noch nicht drei sein. Also rollen wir alle nach Hause, wir rollen alle nach Hause, und legen uns in den Gang, um nicht nass zu werden.

Der darauf folgende Applaus war vernichtend. Begleitet wurde es erneut von dem merkwürdigen Knallgeräusch, das Frau Bindle zuvor bemerkt hatte. Sie war sicher, dass sie inmitten der anerkennenden Schreie den Klang einer Frauenstimme erkannte. Das hat sie entschieden. Sie hatte bereits die Abwesenheit von Mrs. Hearty und Mrs. Stitchley bemerkt.

Ohne sich auch nur im Geringsten bei ihren Gästen zu entschuldigen, die still dastanden und einander ausdruckslos ansahen, schlüpfte Mrs. Bindle auf den Flur hinaus und schloss die Tür hinter sich, sehr zur Enttäuschung der anderen.

Einen Moment später öffnete sie die Küchentür und war sich bewusst, dass einer der dramatischsten Momente ihres Lebens bevorstand.

Durch eine graue Schicht aus Tabakrauch sah sie ein halbes Dutzend Männer, einer auf dem Boden, einer auf dem Kaminsims und zwei auf dem Tisch. Alle rauchten.

Überall im Raum standen verstreut Flaschen und verschiedene Trinkgefäße, meist Tassen, während auf dem Kaminsims Bindles weiße Manschetten lagen, die er weggeworfen hatte, weil sie bei jeder Bewegung seiner Hände abrutschten.

Mrs. Hearty saß vor der Kommode, hielt in einer Hand ein Glas Bier und schlug sich mit der anderen auf die Brust, während ihr gegenüber saß Mrs. Stitchley, eine Hand immer noch am Oberteil ihres Stiefmütterchens festhaltend, eine Idiotin Grinsen auf ihrem feuchten Gesicht.

Als Frau Bindle die Szene betrachtete, war sie sich eines Gefühls der Enttäuschung bewusst; Niemand schien ihre Anwesenheit als eine Abweichung vom Normalen zu betrachten. Mrs. Stitchley blickte auf und nickte. Bindle vermied bewusst ihren Blick.

Mrs. Bindles Aufmerksamkeit richtete sich auf den Mann, der auf ihrem Kotflügel saß. In seinen Händen hielt er eine Ziehharmonika, vor ihm streckten sich ein paar dünne Beine in engen blauen Hosen aus. Über einer kräftigen blauen Krawatte erhob sich ein teigiges Gesicht, das in einer Haartolle von erstaunlichen Ausmaßen endete, die im Gaslicht fettig glänzte. Seine schweren Lider waren halb geschlossen, während er im Mund eine Zigarette hielt, deren Ende äußerst ungesund gekaut war. Sein gesamtes Verhalten war das eines Mannes, der noch nicht erkannt hatte, dass sich der Vorhang für einen neuen Akt des Dramas geöffnet hatte.

Als Frau Bindle an der Küchentür erschien, begann die Ziehharmonika erneut zu sprechen. Einen Moment später warf der Musiker den Kopf zurück und sprach wie ein Hund, der den Mond anbellt:

Denn ich liebe meine Mutter, liebe sie von ganzem Herzen, ich kann sie jetzt vor der Tür sehen, an dem Tag, an dem wir uns trennen. Ein Mann, der einen Gerber hat, kann immer eine Frau bekommen, aber eine Mutter ist nur ein Schatz, den man nur einmal im Leben bekommt.

„Na dann, meine Damen und Herren, bitte Chor ", rief er.

Sie gefielen, und schon bald erklang in Mrs. Bindles Küche lautstark:

Wir alle lieben Mutter, lieben sie die ganze Zeit, denn es gibt keinen anderen, der uns gleich erscheint. Von der Kindheit bis zum Mannesalter wacht sie über unser Leben, denn es ist Mutter, Mutter, Mutter, segne den lieben alten Namen.

Es war ein trauriger Refrain voller Cockney-Melancholie; Dennoch gab es keinen Zweifel an der Begeisterung der Sänger. Mrs. Hearty verschüttete vor lauter Energie, mit der sie den Takt schlug, Bier über ihren blauen Satinbusen; Mrs. Stitchleys Hand, diejenige, die ihren Stagbusk nicht ergriff, schlug ebenfalls den Takt, einen anderen Takt als der von Mrs. Hearty, während zwei helle Knie sich mit der Regelmäßigkeit von Kolbenstangen hoben und senkten und für Mrs. Bindle das Rätsel lösten von den Geräuschen, die wie das Herumwerfen von Ziegelsteinen aussahen, die sie im Wohnzimmer gehört hatte.

Ginger stimmte in den Refrain ein!

Als die Sängerin mit der zweiten Strophe begann, war sich Frau Bindle bewusst, dass jemand hinter ihr stand. Sie drehte sich um und sah, dass Miss Stitchley an ihrer Schulter stand. Einen Moment später bemerkte sie, dass die kleine Passage voller Weihnachtslieder war.

Sie machte noch immer kein Zeichen, nicht einmal, als Miss Stitchley an ihr vorbeischlüpfte und hinter dem Stuhl ihrer Mutter Platz nahm. Frau Bindle erkannte, dass sie sich einer heiklen Situation gegenübersah.

Der zweite Refrain verkomplizierte die Sache noch weiter. Mrs. Bindle war sich sicher, dass sie den eindringlichen Refrain hinter sich hörte. Sie drehte sich schnell um; aber der Verrat kam aus der anderen Richtung. Plötzlich brach Miss Stitchley in ein Lied aus, und die Passage warf ihr Zögern beiseite und stimmte mit ein, zwar leise, aber dennoch mit.

„Kommt alle rein!" rief Mrs. Stitchley, als der Refrain verstummte, und vergaß für einen Moment, dass es Mrs. Bindles Küche war.

„Ist das nicht schlau", fügte sie hinzu und sah den Musiker bewundernd an, der beiläufig zur Hausherrin aufsah. Art Wiggins war an weibliche Anbetung und unbegrenztes Bier gewöhnt; er betrachtete sie als natürliche Hommage an sein Genie.

„Kommt rein, ihr alten Leute", rief Bindle fröhlich, während er den Verschluss einer Flasche aufschraubte. „Ave a wet, Art", rief er und wandte sich an den Sänger. „Du hast es verdient."

Der Rest der Salongesellschaft drang in die Küche, und Mrs. Bindle wurde sich der Qualen eines Ludwig XVIII. bewusst. Ihre Legionen waren zum Feind übergegangen.

„Nun", bemerkte Mrs. Stitchley eine Viertelstunde später zu Ginger, „das nenne ich einen gemütlichen Abend."

Daraufhin grummelte Ginger etwas darüber, dass sie keine „alten Frauen" sei.

Art Wiggins war der Held des Anlasses. Er rauchte halbe Zigaretten und kaute den Rest; Er trank Bier wie eine personifizierte Sahara, und ein ununterbrochener Strom von Liedern entströmte seinen Lippen.

Als er endlich innehielt, um zu essen, nahm Mrs. Stitchley das Rennen auf, angespornt von Bindle, dem sie anvertraut hatte, dass sie als Mädchen mit „I Heard the Mavis Singing" beinahe Berühmtheit erlangt hatte.
Art Wiggins kannte die Melodie nicht; ließ sich aber nicht abschrecken.
„Mach weiter, Mutter", rief er mit einem Bissen Schinkensandwich, „ich hole es ab."
Das Ergebnis war, dass Art etwas spielte, das stark an „Bubbles" erinnerte, während Mrs. Stitchley erzählte, wie sie die Mavis zur Melodie von „Swanee" singen hörte. Es war ein großer Erfolg, bis Art, der es satt hatte, so lange von der Bildfläche verschwunden zu sein, „Bubbles", „Swanee", Mrs. Stitchley und die Mavis über Bord warf und in eine Erzählung über einen jungen Mann namens Bert einbrach. die sich in eine Dame verliebt hatte, deren verkürzte Unterröcke sich hervorragend auf den Namen des Helden reimten.
Mrs. Stitchley sang weiter; Aber Art und Bert und die junge Dame seiner Wahl sowie die Ziehharmonika ließen ihr kaum oder gar keine Chance.

Wie eine Figur der Vergeltung stand Mrs. Bindle in der Tür, mit hartem Blick und grimmiger Miene, während direkt hinter ihr Mr. Hearty nervös an seinen Fingern zupfte.

Die anderen Gäste hatten sich als Opportunisten erwiesen. Sie hatten das Heilige durch das Profane ersetzt.

Besonders stark schnitten sie in den Refrains ab.

III

„Ich erinnere mich nie an einen solchen Abend, meine Liebe", war Mrs. Stitchleys Abschiedsrede. „Stitchley wird es bereuen, dass er es verpasst hat", fügte sie hinzu, ohne Rücksicht darauf, dass er nicht eingeladen worden war.

Sie war die Letzte, die ging, genauso wie sie als Erste gekommen war. Den ganzen Abend über hatte sie allen Bemühungen von Art Wiggins applaudiert, zu dem beizutragen, was Bindle „die ‚Harmonie des Abends'" nannte.

„Es hat mir Spaß gemacht, Frau Bindle", sagte Miss Stitchley. "Es war reizend."

Mit diesen Lobeshymnen in ihren Ohren und bestätigt durch das, was sie selbst gesehen und gehört hatte, schloss Frau Bindle die Tür und kehrte in die Küche zurück.

Bindle beobachtete sie unsicher, während sie das Lokal aufräumte, während er sich daran machte, die Bierflaschen auf der Kommode zu platzieren, sechzehn an der Zahl und alle leer.

In der Regel konnte er Mrs. Bindles Stimmung vorhersehen; aber heute Abend war er ehrlich gesagt verwirrt. Als er Huggles und Wilkes gebeten hatte, vorbeizuschauen, um „einen Kiefer zu holen", hatte er nicht damit gerechnet, dass sie auf dem Weg Ginger, seinem Cousin Art Wiggins und zwei Busenfreunden von Art begegnen würden, und es war auch nicht von ihm zu erwarten, dass er vorhersehen würde, dass Art gehen würde nirgendwo ohne seine Ziehharmonika. Es war ebenso ein Teil von ihm wie seine kunstvolle Haartolle.

Ihre Ankunft hatte bei Bindle so etwas wie Panik ausgelöst. Lange Zeit war er bestrebt, Art's musikalische Unruhe zu dämpfen. Schließlich wurde er von den anderen überstimmt, und Art brach in ein Lied über Bill Morgan und die Beerdigung seiner ersten Frau aus. Versuchen Sie danach, Niagara einzudämmen und die Lippen des Liedes zu versiegeln.

Das grimmige Schweigen von Frau Bindle, während sie in der Küche umherging, beunruhigte Bindle. Er war damit beschäftigt, darüber zu spekulieren, was dahintersteckte.

„Es war ein ziemlich appetitlicher Abend", bemerkte er schließlich, während er damit begann, die Asche aus seiner Pfeife zu klopfen.

Frau Bindle antwortete nicht; aber fuhr damit fort, die Teller und Gläser zusammenzusuchen und sie in zwei separate Schüsseln in der Spüle zu stellen.

„Es schien ihnen Spaß zu machen", wagte er es ein paar Minuten später. „Hat auch bei den Refrains mitgemacht."

Bindles Bemerkung war wie ein Schuss auf einen Wasserspeier, Mrs. Bindles Zorn sprengte seine Grenzen und erfasste ihn.

„Eines Tages wirst du mich umbringen", schrillte sie und ließ sich auf einen Stuhl fallen, „und dann wirst du vielleicht ‚appy' sein."

„Was habe ich jetzt gemacht?" erkundigte er sich.

„Sie haben mich dazu gebracht, mich für Sie zu schämen", tobte sie. „Sie haben mich vor all diesen Leuten gedemütigt. Was müssen sie denken, wenn sie sehen, dass ich mit jemandem verheiratet bin, der bis in die dritte und vierte Generation leiden wird und –"

„Aber ich kann nicht –"

„Das wirst du, und das weißt du auch", rief sie. „Schau dir die Männer an, die du heute Abend hier hattest. Du warst nie ein richtiger Ehemann für mich. Ich habe mich für dich abgerackert und geschuftet, mich vorgekämpft und gekniffen, mir die Finger wund gearbeitet, und dann behandelst du mich so."

Bindle schlich sich fast unmerklich in Richtung Tür.

„Sehen Sie, wie Sie mich gedemütigt haben", ihre Stimme begann zu zittern. „Was werden sie in der Kapelle sagen? Sie wissen alles über dich, wie du sonntags pfeifst und deine Zeit in Wirtshäusern verbringst, während deine Frau sich abschlachtet, um deine Mahlzeiten zu kochen und deine Kleidung zu flicken. Was soll das?" Sie sagen, jetzt haben sie die niedrigen Gefährten gesehen, die Sie zu sich nach Hause einladen? Sie werden sehen, wie sehr Sie Ihre Frau respektieren.

Noch immer erwiderte Bindle nicht; aber mit gedämpftem Murmeln summte er „Gospel Bells", Mrs. Bindles Lieblingshymne, die er als Schlangenbeschwörer auf einer Flöte benutzte.

„Du bist froh, das weiß ich", fuhr sie fort, verärgert über sein Schweigen. „Freut mich, deine Frau gedemütigt zu sehen. Schau dich jetzt an! Du bist froh." Ihre Stimme wurde hysterisch. „Eines Tages werde ich ausgehen und nie wieder zurückkommen, und dann wirst du –"

Wie ein Tornado explodierte der emotionale Supersturm, und Mrs. Bindle wurde von schreienden Hysterien erfasst.

Sie lachte, sie weinte, sie ermahnte, sie machte Vorwürfe. Alles Böse, was ihr oder dem Universum jemals widerfahren war, war direkt auf die Schwärze von Bindles Herzen und die Schuld seines Gewissens zurückzuführen. Er war die einzige Barriere zwischen ihr und dem irdischen Himmel. Er hatte versagt, was Mr. Hearty gelungen war. Sie übergoss ihn mit einem vernichtenden Strom von Beschimpfungen – und sie tat es mit aller Kraft.

Zuerst starrte Bindle; dann blickte er vage um sich. Er hechtete plötzlich zum Schrank und kramte darin herum, bis er die Essigflasche fand. Er goss etwas davon in eine Untertasse, füllte sie mit Wasser und kehrte zu Mrs. Bindle zurück, während er die Flüssigkeit verschüttete.

Frau Bindle war nun damit beschäftigt, ihn mit Sodom und Gomorra in Verbindung zu bringen, das Schicksal, das Lots Frau und Dr. Crippen ereilte. Dann rutschte sie mit einem letzten Schrei von ihrem Stuhl auf den Boden, wo sie stöhnend und schluchzend dalag.

Mit einem ernsten, besorgten Blick in den Augen kniete Bindle neben ihr und besprühte sie von der Untertasse großzügig mit Essig und Wasser, bis ihr Geruch einem frisch zubereiteten Salat ähnelte.

Als er den größten Teil des Inhalts der Untertasse auf ihren Körper gestreut hatte, setzte er sich wieder auf die Fersen und betrachtete sie mit ernsten und besorgten Augen wie einen Jungen, der das Ende einer Rakete angezündet hat und erwartungsvoll darauf wartet siehe das Ergebnis.

Allmählich ließ der Sturm der Emotionen nach und hörte schließlich auf. Er starrte Mrs. Bindle weiterhin starr an, überzeugt davon, dass Essig und Wasser das einzige Heilmittel gegen Hysterie seien.

Jetzt richtete sie sich auf. Sie bewegte sich, richtete sich dann auf und schaute sich um. Der ungewohnte Geruch stieg ihr in die Nase, sie schnupperte zwei- oder dreimal scharf.

"Was hast du gemacht?" sie verlangte.

„Ich habe dich dazu gebracht", sagte er, seine Stirn immer noch vor Angst gerunzelt.

„Oh! du Biest, du!" Sie stöhnte, als sie sich aufrappelte. „Du hast es mit Absicht getan."

„Was mit Absicht gemacht?" erkundigte er sich.

„Habe Essig über mich geschüttet und mich bis auf die Haut durchnässt. Du hast mein Kleid ruiniert ganzes Haus.

„Nun, ich bin überwältigt!" er murmelte. „Ich dachte, sie möchte, dass ich sie vorbeibringe", und er schlüpfte in den Salon, der ganz offensichtlich das Aussehen eines Morgens nach der Party aufwies. Sein Ziel war es, Frau Bindle eine Gelegenheit zur Rückkehr zu geben. Er wusste, dass sie nicht in der Lage war, mit unordentlicher Küche zu Bett zu gehen.

Er aß ein Wurstbrötchen und ein Stück der warnenden Marmeladentorte und lauschte aufmerksam auf die Geräusche von Mrs. Bindle, die die Treppe hinunterkam. Schließlich setzte er sich auf die geprägte Plüschcouch und zündete gedankenverloren seine Pfeife an.

Plötzlich hörte er einen leisen Schritt auf der Treppe, als ob jemand versuchte, geräuschlos hinunterzusteigen. Er seufzte erleichtert.

Zehn Minuten später stand er auf und streckte sich schläfrig. In der Küche waren deutliche Bewegungsgeräusche zu hören.

„Wenn ich nicht der verdammte Feigling wäre, der ich bin", bemerkte er, als er sich ein letztes Mal umsah, „würde ich ihnen zwei Kerzen anzünden; aber ich habe nicht den Mut."

Damit drehte er das Gas ab und schloss die Tür.

„Nehmen Sie die Flaschen mit in die Spülküche und beeilen Sie sich", begrüßte Frau Bindle ihn, als er die Küche betrat.

Sie richtete ihren Blick auf den Zug leerer Bierflaschen, den Bindle auf der Kommode zusammengestellt hatte.

Er hielt inne, während er mit einem Streichholz in seiner Pfeife herumstocherte. Er war auf das Ende eines Tornados vorbereitet, und dieser leichte warnende Hauch überraschte ihn.

„Na, hast du gehört?"

Wortlos steckte er die Pfeife in die Tasche, und mit beiden Händen nahm er ein paar Flaschen und ging in die Spülküche.

Dabei sprang ein seltsames Glitzern in Mrs. Bindles Augen. Mit einer pantherähnlichen Bewegung rannte sie zur Tür der Spülküche, schlug sie zu und drehte den Schlüssel um. Eine Sekunde später lag die Küche im Dunkeln und Mrs. Bindle war auf dem Weg nach oben ins Bett.

Das ständige Klopfen an der Tür zur Spülküche, während sie sich gemächlich auszog, war eine ebenso süße Musik in ihren Ohren.

In dieser Nacht schlief Bindle gleichgültig gut.

KAPITEL IV

DAS KOMMEN VON JOSEPH DEM ZWEITEN

„Warum kannst du deinen Tee nicht wie ein Christ trinken?" Mrs. Bindle schleuderte die Worte auf Bindle, als hoffte sie, sie würden ihn treffen.

Er blickte sie über den Rand der Teetasse hinweg an, die er zuvor durch lautes Pusten abgekühlt hatte. Einen Moment später leerte er die Untertasse mit einem Zischen, das an Genuss erinnerte. Dann legte er es wieder auf den Tisch.

„So wie du dich bei Tisch benimmst, könntest du genauso gut unter Schweinen sein", fauchte sie, und als wollte sie ihre eigene Raffinesse beim Trinken von Flüssigkeiten unterstreichen, hob sie ihre Tasse behutsam an die Lippen und legte den kleinen Finger ihrer rechten Hand nach vorn unangenehmer Winkel.

Bindle beugte sich leicht zu ihr, die Hand ans Ohr. Sie ignorierte seine Haltung und stellte die Tasse wieder auf die Untertasse.

„Das haben Sie gut gemacht, Frau B. Ich habe nichts gehört", und er grinste auf diese provokative Art, die immer die Flamme ihres Zorns entfachte.

„Schade, dass du es nicht selbst lernst, anstatt dich so zu verhalten, wie du es tust."

„Aber woher soll ich wissen, wie ein Christ trinkt?" forderte er und erinnerte sich an Mrs. Bindles Bemerkung. „Jetzt gibt es ‚Earty', er ist ein Christ; aber er saugt seine Schnurrhaare ein, als ob er ‚ungrig' wäre."

„Oh! Sprich nicht mit mir", war die ungeduldige Antwort, als sie sich eine weitere Tasse Tee einschenkte.

„Warum willst du mich dann heiraten? Ich habe dir gesagt, dass ich beim Frühstück immer gesprächig war."

„Sei nicht ekelhaft!" sie weinte wütend. Er starrte sie mit echtem Erstaunen an. „Du weißt, dass ich dir vor unserer Hochzeit nie erlaubt habe, solche Dinge zu mir zu sagen."

„Nun, ich bin überwältigt!" murmelte er, während er seine Tasse hinüberschob, damit sie nachgefüllt werden konnte.

„Millie kommt heute Nachmittag."

„Millie!" er weinte, sein Gesicht strahlte. „Geht es ihr wieder gut?"

„Sei nicht ekelhaft", sagte sie.

„Ekelhaft", wiederholte er vage. Dann kam ihm Verständnis.

Millie Dixon, geborene Hearty, hatte ihrem Mann einige Wochen zuvor „einen kleinen Joe" geschenkt. Dies waren ihre ersten Worte an Charley Dixon gewesen, als er, noch teilweise von dem Schrecken befallen, den er durchgemacht hatte, von der Krankenschwester zu seinem Sohn und Erben gebracht wurde, während eine blasse, müde Millie tapfer lächelte bei ihm.

Für Mrs. Bindle war allein die Erwähnung des Wortes „Babys" in gemischter Gesellschaft eine Beleidigung. Die Nachricht, dass er ein Onkel sei, hatte Bindle von Mrs. Hearty erreicht, und Mr. Hearty teilte die Ansichten seiner Schwägerin über Zurückhaltung in so heiklen und persönlichen Angelegenheiten.

„Sie wird es mitbringen?" fragte Bindle eifrig; aber Mrs. Bindle, die eine solche Frage erwartete, war aufgestanden, ging zum Waschbecken, drehte den Wasserhahn auf und ließ die Frage in einem Schwall von Wasser erklingen.

„So ein komisches Gefühl bei Babys", murmelte er, als er vom Tisch aufstand, nachdem seine Mahlzeit beendet war. „Ich nehme an, das ist der Grund, warum sie mir nicht erlaubt hat, Kaninchen zu halten."

„Charley kommt später; er wird Tante Annes Spieluhr reparieren", lautete Mrs. Bindles nächste Ankündigung.

Bindle pfiff ungläubig.

"Was ist jetzt das Problem?"

„Du wirst ihm Ole Dumb Abraham nicht anvertrauen, oder?" fragte er mit gedämpfter Stimme.

„Und warum nicht, bitte?" sie forderte heraus. „Millie sagt, Charley sei sehr geschickt darin, Dinge zu reparieren, und es wird nie gespielt."

Bindle sagte nichts. Die Spieldose war Mrs. Bindle von der „armen Tante Anne" – Mrs. Bindle – hinterlassen worden. Bindle bezeichnete alle verstorbenen Verwandten als „arm"; Es war ihre einzige unbewusste Gotteslästerung. Der stumme Abraham, wie Bindle die Reliquie nannte, war schon immer der heiligste unter den Hausgöttern von Frau Bindle gewesen. Es war stumm angekommen, und stumm war es geblieben, denn sie würde nie hören, dass es das Haus verließ, um es in Ordnung zu bringen.

Wenn Bindle jemals nach Einbruch der Dunkelheit in den Salon ging, wurde ihm immer gesagt, er solle auf Tante Annes Spieluhr aufpassen. Manch ein Kampf war wegen seiner dummen Hässlichkeit geführt worden. Einmal hatte er für einen Moment eine halbgerauchte Zigarre auf der Glasoberfläche ruhen lassen, ein gedankenloser Akt, der zu einem der stürmischsten Abschnitte ihres Ehelebens geführt hatte.

"Also!" forderte Frau Bindle heraus, während er schwieg.

„Ich habe nichts gesagt", murmelte er, nahm seine Mütze und ging zur Tür, dankbar, dass es Samstag war und er rechtzeitig zu Hause sein würde, um seine geliebte Nichte zu sehen.

An diesem Nachmittag kam Bindle mit prall gefüllten Taschen nach Hause und hatte mehrere Päckchen unterschiedlicher Größe unter dem Arm.

"Was hast du da?" fragte Frau Bindle, die damit beschäftigt war, ein weißes Tuch auf dem Küchentisch auszubreiten.

„Oh! Scherz ein paar Dinge für ‚is Nibs'", war die Antwort.

"Für wen?"

„Die Zange", erklärte er, während er die Pakete auspackte und auf die Kommode legte.

„Ich wünschte, du würdest versuchen, wie ein Christ zu reden", und sie schlug ein metallenes Teetablett auf den Tisch.

Bindle ignorierte ihre Bemerkung. Er war damit beschäftigt, eine besonders abscheuliche Stoffpuppe aus ihrer Verpackung zu nehmen.

Mrs. Bindle unterbrach ihre Vorbereitungen, um die Operation zu beobachten.

"Wofür ist das?" sie forderte aggressiv.

„Millies Kind", antwortete er, widmete sich dem Öffnen anderer Pakete und holte einen Affen auf einem Stock, einen preiswerten Teddybären, einen Jack-in-the-Box und mehrere Metalltiere hervor, die auf der Bildfläche standen durchgeblasen durch schrille Geräusche.

„Sie sollten sich schämen, Geld für solche abscheulichen Dinge zu verschwenden. Sie würden das arme Kind zu Tode erschrecken."

„Mach ihm Angst!" er weinte. „Das wird ihn nicht erschrecken. Warten Sie ab, was er über sie zu sagen hat."

„Sie räumen diese Dinger einfach aus meiner Küche aus", war die kompromisslose Erwiderung. „Ich werde nicht zulassen, dass das arme Kind Krämpfe bekommt, weil du ein Narr bist."

Da war etwas in ihrer Stimme, das Bindle dazu veranlasste, die Spielsachen kleinlaut einzusammeln und sie aus der Küche nach oben zu tragen, wo er sie in eine Schublade legte, die ausschließlich seinen eigenen Besitztümern gewidmet war.

„Nun, ich bin hin und weg", murmelte er, während er sie nebeneinander legte. „Und ich denke, sie würden mich zum Lachen bringen." Damit schloss er die Schublade und beschloss, dass Millie zumindest die Spielzeuge sehen sollte, die sowohl eine Hommage an sie als auch an ihren Nachwuchs darstellten.

„Fantastisch, dass die kleine Millikins ein ganz eigenes Kind hat", murmelte er, als er die Treppe hinunterging, „was ich immer auf meinem Knie baumeln ließ, bis sie wieder krähte. Na ja, na ja", fügte er hinzu öffnete die Küchentür: „Keiner von uns wird jünger."

„Was ist das?" fragte Frau Bindle.

„Nur so eine beiläufige Bemerkung, dass keiner von uns die Zeit zurückstellt."

Mrs. Bindle schniefte verächtlich und beschäftigte sich mit den Zubereitungen für den Tee.

„Warum hast du mir nicht vorher gesagt, dass Millikins kommt?" erkundigte er sich.

„Weil du nie so gut bist wie jeder andere anständige Ehemann."

Er erkannte die Vorzeichen und schwieg.

Wenn Frau Bindle beschäftigt war, neigte ihr Temperament dazu, auf das zu reagieren, was Bindle „die kurze Seite" nannte, und selbst ihre Lieblingshymne „Gospel Bells" konnte die Woge ihres Zorns oft nicht eindämmen.

„Wollen wir nicht im Wohnzimmer Tee trinken?" erkundigte er sich augenblicklich, während Mrs. Bindle das Tuch über dem Küchentisch glattstrich.

„Nein, sind wir nicht", schnappte sie und hielt es für unnötig, hinzuzufügen, dass Millie ausdrücklich darum gebeten hatte, dass sie es „in Ihrer schönen Küche" haben könnte, weil sie „zur Familie gehörte".

Obwohl Bindle die Küche dem Labyrinth aus Möbeln und Nippes, das als Salon bekannt ist, unendlich vorzog, hatte er das Gefühl, dass der Anlass die Unbequemlichkeit erforderte, die eine Zeremonie mit sich bringt. Er war jedoch zu klug, die Vereinbarung zu kritisieren; denn Mrs. Bindles Temperament und ihre Zunge waren bekanntermaßen scharf und rieten zur Mäßigung.

Sie hatte den Zeitpunkt von Millies Ankunft nicht erwähnt, und Bindle beschloss, das Risiko einer Nachfrage nicht einzugehen. Er begnügte sich damit, herumzuschweben, unter Mrs. Bindles Füße zu gelangen, wie sie es ausdrückte, und es zu schaffen, sich immer genau an der Stelle zu platzieren, auf die sie zusteuerte.

Wenn er auf einem Stuhl saß, schien Mrs. Bindle plötzlich zu bemerken, dass er abgestaubt werden musste. Wenn er sich in eine Ecke flüchtete, stürzte sich Mrs. Bindle sofort mit einem „Oh! Gehen Sie mir aus dem Weg!" hinein, und er machte einen schnellen Schritt zur Seite, nur um sich auf die Hauptstraße zu begeben ihr nächster strategischer Schritt.

„Warum gehst du nicht raus wie immer?" forderte sie einmal.

„Weil Millikins kommt", antwortete er schlicht.

„Ja, du kannst zu Hause bleiben, wenn jemand kommt", ergänzte sie, „aber an anderen Tagen lässt du mich wochenlang allein."

„Aber wenn ich zu Hause bleibe, schubst du mich herum wie eine streunende Ziege", beschwerte er sich und konnte einem plötzlichen Ansturm von Frau Bindle nur knapp entgehen.

„Genau, machen Sie weiter. Geben Sie mir die Schuld an allem", schrie sie, während sie schnell zum Herd hechtete und damit fortfuhr, das Feuer anzufachen, als wäre sie entschlossen, den Schamottstein an der Rückseite zu zerbrechen. „Wenn du nur ein richtiger Ehemann für mich gewesen wärst, wäre ich vielleicht anders gewesen."

Bindle schlüpfte durch die Küche und trat auf den Flur hinaus. Hier blieb er, bis Mrs. Bindle plötzlich die Küchentür öffnete.

„Warum stehst du da?" sie forderte wütend.

„Um nicht in die Quere zu kommen", lautete die bescheidene Antwort.

„Du willst Millie sagen können, dass du aus der Küche verwiesen wurdest", stürmte sie. „Ich kenne dich und deine gemeine, betrügerische Art. Nun, bleib dort, wenn es dir gefällt!" und sie schlug die Tür zu, und Bindle hörte, wie sich der Schlüssel im Schloss drehte.

„Frau B. hat eines", bemerkte er, während er sich an die Wand lehnte, „sie ist nicht langweilig."

Als schließlich das erwartete Klopfen ertönte, war es Mrs. Bindle, die hinausstürmte und die Tür öffnete, um Millie Dixon einzulassen. In ihren Armen hielt sie das obere Ende von etwas, das wie ein Wasserfall aus weißer Spitze aussah.

Ein plötzlicher Anfall von Schüchternheit erfasste Bindle und er zog sich in die Küche zurück; während sich Tante und Nichte im Flur begrüßten.

„Wo ist Onkel Joe?" hörte er Millie plötzlich fragen.

„Ich bin hier, Millikins", rief er, „koche das Kalbfleisch für diesen jungen Verschwender."

Einen Moment später flatterte Millie errötet und glücklich in den Raum, immer noch den Wasserfall aus Spitze in der Hand.

„Liebling Onkel Joe", rief sie und ging auf ihn zu.

Er trat einen Schritt zurück, mit einem Ausdruck der Ehrfurcht in seinen Augen, die auf die Spitze des Wasserfalls gerichtet waren.

„Wirst du mich nicht küssen, Onkel Joe?" fragte sie und hielt ihr Gesicht hoch.

„Dich küssen, meine Liebe, warum –" Bindles Stimme wurde plötzlich heiser, als er sich behutsam nach vorne beugte und die warmen roten Lippen küsste, die man ihm hinhielt.

„Ist es das?", fragte er und blickte mit besorgten Augen auf Millies Last hinab.

„Das ist Little Joe", sagte sie leise mit dem staunenden Licht der Mutterschaft in ihren Augen, während sie einen Fuß auf die Stuhllehne stellte, um ihre kostbare Bürde zu tragen, und dabei ihre rechte Hand freigab, um den Schleier von ihrem roten und runzeligen Gesicht zu heben, aus dem ein Paar hauchblauer Augen blickte.

„Oooooooosssss." Instinktiv holte Bindle tief Luft, während er sich ein paar Zentimeter nach vorne beugte.

Eine volle Minute lang stand er da und nahm alles in sich auf, was es von Joseph dem Zweiten zu sehen gab.

„Er ist nicht sehr groß, oder?", fragte er und hob den Blick zu Millie.

„Er ist erst sechs Wochen alt", blaffte Frau Bindle, die Millie in die Küche gefolgt war und nun mit kaum verhohlener Ungeduld dastand, während Bindle das Kind anstarrte. "Was hast du erwartet?" sie verlangte.

„Sieht er nicht aus?" sagte Bindle schließlich, seine Stirn runzelte sich vor Angst.

„Heiß, Onkel Joe?" fragte Millie und konnte in ihrer Stimme den Anflug des Unmuts einer Mutter nicht unterdrücken, die hört, wie ihr Nachwuchs kritisiert wird.

„Ich meine, er sieht nicht stark aus", fügte er hastig hinzu, sich bewusst, dass er das Falsche gesagt hatte.

„Sei nicht albern, Onkel Joe, er ist doch nur ein kleines Baby, nicht wahr, hübscher Junge?" und sie starrte das rote Gesicht auf eine Weise an, die Bindle erkennen ließ, dass seine Nichte jetzt eine Frau war.

„'E ist der Wahnsinn von 'is altem Onkel, nicht wahr?' und er wandte sich zur Bestätigung an Frau Bindle.

Sie ignorierte die Bemerkung; aber Millie lächelte mitfühlend.

„Als ich noch ein bisschen klein war, habe ich es mitgenommen", erinnerte sich Bindle. „Na ja, einmal wurde ich beinahe von einer echten Dame geküsst – auch von einer mit einem Titel."

„Oh! Erzähl es mir doch, Onkel Joe", rief Millie und sah ihn mit dem seltsamen kleinen Anheben der Brauen an, das Charley immer dazu brachte, sie zu küssen. Sie hatte die Geschichte schon zwanzig Mal gehört.

„Nun, der Mann wollte ins Parlament kommen, und seine Frau, die Dame, kam vorbei und bat die Leute, für ihn zu stimmen. Sie sah mich in den Armen meiner Mutter sagt: „Was für ein hübsches Kind." „Weißt du, Millikins, das Aussehen war schon immer meine Stärke", und er hielt in der Erzählung inne und grinste.

„Dann beugt sie sich herunter, um mich zu küssen", fuhr er fort, „ein Scherz in diesem Moment, was ich tun musste, als zu niesen, und deshalb habe ich einen Kuss verpasst und eine Stimme bekommen."

„Armer Onkel Joe", lachte Millie und machte eine kleine Bewegung mit ihren Armen in Richtung Mrs. Bindle.

Wortlos nahm Mrs. Bindle das kostbare Spitzenbündel entgegen, aus dem zwei dünne Augen ausdruckslos blickten. Mit einer wiegenden Bewegung begann sie eine bedeutungslose Melodie zu singen, die hin und wieder schien, als würde sie sich zu „Gospel Bells" entwickeln; Dennoch zögerte er immer am Abgrund und ließ sich auf etwas anderes ablenken.

Das Baby warf ihr einen feierlichen, abschätzenden fragenden Blick zu, dann machte es sich, offensichtlich mit der Melodie einverstanden, bequem, um es zu genießen.

Bindle betrachtete Mrs. Bindle verwundert. In ihre Augen hatte sich etwas eingeschlichen, das er dort zuvor nur einmal gesehen hatte, und zwar bei der Gelegenheit, als er Millie nach Fenton Street gebracht hatte, als sie das Haus verließ.

Als Millie sah, dass „Baby" zufrieden war, ließ sie sich mit einem müden kleinen Seufzer auf einen Stuhl fallen und richtete ihren Blick auf das kostbare Spitzenbündel, das das enthielt, was eines Tages ein Mann sein würde.

Mrs. Bindle schwankte und gurrte weiterhin auf eine Weise, die Little Joe voll und ganz zufriedenstellte.

„Bist du nicht froh, dass wir ihn nach dir gerufen haben, Onkel Joe?" sagte Millie und löste mühsam ihren Blick von dem Bündel und richtete ihn auf Bindle.

„Deine Tante hat es mir gesagt", sagte er schlicht.

„Oh! Ich hoffe wirklich, dass er so aufwächst wie du, Onkel Joe, lieber Onkel Joe", rief sie und faltete in ihrem Ernst die Hände, als ob das ihr helfen könnte, ihren Wunsch zu erfüllen.

"Wie ich?" In seiner Stimme lagen Staunen und Ungläubigkeit.

„Charley sagt, er *muss* so erwachsen werden wie du, lieber Onkel Joe. Du siehst –" Sie brach ab, als Bindle sich plötzlich umdrehte und wortlos zur Tür ging. Einen Moment später knallte es hinter ihm zu und riss Mrs. Bindle aus ihrer Beschäftigung.

„Wo ist dein Onkel hin?" fragte sie und hob den Blick von der versunkenen Betrachtung der flammenden Gesichtszüge ihres Neffen.

„Er ist – er ist gegangen, um etwas zu holen", log Millie. Instinktiv hatte sie das Gefühl, dass dies eine Gelegenheit war, die alles andere als die Wahrheit erforderte. Sie hatte den ungewöhnlichen Glanz von Bindles Augen gesehen.

Aus dem Gang hörte man, wie er sich heftig die Nase putzte.

„Er ist hinter diesen Spielzeugen her", sagte Mrs. Bindle mit verächtlicher Überzeugung.

"Spielzeuge?" Millie blickte fragend auf.

„Er hat eine Menge abscheulicher Dinge für diesen kleinen Schatz gekauft", und ihr Blick fiel auf das Bündel in ihren Armen, ihre Lippen verzogen sich zu einer Kurve, die Bindle noch nie gesehen hatte.

„Siehst du, Millie", fuhr sie fort, „er weiß es nicht. Wir haben weder ein Küken noch ein Kind von –" Sie brach plötzlich ab und senkte ihren Kopf tief über das Baby.

In einer Sekunde war Millie auf den Beinen und hatte ihren Arm um Mrs. Bindles Schultern gelegt.

„Liebe Tante Lizzie!" sie weinte, ihre Stimme war etwas unsicher. „Liebling Tante Lizzie. Ich – ich weiß – ich –"

An diesem Punkt erhob Joseph der Zweite, der sich gegen den Druck wandte, dem er zwischen den beiden emotionalen Brüsten ausgesetzt war, seine protestierende Stimme, gerade als Bindle eintrat, die Arme voller Spielzeug, das er gekauft hatte.

Er stand in der Tür und starrte vor Erstaunen.

Als Mrs. Bindle ihn erblickte, blinzelte sie schnell.

„Bringen Sie diesen Müll nicht hierher", rief sie und kehrte zu ihrem normalen Verhalten zurück. „Du wirst das Kind zu Tode erschrecken."

„Oh! Onkel Joe", rief Millie, als Bindle die Spielsachen auf den Tisch legte. „Ich denke, du bist der liebste Onkel der Welt."

Als sie ihn ansah, standen Tränen in den Augen.

Mrs. Bindle wandte sich von dem Paar ab, während Bindle damit fortfuhr, die Vorzüge und Mechanismen seiner Einkäufe zu erklären. Sie war davon überzeugt, dass solche Monstrositäten beim kleinen Joseph nichts weniger als Krämpfe hervorrufen würden, was wahrscheinlich zu einer dauerhaften Schädigung seines Geistes führen würde.

Während sie so beschäftigt waren, ging Mrs. Bindle in der Küche auf und ab, ganz in das Baby vertieft.

„Tante Lizzie", rief Millie plötzlich, „bitte bring Little Joe hierher."

Frau Bindle zögerte. „Sie werden ihm Angst machen, Millie", sagte sie mit einer Sanftheit in ihrer Stimme, die Bindle dazu veranlasste, schnell zu ihr aufzublicken.

Um die Behauptung zu widerlegen, ergriff Millie mit der Sicherheit einer jungen Mutter die Stoffpuppe und einen winzigen Golliwog und hielt sie über die liegende Gestalt von Joseph dem Zweiten.

Im nächsten Augenblick hob sich eine pummelige kleine Hand, unmittelbar darauf folgte eine weitere, und Joseph der Zweite zeigte mit all seiner zerbrechlichen Kraft, dass er, was Spielzeuge betraf, mit seinem Onkel einer Meinung war.

Bindle strahlte vor Freude. Er ergriff den Affen auf einem Stock und bewegte ihn energisch auf und ab. Die pummeligen Hände hoben sich wieder.

„Oh! Lass Onkel Joe ihn halten", rief Millie in Ekstase, als sie die dämmernde Intelligenz im Gesicht des Babys sah.

"Mich!" rief Bindle entsetzt und trat einen Schritt zurück, als hätte man ihn gebeten, eine kräftige junge Klapperschlange zur Pflegemutter zu machen. „Ich bin alt?" Er blickte unsicher zu Mrs. Bindle und dann wieder zu Millie. „Nicht für eine Altersrente."

„Er wird ihn zum Weinen bringen", sagte Mrs. Bindle voller Überzeugung, drückte Little Joe fester an sich und verstärkte die schwankende Bewegung.

„Oh ja, das musst du!" rief Millie fröhlich. „Ich nehme ihn mit, Tante Lizzie", sagte sie und wandte sich an Mrs. Bindle, die offenbar nicht bereit war, das Bündel herzugeben.

„Ich könnte ihn verletzen", protestierte Bindle und zog sich einen Schritt weiter zurück, seine Stirn war voller Angst.

„Jetzt, Onkel Joe", befahl Millie und streckte das Bündel aus, „strecke deine Arme aus."

Bindle streckte seine Hände aus wie ein Kind, das einen Schlagstock erwartet. In der Bewegung herrschte Widerwille und die Vermutung, dass er jeden Moment bereit sei, sie plötzlich zurückzuziehen.

„So nicht", fauchte Mrs. Bindle mit der ganzen Verachtung für das überlegene Wissen einer Frau.

Millie regelte die Sache, indem sie Bindle das Bündel in die Arme drückte und er es notgedrungen umklammern musste.

Er sah sich wild um, dann fielen seine Augen zufällig auf Joseph den Zweiten, er vergaß seine Verantwortung und begann schnell und auf eine Art und Weise zu zwinkern, die Little Joe völlig zufrieden zu stellen schien.

„Oh, Tante Lizzie, schau mal", rief Millie. „Little Joe liebt Onkel Joe bereits." Die Inspiration der Mutterschaft hatte es ihr ermöglicht, eine bestimmte sabbernde Bewegung auf Little Joes Lippen als Zuneigung zu interpretieren.

"Oh schau!" Sie weinte erneut, als eine pummelige kleine Hand wie zum Gruß erhoben wurde. „Tante Lizzie –" Sie brach plötzlich ab. Sie hatte den angespannten Gesichtsausdruck von Frau Bindle gesehen, als sie das Baby ansah, und den Hunger in ihren Augen.

Wortlos nahm sie das Bündel aus Bindles Armen und legte es in die Arme ihrer Tante, die sich instinktiv beugte, um die kostbare Last aufzunehmen.

„Da, Liebling Joeykins", säuselte sie, während sie sich über das Gesicht ihres Babys beugte, als wollte sie Mrs. Bindle vor jeglicher vorübergehenden Enttäuschung schützen, die sich darin manifestieren könnte. „Geh zu Tante Lizzie."

„‚Hier, was habe ich …?' begann Bindle, als er durch ein Klopfen an der Außentür unterbrochen wurde.

„Das ist Charley", rief Millie und tanzte auf höchst unmatronale Weise zur Tür. „Komm mit, Onkel Joe, er wird die Spieluhr reparieren", und damit stolperte sie den Flur entlang, hatte die Tür geöffnet und begrüßte ihren Mann, fast bevor Bindle die Küche verlassen hatte.

„Komm hier rein“, rief sie, öffnete die Salontür und ließ Bindle kaum Zeit, Charley zu begrüßen.

„Hier“, rief Bindle, „warum –?“

„Macht nichts, Onkel Joe, Charley wird die Spieluhr reparieren.“

„Aber was ist damit – das bin ich“, korrigierte sich Bindle und deutete mit einer Daumenbewegung auf die Küche.

„Charley wird die Spieluhr reparieren“, wiederholte sie mit großer Deutlichkeit. Und wieder staunte Bindle darüber, wie erwachsen sie war.

Er schaute zu seinem Neffen hinüber, ein verwirrter Ausdruck legte sich auf seine Stirn.

„Tu besser, was sie sagt, Onkel Joe“, lachte Charley. "Es spart Zeit."

„Aber –“ begann Bindle.

„Da ist es, Charley“, rief Millie und zeigte auf einen Mahagonigegenstand mit Glasplatte und Seitenwänden, die einen ungenauen Blick auf seinen inneren Organismus ermöglichten. Als pflichtbewusster Ehemann hob Charley die Kiste herunter und stellte sie auf den Tisch.

„Um Himmels willen, hüte dich vor Ole Dumb Abraham“, rief Bindle. "Wenn--"

"Von wem?" rief Millie mit hochgezogenen hübschen Brauen.

„Erklärte Bindle und beobachtete mit besorgten Augen, wie Charley den Schatz von dem kleinen Tisch nahm, auf dem er normalerweise ruhte, und ihn auf den Mitteltisch legte, wo Millie einen Platz frei gemacht hatte.

Charleys scheinbare Unbekümmertheit löste bei Bindle ein unangenehmes Gefühl im Rückgrat aus. Man hatte ihm beigebracht, den Salon als heiligen Boden und die Spieluhr als das Heiligste zu betrachten, was darin enthalten war.

Die nächste Dreiviertelstunde lang beobachteten Bindle und Millie Charley, wie er mit geschickten Fingern die Angelegenheit auseinandernahm und wieder zusammenfügte.

Mit viel Überreden und ein wenig Öl gelang es ihm schließlich, eine anämische Interpretation von „The Keel Row“ vorzutragen. Dann gurgelte es, wurde langsamer und gab den Kampf auf, woraufhin Charley weitere Vorstöße in sein Inneres unternahm.

Bindle gewöhnte sich an den Gedanken, dass Tante Annes Vermächtnis der Entweihung durch Schraubenzieher und Ölflasche ausgesetzt sein könnte, setzte sich ans Fenster und tauschte Vertraulichkeiten mit Millie aus, die ihm klar gemacht hatte, dass es sich bei ihr um ihre Tante und ihren Sohn handelte sollten ungestört ihrem Tête-à-Tête überlassen werden.

Das Gespräch zwischen Onkel und Nichte wurde durch Bruchstücke aus „The Keel Row" unterbrochen, als es Charley gelang, den trägen Mechanismus von Dumb Abraham vorübergehend in Gang zu bringen.

Gelegentlich äußerte er ein Zischen oder Murmeln der Ungeduld, und Millie lächelte zu ihm herüber, ein intimes kleines Lächeln des Mitgefühls.

Plötzlich marschierte eine düstere Tragödie in den Raum.

Absturz!

„Mein Gott!"

„Oh, Charley!"

"Verdammt!"

Und die Spieluhr der armen Tante Anne lag auf dem Boden, eine Ruine aus zersplittertem Glas.

Charley Dixon lutschte an einem beschädigten Daumen, Millie klammerte sich besorgt und fragend an seinen Arm, während Bindle auf die zerbrochene Masse hinabblickte, Angst in seinen Augen und ein Gefühl der unwiederbringlichen Katastrophe, das sich in seinem Herzen festsetzte.

Charley begann zu erklären, Millie verlangte, den beschädigten Daumen zu sehen – aber Bindle starrte weiterhin auf die heilige Reliquie.

Fünf Minuten später verließ das Trio den Salon. Lautlos wie Verschwörer schlichen sie auf Zehenspitzen durch den Flur zur Küchentür, die offen stand.

Durch die Öffnung konnte man Frau Bindle am Tisch sitzen sehen, Joseph der Zweite ruhte in der Beuge ihres linken Armes, während sie mit ihrer rechten Hand versuchte, den Affen auf einem Stock zu bearbeiten.

In ihren Augen lag eine seltsame Sanftheit, ein Lächeln durchbrach die harten Linien ihres Mundes, während von ihren Lippen unaufhörlich Babysprache strömte.

Mehrere Minuten lang sahen sie zu. Sie sahen, wie Frau Bindle den Affen auf einem Stock beiseite legte, sich über das Baby beugte und die Laute murmelte, die jeder Frau instinktiv über die Lippen kommen.

Auf ein Zeichen von Millie traten sie ein. Mrs. Bindle warf einen Blick über ihre Schulter in ihre Richtung; aber andere und wichtigere Dinge forderten ihre Aufmerksamkeit.

„Lizzie", begann Bindle, der festgelegt hatte, dass er die schreckliche Nachricht verbreiten sollte, und als Begründung anführte, dass es mit „Tack" geschehen müsse. Er stoppte. Mrs. Bindle nahm keine Notiz davon; aber er beugte sich weiterhin über Little Joe und machte seltsame Geräusche.

„Lizzie--", begann er, hielt inne, dann kamen die Worte wie im Rausch. „Wir haben die Spieluhr kaputt gemacht."

Er blieb stehen, damit der Himmel Gelegenheit zum Einsturz bekam.

„Hat-er-seine-Tante-Lizzie-blühten-um-um-um-um geliebt?"

Charley und Millie tauschten Blicke; Aber Bindle war zu sehr auf seine katastrophale Mission konzentriert, um sich etwas anderes als des Sturms bewusst zu sein, von dem er wusste, dass er gleich losbrechen würde.

„Hast du gehört, Lizzie", fuhr er fort. „Wir haben die Spieldose zerbrochen. Alles in Stücke gerissen. Fertig", fügte er hinzu, als wolle er keine Lücke für Missverständnisse über die entsetzliche Natur der Tragödie lassen.

Er hielt den Atem an wie jemand, der gerade an der Schnur einer Duschwanne gezogen hat.

„Oh! Geh weg!" Sie weinte. „Ähm-ähm-ähm-hübsch."

„Por Tante Annes Spieluhr", wiederholte er dumpf. „Es ist kaputt."

„Oh, stört die Spieluhr! Ähm-ähm-um-um-um-um-um."

Mrs. Bindle hatte nicht einmal aufgeschaut.

Es war Millie, die die anderen in den Salon zurückführte, wo Bindle sich mit der Miene eines Mannes, der dem Tod von Angesicht zu Angesicht begegnet ist und überlebt hat, die Stirn wischte.

„Nun, ich bin überwältigt!" war alles, was er sagte.

Und Millie lächelte Charley an, ein Lächeln des überlegenen Verständnisses.

KAPITEL V

FRAU. BINDLE BURNS Weihrauch

„Ich wundere mich, dass du diesem Mädchen erlaubst, solch ekelhafte Kleidung zu tragen.“

In den letzten fünf Minuten hatte Mrs. Bindle Alice, Mrs. Heartys Dienstmädchen, dabei zugesehen, wie sie im Zimmer aufräumte. Das Mädchen war gerade von ihrem Abend zurückgekehrt, und ihre erste Handlung bestand darin, Mrs. Hearty ihr abendliches Glas Guinness und einen „Snack Brot und Käse“ zu bringen, eine riesige Kruste, die von einem neuen Bauernbrot abgerissen und reichlich damit bestrichen wurde Butter, flankiert von etwa einem Viertel Pfund Käse. Nachdem das Mädchen das Zimmer verlassen hatte, konnte Mrs. Bindle sich nicht mehr zurückhalten.

Mrs. Hearty war eine Frau, deren Fett als Tarnung diente. Ihr vielfältiges Kinn bewegte sich nach unten, bis es in der gigantischen Welle ihrer Brust aufging. Sie hatte einen großzügigen Appetit und hatte eine Vorliebe für fettbildende Lebensmittel.

Mit ihrer Schwester hatte sie nichts gemeinsam; aber in Bindle hatte sie einen Seelenverwandten gefunden. Allein sein Anblick ließ sie unweigerlich vor Lachen und Beteuerungen wie „Oh, Joe, nicht!“ zittern und pulsieren.

Als Reaktion auf den Kommentar ihrer Schwester nahm Mrs. Hearty einen großen Schluck Guinness und erwiderte dann, noch mit einem Schaumfilm auf ihrer Oberlippe, „Es ist heute Nacht“, und verfiel wieder in Keuchen und Versuche, sie wiederzugewinnen Atem.

Frau Bindle war nicht gut gelaunt. Sie hatte angerufen und gehofft, Mr. Hearty von der Chorprobe zurückgekehrt zu finden, woraufhin die Entscheidung der Diakone darüber bekannt gegeben werden sollte, wer Mr. Smithers bei der Ausbildung des Chors nachfolgen sollte.

Der Erfolg ihres Schwagers war für sie eine Mischung aus Inspiration und Hobby. Daraus entwickelte sich ein fesselndes Interesse am Leben außerhalb der Kapelle und ihres Zuhauses. Keine Ehefrau oder Mutter hat jemals die Fortschritte eines Mannes oder Sohnes mit größerem Interesse oder größerer Bewunderung beobachtet als Mrs. Bindle und Mr. Hearty.

Als Mädchen war sie vergnügungssüchtig gewesen. Manche gingen sogar so weit, sie für flatterhaft zu halten. Sie besuchte Theater und Konzertsäle, die sie damals noch nicht als „Orte der Sünde“ betrachtet hatte, und ihre Zeitgenossen hielten sie für eine Art Flirt. Aber mit der Ehe war Ernüchterung einhergegangen. Bald wurde ihr klar, dass sie den großen und unverzeihlichen Fehler begangen hatte, den falschen Mann zu heiraten. Es brachte sie vom „Fleischlichen" ab und war der Grund dafür, dass sie sich der Alton Road Chapel anschloss, in der Mr. Hearty betete.

Von diesem Tag an begann sie mit einer sorgfältigen und ausführlichen Vorbereitung auf die nächste Welt.

Obwohl sie jede Nacht den Allmächtigen um Verzeihung ihrer Sünden bat und freiwillig die Information preisgab, dass sie im Gegenzug denen vergeben würde, die ihr gegenüber Sünden begangen hatten, verzieh sie Bindle nie seine leichtfertige und bereitwillige Zunge, die ihr Urteilsvermögen so sehr getrübt hatte, dass sie ihr entkommen konnte aus der Eheschlinge, ein potenzieller Meister-Gemüsehändler mit drei Geschäften.

In ihrer Haltung gegenüber Mr. Hearty war nichts Gefühlsmäßiges zu erkennen. Sie war eine Frau und sie beugte ihr Knie vor einem Altar, wo Frauen gerne anbeten.

„Ich nenne es –" Mrs. Bindle hielt inne, als Alice mit einer kleinen Schüssel mit eingelegten Zwiebeln, ohne die Mrs. Hearty unmöglich geschlafen hätte, das Zimmer betrat.

Mit dem Instinkt einer Frau erkannte Alice, dass Mrs. Bindle ihre tief ausgeschnittene, blassblaue Bluse und den kurzen Rock, der den Blicken der Welt so viel von der untergeordneten Alice enthüllte, missbilligte.

„Warst du nicht einsam, Mama?" fragte sie besorgt, als sie sich vor dem Zubettgehen ein letztes Mal umsah, um zu sehen, ob alles in Ordnung sei.

Mrs. Hearty schüttelte den Kopf und bewegte sich heftig.

„Es ist mein Atem", keuchte sie und fuhr fort, sich mit der flachen Hand ihrer geballten Faust auf die Brust zu schlagen. „Eine schöne Zeit?" es gelang ihr, im Tonfall einer Herrin zu keuchen, die ihre Zofe kennt und versteht und von ihr gekannt und verstanden wird.

„Oh! Es war wunderschön", rief Alice begeistert. „Ich bin mit" – sie zögerte und errötete – „einer Freundin" zu den Bildern gegangen, und dann fügte sie voller Stolz hinzu: „einer Gentleman-Freundin, Mama. Es gab einen Film über ein junges Mädchen, das weglief mit ihrem Jungen auf einem Pferd, der sich als Millionär herausstellte und sie sah wunderschön aus in ihrem Schleier und den Orangenblüten, und ich bin so hübsch.

„Und wann soll es sein, Alice?" fragte Mrs. Hearty zwischen den Angriffen auf ihre Brust.

„Oh, Mama!" kicherte Alice und einen Moment später war sie hinter der Tür verschwunden, mit einem „Gute Nacht, Mama, pass auf, dass du gut schläfst."

„Ich bin überrascht, wie du das Mädchen mit dir reden lässt, Martha“, fauchte Mrs. Bindle, fast bevor sich die Tür hinter der sich zurückziehenden Alice geschlossen hatte. „Du erlaubst ihr, zu vertraut zu sein. Wenn du ihnen einen Zentimeter gibst, werden sie eine Elle einstecken“, fügte sie hinzu.

„Sie ist ein gutes Mädchen“, keuchte Mrs. Hearty, als sie das Glas Guinness an ihre Lippen hob. „Es ist weg“, fügte sie einen Moment später hinzu. „Es ist nicht mehr das, was es einmal war“, und sie schüttelte mutlos den Kopf, während sie das fast leere Glas auf den Tisch zurückstellte.

„Ohne wäre es besser“, war die unsympathische Erwiderung, und um sich nicht vom Thema Alice und ihrer spärlichen Kleidung ablenken zu lassen, fügte Mrs. Bindle hinzu: „Ihre Bluse war ekelhaft, und was ihren Rock betrifft, sollte ich das auch tun.“ Schäme dich, wenn du siehst, wie sie mein Haus betritt.

Frau Bindle glaubte an den Schein, wie sie an „den Herrn“ glaubte, und es ist fraglich, ob der Schein geopfert worden wäre, wenn die beiden jemals aneinander geraten wären.

„Es geht ihr gut“, keuchte Mrs. Hearty gemütlich mit einem Bissen Brot und Käse.

„Die Art, wie sich Mädchen jetzt kleiden, macht mich am ganzen Körper heiß“, schnappte Frau Bindle. „Die Polizei sollte es stoppen.“

„Sie“, mit einem gewaltigen Schluck reduzierte Mrs. Hearty das Brot und den Käse auf gesprächige Ausmaße, „sie mögen es“, keuchte sie schließlich und brach in kräuselndes und keuchendes Keuchen aus.

„Sei nicht eklig, Martha. Du machst mich beschämt. Du solltest mit Alice reden. Es ist unanständig, dass sie so umgeht.“

Mrs. Hearty bemühte sich zu sprechen; aber die Worte konnten das Sperrfeuer von Brot und Käse nicht durchdringen – Mrs. Hearty hat alles mit Begeisterung gemacht.

„Angenommen, ich würde in so einem kurzen Rock ausgehen. Was würden Sie dann sagen?“

„Du – dir fehlen die Beine, Lizzie“, und Mrs. Hearty geriet in einen Anfall von Keuchen und Wellen.

„Oh, nicht, nicht“, keuchte sie, als ob Mrs. Bindle für ihre Qualen verantwortlich wäre. „Du wirst mein Tod sein“, rief sie und wischte sich mit einem schmutzigen Taschentuch die Augen.

Für Mrs. Hearty war Lachen ein Impuls und eine Qual. Sie flehte die ganze Welt an, sie nicht zum Lachen zu bringen, und schüttelte und zitterte, während sie protestierte. Sie war gutmütig, gelassen und beliebt bei ihren Freunden, die sich darüber wunderten, was sie in dem ruhigen und anständigen Mr. Hearty gesehen hatte, was sie dazu veranlasste, ihn zu heiraten.

Während des Anfalls ihrer Schwester bewahrte Frau Bindle würdevolles Schweigen. Sie beklagte stets den Mangel an Selbstbeherrschung von Mrs. Hearty.

„Man muss an die Nachbarn denken", fuhr sie schließlich fort. Frau Bindle war in Gedanken immer bei ihrem Schwager. „Schau, wie tief ihre Bluse war."

„Es ist ‚gesund", schnaufte Mrs. Hearty, auf die man sich immer verlassen konnte, wenn es darum ging, Ausreden für die Schwärze eines schwarzen Schafes zu finden.

„Ich nenne es ekelhaft." Mrs. Bindles Mund schloss sich mit einem Knacken.

„Sie –" Mrs. Heartys Antwort wurde von einem plötzlichen Hustenanfall erstickt. Sie keuchte und rang nach Luft, während ihr Gesicht einen tiefvioletten Farbton annahm.

Mrs. Bindle erhob sich und begann, Mrs. Hearty mit der flachen Hand eine Reihe lauter Schläge auf den breiten Rücken zu geben. In den Schlägen lag eine Herzlichkeit, die eher an das Alte als an das Neue Testament erinnerte.

Es vergingen fast fünf Minuten, bis Mrs. Hearty sich soweit erholt hatte, dass sie erklären konnte, dass ein Krümel in die falsche Richtung gegangen war.

„Es tut Ihnen recht, dass Sie dieses Mädchen in ihrer Bosheit ermutigt haben", war Mrs. Bindles unsympathischer Kommentar, als sie zu ihrem Stuhl zurückkehrte. Vage sah sie in dem Anfall ihrer Schwester den Tadel einer stirnrunzelnden Vorsehung.

„Du warst nicht immer so, wie du jetzt bist", beschwerte sich Mrs. Hearty schließlich.

„So etwas wie dieses Mädchen habe ich noch nie angezogen." In Mrs. Bindles Stimme lag ein Hauch von Heftigkeit: „Und ich weigere mich, das zu behaupten, Martha Hearty, also so."

„Musste ich nicht einmal mit dir über deine Strümpfe sprechen?" Der jüngste Angriff von Mrs. Hearty schien das Sprechen erleichtert zu haben.

„Kein Wunder, dass du erstickst", fauchte Mrs. Bindle wütend, „so etwas zu sagen."

„Haben die Jungs dir nicht ‚yaller legs‘ nachgeschrien?“ Sie schnappte nach Luft, entschlossen, das volle Ausmaß des Vorfalls herauszuholen. „Damals wurden sie nicht farbig getragen.“

„Ich wundere mich, dass Sie keine Angst davor haben, erschlagen zu werden“, rief Frau Bindle wütend.

„Und du gehst in Musselin und einem dünnen Unterrock aus, und deine Beine sind durchscheinend und die Spitze ist dran –“

„Wagen Sie es nicht –“ Mrs. Bindle hielt inne, ihre Stimme erstickte. Ihr Gesicht war scharlachrot und in ihren Augen lag Mord. Sie war sich bewusst, dass ihre Vergangenheit eine Vergangenheit der Eitelkeit war; Aber das waren Tage, die sie hinter sich gelassen hatte, Tage, an denen sie jeden Penny, den sie zusammenkratzen konnte, für sich selbst ausgab.

Aber Mrs. Hearty war sich des Sturms der Wut nicht bewusst, den ihre Worte im Herzen ihrer Schwester ausgelöst hatten. Die Erinnerung an die gelben Strümpfe und das durchsichtige Musselinkleid war zu viel für sie, und sie begann vor Freude zu stottern und zu keuchen, wobei hin und wieder ein „Oh, nicht!“ ertönte. war unterscheidbar.

„Ich weiß nicht, was auf die Mädchen zukommt, da bin ich mir sicher“, rief Frau Bindle schließlich. Sie hatte ihre Fassung einigermaßen wiedererlangt und wollte das Gespräch von sich ablenken. Sie lebte in Angst vor der Offenheit ihrer Schwester; Mrs. Hearty hat nie einen Kleiderschrank zensiert, bevor sie darüber gesprochen hat.

„Sie sind eine Menge dreister Schlampen“, fuhr Frau Bindle fort, „die sich so zur Schau stellen, wie sie es tun. Ich kann mir nicht vorstellen, warum sie das tun.“

"Männer!" grunzte Mrs. Hearty.

„Sei nicht eklig, Martha.“

„Du warst schon immer ein Idiot, Lizzie“, sagte Mrs. Hearty gut gelaunt.

Mrs. Bindle war entschlossen, Alices unfeine Zurschaustellung ihrer Person nicht aus den Augen zu verlieren. Sie hatte lediglich auf die Gelegenheit gewartet, den Angriff wieder aufzunehmen.

„Sie sollten an Mr. Hearty denken“, sagte sie salbungsvoll; „Er hat eine Position, mit der er mithalten kann, und die Leute werden reden, wenn sie sehen, wie das Mädchen so ausgeht.“

Dabei wurde Mrs. Hearty vor unterdrücktem Lachen erneut hilflos. Ihr vielfältiges Kinn vibrierte, Tränen liefen über ihre Wangen, und sie keuchte und keuchte und schlug sich mit heftigen, hallenden Schlägen auf die Brust.

"Ach du lieber Gott!" Sie schnappte lange nach Luft. „Du wirst mein Tod sein, Lizzie", und dann überkam sie eine weitere Welle von Gelächter, und sie verschwand wieder.

Plötzlich, als Ergebnis einer offensichtlichen Anstrengung, stotterte sie: „E mag es auch", und endete mit einem kleinen Gelächter. „Pass auf ihn auf. Oh, oh, ich werde sterben!" sie schnappte nach Luft.

„Martha, du solltest dich schämen", rief sie wütend. „Du bist so schlimm wie Bindle."

Eine ganze Minute lang schaukelte und wogte Mrs. Hearty, während sie versuchte, einen Ausdruck für etwas zu finden, das sie zu ersticken schien.

„Du kennst Alf nicht!" Sie keuchte schließlich, als sie ihr Gesicht mit dem schmutzigen Taschentuch abwischte. „Alice gibt Bescheid", brachte sie keuchend hervor. „Alf versucht zu küssen –" und die Sprache verließ sie erneut.

Der Ausdruck in Mrs. Bindles Augen war so, dass sie ihn normalerweise für Gotteslästerer hielt. Mr. Hearty war der Gott ihres Götzendienstes, tadellos, streng und unantastbar. Der bloße Vorschlag, dass er sich auf eine Weise verhalten sollte, von der sie selbst von Bindle nicht erwartet hätte, erfüllte sie mit Abscheu, und sie beschloss, dass ihre Schwester irgendwann das Schicksal von Sapphira teilen würde.

„Martha, du bist eine Schande", rief sie und stand auf. „Vielleicht haben Sie zumindest den Anstand, Mr. Heartys Namen nicht in Ihre unsauberen Gespräche einzubeziehen. Ich denke, Sie schulden ihm eine Entschuldigung für –"

In diesem Moment öffnete sich die Tür und Mr. Hearty trat ein.

„Hast du nicht, Alf?" forderte Mrs. Hearty.

„Habe ich nicht was, Martha?" fragte Mr. Hearty mit dünner, wolliger Stimme. „Guten Abend, Elizabeth", fügte er hinzu und wandte sich an Mrs. Bindle.

„Hast du nicht versucht, Alice zu küssen, und sie hat dir eine Ohrfeige gegeben?" Mrs. Hearty wischte sich noch einmal mit ihrem Taschentuch die tränenden Augen ab. Die Komödie war gut; aber es war schmerzhaft.

Für einen flüchtigen Moment war Mr. Hearty entlarvt. Sein ganzer Gesichtsausdruck veränderte sich. In seinen Augen lag Angst. Er sah um sich aus wie ein gejagtes Tier, das Flucht suchte. Dann schien er mit großer Anstrengung wieder die Kontrolle über sich selbst zu erlangen.

„Ich – ich habe vergessen, einen Brief abzuschicken", murmelte er und eine Sekunde später schloss sich die Tür hinter ihm.

„Er ist immer so, wenn ich ihn daran erinnere", rief Mrs. Hearty, „immer vergessen, einen Brief abzuschicken."

„Martha", sagte Frau Bindle feierlich, als sie ihren Platz wieder einnahm, „Sie sind eine böse Frau, und heute Abend werde ich Gott um Vergebung bitten."

„Machen Sie es lieber Alf", rief Mrs. Hearty.

Fünf Minuten später betrat Mr. Hearty das Wohnzimmer erneut und blickte verstohlen von seiner Frau zu Mrs. Bindle. Er war ein hagerer Mann mittlerer Größe mit einem eisengrauen Schnurrbart und dem, was Bindle als „Halleluja-Schnurrbart" bezeichnete; aber die Welt kennt es als Hammelkoteletts. Er war ein Mann, dem jede Gewalt, sei sie körperlich oder verbal, zuwider war. Er zog Diplomatie dem Schwert vor.

„Oo, hast du es verstanden, Alf?" fragte Mrs. Hearty und erinnerte sich plötzlich an den Kapellenchor und die Bestrebungen ihres Mannes.

„Herr Coplestone." Die natürliche Weichheit von Mr. Heartys Stimme wurde durch die Niedergeschlagenheit der Enttäuschung unterstrichen; aber seine Augen verrieten die Erleichterung, die er empfand, dass Alice nicht länger das Gesprächsthema sein sollte.

„Das ist eine Schande, Mr. Hearty."

Mrs. Bindle faltete die Hände im Schoß und zog das Kinn ein, mit der Miene einer Person, die eine große Ungerechtigkeit wittert. Die Ungerechtigkeit der Ernennung war völlig aus ihrem Gedächtnis verschwunden, alle Gedanken an Alice.

„Du hast genug zu tun, Alf", keuchte Mrs. Hearty, als sie sich nach vielen vergeblichen Sprüngen aufrappelte und leicht schwankend dastand, während sie sich vorwurfsvoll auf die Brust schlug.

„Ich hätte Zeit finden können", sagte Mr. Hearty, während er nervös an den Spitzen seiner Fingernägel zupfte.

„Natürlich könnten Sie das", stimmte Mrs. Bindle zu und blickte missbilligend zu ihrer Schwester auf.

„Ich habe noch nie eine Chorprobe verpasst", fuhr er mit der Miene eines Mannes fort, der einen klaren Anspruch vertritt.

„Vertrauen Sie", keuchte Mrs. Hearty, als sie zur Tür rollte. „Das sind die Mädels", fügte sie hinzu. „Gute Nacht, Lizzie. Warte nicht lange, Alf. Du weckst mich immer, wenn ich ins Bett gehe", und mit einem letzten Keuchen verließ sie das Zimmer.

Mr. Hearty hustete nervös hinter der Hand; während Mrs. Bindle ihre Lippen und ihr Kinn noch weiter einzog. Die Unhöflichkeit von Mrs. Heartys Bemerkung brachte sie beide in Verlegenheit.

Es war schon immer Mr. Heartys Wunsch gewesen, den Chor in der Alton Road Chapel auszubilden, und als Mr. Smithers aufgrund chronischer Bronchitis und des bevorstehenden Winters zurückgetreten war, hatte Mr. Hearty das Gefühl, dass die Zeit gekommen sei, einen weiteren seiner Chorsänger zu leiten Ambitionen sollten verwirklicht werden. Es hatte sich jedoch herausgestellt, dass es einen weiteren Richmond in der Gegend gab, und zwar in Gestalt von Mr. Coplestone, der in der New King's Road ein Ölgeschäft unterhielt.

Auf irgendeine Weise, die Mr. Hearty nicht kannte, war es seinem Rivalen gelungen, das Interesse des Pfarrers und mehrerer Diakone zu wecken, mit dem Ergebnis, dass Mr. Hearty als Zweiter sehr schlecht abgeschnitten hatte.

Jetzt, in der Stunde der Niederlage, sehnte er sich nach Mitgefühl, und es gab nur eine, an die er sich wenden konnte: seine Schwägerin, die so viele seiner irdischen Ansichten und himmlischen Hoffnungen teilte. Würde seine Schwägerin glauben –

„Ich nenne es eine Schande", sagte sie zum zweiten Mal, als Mr. Hearty tief aufatmete. Widerwillig war Mrs. Bindle irritiert darüber, wie er an seinen Fingernägeln zupfte, „und Sie sind auch so musikalisch", fügte sie hinzu.

„Ich habe mich schon immer für Musik interessiert", sagte Mr. Hearty mit der Miene eines Menschen, der weiß, dass er nur das bekommt, was ihm zusteht. Alice und ihre verführerische Kleidung gerieten in Vergessenheit. „Ich hatte die Tonic Sol-fa-Notation auswendig gelernt, bevor ich zwanzig war", fügte er hinzu.

„Sie hätten so viel getan, um den Gesang zu verbessern." Frau Bindle hatte nur die Absicht, Balsam auf die Wunden ihres Helden aufzutragen. Auch sie hatte Alice und all ihre Wege vergessen.

„Es ist nicht das, was es sein könnte", bemerkte er. „In letzter Zeit war es sehr gleichgültig. Mehreren ist es aufgefallen. Letzten Sonntag sind sie bei ‚The Half Was Never Told' fast zusammengebrochen."

Frau Bindle nickte.

„Es fällt ihnen immer schwer, ein hohes ‚F' zu bekommen", fuhr er fort. „Ich hätte Wert darauf legen sollen, ihre oberen Register zu kultivieren", fügte er mit der melancholischen Rückschau eines Mannes hinzu, der nach einem Brand erklärt, es sei seine Absicht gewesen, für den nächsten Tag zu sorgen.

„Vielleicht –" begann Mrs. Bindle, dann hielt sie inne. Es erschien unchristlich zu sagen, dass Mr. Coplestone vielleicht seine neu erworbene Ehre aufgeben müsste.

„Ich hätte auch versuchen sollen, die amerikanische Orgel stimmen zu lassen, ich finde den Blasebalg auch nicht sehr solide."

Einige Minuten lang herrschte Stille. Mr. Hearty war mit dem Knüpfen seiner Fingernägel beschäftigt. Es war ihm gerade gelungen, Blut abzunehmen, und er warf Mrs. Bindle einen verstohlenen Blick zu, um zu sehen, ob sie es bemerkt hatte.

„Ähm –" er hielt inne. Er hatte nach einer Gelegenheit gesucht, seinen Charakter bei seiner Schwägerin zu klären. Plötzlich packte ihn die Inspiration.

„Ich – wir –" er hielt inne. „Ich fürchte, Martha muss Alice loswerden."

„Und es wird auch Zeit, mit Kleidung, wie sie sie trägt", war Mrs. Bindles kompromissloser Kommentar.

„Und sie erzählt – sie ist höchst unaufrichtig", fuhr er eifrig fort; Es schmerzte ihn, als er sich daran erinnerte, dass Alice einmal die halbe Krone, die er ihm angeboten hatte, beiseite geschoben hatte und dass es einer Zehn-Schilling-Note bedurft hatte, um den Gedanken an ihren „Freund", mit dem sie ihm gedroht hatte, aus ihrem Gedächtnis zu löschen.

„Ich habe heute Abend mit Martha über sie gesprochen." Die Linie auf Mrs. Bindles Lippen war immer noch grimmig.

„Ich fürchte, sie ist ein schlechtes – kein gutes Mädchen", ergänzte Mr. Hearty. "ICH--"

„Sie drängen sich nicht genug voran", sagte Mrs. Bindle, ihre Gedanken immer noch bei Mr. Coplestones Sieg. „Sehen Sie sich Bindle an. Er kennt einen Lord, und schauen Sie, was er ist." In den letzten beiden Worten steckte die ganze Giftigkeit jahrelanger Enttäuschung. „Und Sie haben drei Läden", fügte sie beiläufig hinzu.

„Ich – ich hatte nie Zeit, auszugehen", stotterte Mr. Hearty, als ob das die Tatsache erklären würde, dass er keinen Lord in seinem Bekanntenkreis hatte. Seine Gedanken waren immer noch mit der Alice-Episode beschäftigt.

„Das sollten Sie, Mr. Hearty", sagte Mrs. Bindle mit Überzeugung. „Du bist es dir selbst und dem, was du getan hast, schuldig."

„Sehen Sie, Joseph ist anders", sagte Mr. Hearty und verfolgte seinen eigenen Gedankengang. "Er--"

„Redet zu viel", sagte Frau Bindle entschieden und füllte die Lücke falsch aus. „Ich sage ihm, dass seine guten Freunde ihn nur auslachen. Sie sollten ihn in seinem eigenen Zuhause sehen", fügte sie hinzu.

Für einige Momente herrschte Stille, während derer Mrs. Bindle unbeweglich wie eine assyrische Göttin saß und ihre Augen unheilvoll glühten.

„Ich hätte den Chor gerne ausgebildet", sagte er und dachte wieder an den Grund seiner Enttäuschung.

„Das ist dieser Mr. Coplestone", sagte Mrs. Bindle überzeugt. „Ich habe ihn nie gemocht, mit seinen schlauen kleinen Art. Ich habe nie mit ihm zu tun."

„Auch für die Kapelle habe ich immer getan, was ich konnte", fuhr Mr. Hearty fort, der sich durch den Hinweis auf Mr. Coplestones Mängel nicht von seinem Hauptthema abbringen ließ.

„Sie haben zu viel getan, Mr. Hearty, das ist es", rief sie voller Überzeugung, wobei die Loyalität gegenüber ihrem Schwager über allen Sinn christlicher Nächstenliebe siegte. „Es ist immer das Gleiche. Schauen Sie sich Bindle an", fügte sie hinzu und konnte ihr eigenes häusliches Kreuz nicht ganz vergessen. „Überlegen Sie, was ich für ihn getan habe, und schauen Sie ihn an."

„Letztes Jahr habe ich ihnen das ganze Obst zum Selbstkostenpreis für den Chorausflug überlassen", sagte Mr. Hearty; „Aber ich werde es nie wieder tun", fügte er hinzu, während der Mann in ihm über den Märtyrer triumphierte, „und ich habe alles selbst herausgefunden."

„Je mehr Sie tun, desto mehr können Sie tun", sagte Mrs. Bindle orakelhaft.

Mr. Hearty bezog sich auf einen Brauch, der unter den Gläubigen der Alton Road Chapel vorherrschte. Es war selbstverständlich, dass bei der Auftragserteilung immer den Mitgliedern der Herde der Vorzug gegeben werden sollte, die sich ihrerseits verpflichteten, ihre jeweiligen Waren zum Selbstkostenpreis zu liefern. Das Ziel dabei war, alle Feierlichkeiten „in die Reichweite unserer ärmeren Brüder zu bringen", wie Herr Sopley, ein ehemaliger Geistlicher, es ausgedrückt hatte, als er dieses Prinzip befürwortete.

Das Ergebnis waren stundenlange Herzensprüfungen für diejenigen, denen die Speisung der Gläubigen anvertraut war. Mr. Hearty zum Beispiel verbrachte viel Zeit und Gedanken damit, sich mit Zahlen und seinem Gewissen auseinanderzusetzen. Er argumentierte, dass der „Kostenpreis" Miete, Tarife und Steuern berücksichtigen müsse; Gehälter, Kenntnisse der günstigsten Märkte (die er besaß) und Kapitalzinsen (seine eigenen).

Durch einen seltsamen Zufall lagen die tatsächlichen Zahlen kaum über dem normalen Einzelhandelspreis, den er in seinen Geschäften verlangte, was für ihn den schlüssigen Beweis erbrachte, dass er in keiner Weise ein Profithändler war. Tatsächlich zeigte sich, dass er zu wenig berechnet hatte.

Andere Mitglieder der Kapelle schienen praktisch zum gleichen Ergebnis wie Mr. Hearty zu gelangen, und zwar auf ähnliche Weise.

Da die „ärmeren Brüder" bei der Festsetzung dieser Preise kein Mitspracherecht hatten und jeder zu sehr an seinen eigenen Zahlen interessiert war, um daran zu denken, die der anderen zu kritisieren, zahlten die „ärmeren Brüder" entweder oder blieben weg.

„Du solltest dem Chor beitreten, Elizabeth." Es war Mr. Heartys Dank für sein Mitgefühl.

„Oh, Herr Hearty!" sie lächelte. „Ich bin mir sicher, dass ich nicht gut genug singen konnte."

„Du singst sehr gut, Elizabeth. Ich habe es sonntagabends bemerkt, wenn du vorbeigekommen bist. Du hast einen sehr guten hohen Sopran."

Ein Köcher durchlief Mrs. Bindle. Sie richtete sich auf und ihre Lippen schienen eine weichere Linie anzunehmen.

„Ich bin mir sicher, dass es sehr nett von Ihnen ist, das zu sagen", antwortete sie dankbar.

„Ich werde immer noch im Chor singen", sagte Mr. Hearty; "Aber--"

Ein heftiges Hämmern über ihm ließ ihn heftig zusammenzucken. Es war Mrs. Heartys Ausgangssperre.

Mrs. Bindle stand auf und Mr. Hearty begleitete sie zur Straßentür. Alice war im Flur, offenbar auf dem Weg ins Bett.

„Gute Nacht, Mr. Hearty", sagte Mrs. Bindle.

„Gute Nacht, Elizabeth", und Mr. Hearty schloss die Tür hinter ihr.

Sie hielt inne, um ihren Regenschirm zu öffnen, es regnete fleckig und Frau Bindle achtete auf ihre Kleidung.

Plötzlich hörte sie durch das offene Heck einen überraschten Schrei und das Geräusch von Schlurfen.

„Du Biest", schrie eine weibliche Stimme. „Ich werde Missis sagen, dass ich es tun werde."

Und Mrs. Bindle drehte sich um und rannte mit voller Wucht in einen Polizisten.

KAPITEL VI

FRAU. BINDLE VERTEIDIGT IHR HAUS

ICH

„Evangeliumsglocken, Gospelglocken, hm-hm-hm-hm-hm-hm-hm."

Mrs. Bindle begleitete ihre Lieblingshymne mit Schlägen aus dem Bügeleisen, während sie versuchte, eines von Bindles Hemden glatt zu machen.

Sie arbeitete stets zur Melodie von „Gospel Bells". Von der Hymne selbst besaß sie zwei Wörter, „Evangelium" und „Glocken"; aber die Melodie gehörte ihr bis zur unbedeutendsten Sechzehntelnote, und ein unbegrenzter Vorrat an „hms" erledigte den Rest.

Beim Wort „Evangelium" drehte sie das Hemd um und ließ das Bügeleisen voll in die Mitte dessen heruntersinken, was der Kraft nach zu urteilen schien, in der es sich um Bindles Rücken handelte.

„Bells", sang sie mit Nachdruck und verstummte dann im „hms".

Bei Mrs. Bindle spiegelte der Gesang ihre Stimmung wider. Als Empörung oder Zorn ihre Seele erfassten, wurde „Gospel Bells" mit einer Kraft vorgetragen, die bis zu Mrs. Grimps und Mrs. Sawney vordrang.

Dann, als sich ihre Stimmung beruhigte, wurde auch die Melodie sanfter und verklang fast, bis möglicherweise ein verirrter Gedanke an Bindle eine Crescendo-Passage hervorbrachte, die sich zu vollem Forte, Blechbläsern und Pauken weiterentwickeln ließ.

Nach einer dieser lautstarken Passagen milderte der Gedanke an ihren Schwager, Mr. Hearty, den Strom der Melodie, der durch ihre dünnen, leicht geöffneten Lippen strömte.

Es hatte eine fast streichelnde Sanftheit erreicht, als ein Klopfen an der Tür sie plötzlich stoppen ließ. Einen Moment später schlug das Eisen gegen den Rest und sie warf einen Blick auf ihre Schürze. Sie war, um es selbst auszudrücken, „das Rosa der Ordentlichkeit".

Als sie durch die Küche und den kurzen Flur ging, öffnete sie die Tür mit der Miene einer Person, die bereit war, den heiligen häuslichen Herd gegen alle Ankömmlinge zu verteidigen.

„Ich bin wegen des Hauses gekommen, Mama." Vor ihr stand ein sanft aussehender kleiner Mann mit einem schmutzigen Halsband und abfälligem Auftreten, der nervös an einem hohlen Zahn nuckelte, dessen Quietschen seine Freunde gelernt hatten, zu unterdrücken.

"Das Haus!" wiederholte Frau Bindle aggressiv. "Welches Haus?"

„Dieses Haus gibt es nicht zu vermieten, Mama." Der kleine Mann bemühte sich, eine Zeitung aus seiner Tasche zu ziehen. „Ich würde es gerne nehmen", fügte er hinzu.

„Oh! Das würdest du, oder?" Mrs. Bindle musterte ihn missbilligend. „Nun, es ist nicht erlaubt", und damit schlug sie dem kleinen Mann die Tür vor der Nase zu, gerade als seine Tasche den Kampf aufgab und eine verschmutzte Ausgabe von *The Fulham Signal herausgab* .

Als er zurückging, fiel das Papier auf den gefliesten Weg, der vom Tor zur Haustür führte.

Fast eine Minute lang stand er da und starrte auf die Tür, als ob er nicht ganz begreifen würde, was passiert war. Dann nahm er das Papier in die Hand, blickte verwirrt darauf, schlug eine markierte Passage unter der Überschrift „Häuser zur Vermietung" auf und las:

> HAUS ZU VERMIETEN. – Vierzimmerhaus zur Vermietung in Fulham. Gute Anbindung an Bus, Straßenbahn und Zug. Miete 15/6 pro Woche. Sofortiger Besitz. Bewerben Sie sich beim Mieter, 7 Fenton Street, Fulham, SW

Er blickte auf die Nummer an der Tür, dann noch einmal auf die Zeitung und dann noch einmal auf die Nummer. Offenbar überzeugt, dass kein Fehler vorlag, klopfte er erneut, ein schwaches, halbherziges Klopfen, das das Zittern in seinem Inneren bezeugte.

Er hatte die Note C3 erhalten; aber er besaß eine Frau, die körperlich ein Top-Typ war. Das Wissen, dass sie eine Erklärung verlangen würde, wenn es ihm nicht gelang, das Haus zu sichern, woraufhin sie ihn in die Flucht geschlagen hatte, weckte in ihm den nötigen Mut, einen zweiten Versuch zu unternehmen, Mrs. Bindle zu befragen.

Mit innerem Zittern wartete er darauf, dass sich die Tür wieder öffnete. Während er da stand und wider alle Hoffnung in seinem feigen Herzen hoffte, dass der Ruf nicht erhört worden war, glitt eine große Frau mit dicken Hüften in einer schmutzigen schwarz-weißen Foulardbluse, einem zerschlissenen grünen Rock und formlosen Korsetts durch die Tür Tor und watschelte den Weg hinauf.

„Also bist du schnell hier", keuchte sie und ihr gerötetes Gesicht zeigte, dass sie sich beeilt hatte. „Na ja, es lässt sich vermutlich nicht ändern, sobald es serviert wird. Ich sage es immer und werde es auch immer tun."

Der kleine Mann hatte sich umgedreht und blickte nun blinzelnd auf den Neuankömmling, der ihm den Rückzug völlig versperrte.

„Geklopft, hast du?" fragte sie und fächelte ihr gerötetes Gesicht mit einer gefalteten Zeitung zu.

Er nickte; aber sein Blick war über ihre zitternde Schulter auf einen Mann und eine Frau gerichtet, zwischen ihnen ein kleines Mädchen, die von der gegenüberliegenden Seite des Weges kamen.

Als die Neuankömmlinge den Garten betraten, erklärte die beleibte Frau, dass „dieser Herr" bereits geklopft habe.

„Vielleicht sind sie noch nicht oben", schlug der Mann mit dem kleinen Mädchen vor.

„Nun, das sollten sie sein", sagte die stämmige Frau überzeugt.

Jetzt gesellte sich eine weitere Frau zu der Menge. Ihre hochgekrempelten Ärmel und die Tweedmütze des Mannes auf dem Kopf, die von einer langen Hutnadel mit bernsteinfarbenem Kopf festgehalten wurde, zeugten von der begrenzten Zeit, die sie ihrer Toilette gewidmet hatte.

„Ist es genommen?" verlangte sie von der Frau mit dem kleinen Mädchen.

"Keine Ahnung!" war die Antwort. „Sie hat die Tür noch nicht geöffnet."

„Sie hat es einmal geöffnet", sagte der kleine Mann.

„Was sagt sie?"

„Habe gesagt, es sei nicht zu vermieten, und habe es mir dann ins Gesicht geschlagen", lautete die verletzte Antwort.

„Hier, lass es mich mal versuchen", rief die Frau in der Foulard-Bluse, als sie den Türklopfer ergriff und damit begann, die Echos der Fenton Street zu erwecken. Die Corple Street an einem Ende und die Bransdon Road am anderen Ende waren in die Schallwellen einbezogen, die vom Klopfer der Bindles ausgingen.

Mehrere Nachbarn, darunter Mrs. Grimps und Mrs. Sawney, kamen an ihre Türen und blickten auf die Ansammlung von Menschen, die nun den Weg zu Nr. 7 vollständig versperrten. Drei weitere Frauen hatten sich der Menge angeschlossen, zusammen mit einem Lumpen und Knochen Mann in heruntergekommener Kleidung, begleitet von einem Esel und einem Karren.

„Eine Schande, dass ich das so nenne, dass sich die Leute immer wieder so aufregen", sagte einer der Neuankömmlinge.

„Vielleicht wird es vermietet", sagte der Lumpen-und-Knochen-Mann.

„Nun, warum sagen sie das nicht?" schnappte sie mit der Tweedmütze und der Hutnadel.

„Versuchen Sie es noch einmal, Missis", schlug der Mann mit dem kleinen Mädchen vor. „Dafür verliere ich einen ganzen Tag."

Inspiriert von diesem Rat griff die große Frau nach vorne, um den Türklopfer zu ergreifen. In diesem Moment wurde die Tür aufgerissen und Frau Bindle erschien. Sie hatte ihre Schürze abgenommen und ihr dünnes, sandfarbenes Haar gebürstet, das sie aus ihrem scharfen, beilartigen Gesicht zurückgekämmt hatte, damit kein Haar dem zurückhaltenden Einfluss des dahinter liegenden Knotens ausgesetzt war.

Grimmig, mit zusammengezogenen Lippen und dem Licht des Kampfes in ihren Augen starrte sie erst den kleinen Mann an, mit dem sie bereits verhandelt hatte, dann die Frau in der Foulardbluse.

In der Kapelle gab es keine sanftmütigere und fügsamere „Tochter des Herrn" als Frau Bindle. Für sie war die Religion eine stets bereitstehende Hilfe und Nahrung; Aber es gab etwas in ihrem Leben, das noch größer war als ihr Glaube, obwohl sie die Erste gewesen wäre, die es geleugnet hätte. Das Ding war ihr Zuhause.

Um den häuslichen Tempel ihres Herdes so zu halten, wie sie es sich vorgestellt hatte, arbeitete Frau Bindle unaufhörlich. Es war ihr Fetisch. Sie betete in der Kapelle als Sprungbrett zum Ruhm nach dem Tod. aber ihr Zuhause war der eigentliche Altar, an dem sie opferte.

Als sie das „Gesindel" betrachtete und es im Geiste charakterisierte, das auf dem gefliesten Weg des Vorgartens verstreut war, den sie erst an diesem Morgen gereinigt hatte, drang der Zorn Davids in ihr Herz ein; Aber sie war eine gottesfürchtige Frau, die Gewalt nicht mochte – bis sie absolut notwendig war.

„Hast du geklopft?" sie verlangte von der großen Frau in der Foulardbluse. Ihre Stimme war scharf wie die Schneide eines Rasiermessers; aber zurückhaltend.

„Das stimmt, meine Liebe", antwortete die Frau entspannt, „ich komme wegen des Hauses."

„Oh! Das hast du, oder?" rief Frau Bindle. „Und sind das deine Freunde?" Für einen Moment verließ sie den Blick ihres Gegners und blickte auf die Schlange, die inzwischen über den Weg in die Fahrbahn mündete.

„Schau mal, ich gebe dir sechzehn Bob pro Woche", unterbrach die Frau mit der Tweedmütze und der Hutnadel und machte sich sofort zu einer Ishmael.

„„Hier, nichts davon!' rief eine wütende Frauenstimme. „Fair do's."

Die anderen murmelten zustimmend, was von Mrs. Bindles klarer, prägnanter Stimme unterbrochen wurde.

„Verlasst meinen Garten und verschwindet alle“, rief sie und machte einen halben Schritt auf die große Frau zu, an die sie sich wandte.

„Ist es vermietet?“ fragte der Lumpen-und-Knochen-Mann von hinten.

„Ist was los?“ fragte Frau Bindle.

„Das Haus, Mama“, sagte der Lumpenmann, dessen Beruf Takt und Höflichkeit erforderte.

„Dieses Haus ist nicht zu vermieten“, war die wütende Erwiderung, „niemals war es zu vermieten und wird es auch nie zu vermieten sein, bis ich weg bin. Jetzt geh einfach mit dir weg, oder –“ Sie hielt inne.

„Oder was?“ verlangte sie von der Tweedmütze und der Hutnadel, in dem Wunsch, sich mit den anderen zu rehabilitieren.

„Ich werde einen Polizisten holen“, antwortete Frau Bindle. Sie hielt ihre natürlichen Instinkte immer noch in einer lasterhaften Selbstbeherrschung zurück. Ihre Hände zitterten leicht; aber nicht mit Angst. Es war das Zittern der Tigerin, die sich auf den Sprung vorbereitete.

„Was ist dann mit dieser Anzeige?“ rief der Mann mit dem kleinen Mädchen und streckte ihr die Zeitung hin.

„Ja, was ist damit?“ fragte die Frau in der Foulardbluse und reichte ihr ihrerseits ihr Papier.

„Es gibt keine Werbung für dieses Haus“, sagte Mrs. Bindle und ignorierte die Papiere, „und Sie gehen besser weg. Schade, dass Sie nichts Besseres zu tun haben, als mich während meiner Bügelarbeit zu stören.“ ‚“ und damit schlug sie die Tür zu und verschwand.

Ein wütendes Gemurmel ging durch die Schlange, eine Wut, die auf Ärger hindeutete.

„Eine nette Art, Menschen zu behandeln“, sagte eine kleine Frau mit einem schmutzigen Gesicht, einer schmuddeligen schwarzen Haube und einem Samtdolman, an dem noch verzweifelt Teile des ursprünglichen Jet-Besatzes klebten. „Manche Leute scheinen nicht zu wissen, wie sie sich verhalten sollen.“

Es gab ein weiteres zustimmendes Murmeln.

„Treten Sie die blinkende Tür ein“, schlug ein Pazifist vor.

„Ich würde sie gerne mit meinen Fingernägeln angreifen“, sagte eine Frau mit scharfem Gesicht und einem Baby im Arm. „Ich weiß, *ähm* .“

„Verdient, die stotternden Fenster eingeschlagen zu haben, das festsitzende Gepäck!“ rief ein anderer.

„„Ullo, sieh dir die ganzen Leute an.“

Ein großer, aufgedunsener Mann mit einer Person, die seine Stiefel unsichtbar machte, führte den Handkarren, den er schob, auf den Bordstein vor der Fenton Street Nr. 7. Ein blasser, entmutigter Junge wurde mit einem schäbigen Stück stark verknotetem Seil, das über seine schmale Brust gespannt war, an das Fahrzeug geschnallt. Als die Karre zum Stillstand kam, ließ er das Seil auf den Boden fallen, und als er aus dem Geschirr stieg, blickte er apathisch und unspektakulär auf die Menge.

Der große Mann, dessen Kleidung aus einem Hemd, einer Hose und einigen Hosenträgern bestand, stand da und betrachtete die Bewerber für den Altar von Mrs. Bindles Leben. Die Menge erwiderte den Blick interessiert. Die auf dem Karren gestapelten Möbel bereiteten ihnen einige Sorgen. War das die Erklärung für den unfreundlichen Empfang?

„Nun, Charley, wenn du in dieser blühenden Schönheitsshow etwas getrunken hast, kannst du mir ein ‚und‘ geben.“

„Oo, nennst du eine Schönheitsshow?“‘ fragte die Frau im Dolman. „Es gibt nicht viel zu bereden, bei so einer Dummheit wie deiner.“

„Mein Fehler, Missis“, sagte der große Mann unbeirrt. „Tut mir leid, dass ich dich zum Weinen gebracht habe.“ Dann wandte er sich an Charley und fügte hinzu: „Wenn du nicht so einen dicken Kopf hättest, Charley, wüsstest du, dass es eine Zuckerschlange ist. Sie tragen zu viel für eine Schönheitsshow. Nun denn.“ , übertrieben, mein Junge. Mit einem Nicken deutete er auf das Geländer, das Tor war versperrt.

Mit den gemächlichen Bewegungen eines Fatalisten bewegte Charley seine unauffällige Person zum Geländer von Nr. 7, während der große Mann damit begann, das Seil zu lösen, das eine Sammlung verschiedener Haushaltsgegenstände an den Handkarren band, eine Operation, die ihn völlig in Anspruch nahm Aufmerksamkeit der Warteschlange.

"Du hast es genommen?" verhörte den Lumpen- und Knochenmann.

„Mach dir keine Sorgen, Übermütiger“, sagte der große Mann, während er einen Stuhl mit Rohrgestell, auf dem offenbar jemand gesessen hatte, vom Karren nahm und ihn auf den Bürgersteig stellte. „Wenn du erst einmal im Garten bist, gehört das Haus mir. Also los, Charley“, ermahnte er den Jungen, der am Bordstein stand, als würde er nicht gerne unbefugt eindringen.

Mit ausdruckslosem Gesicht drehte sich der Junge um und kletterte das Geländer hinauf.

„Fang das Alte!", schrie der Mann und drückte Charley einen heruntergekommenen Topf in die unwilligen Hände.

Der Junge warf es auf das kleine Blumenbeet in der Mitte des Gartens, wo Frau Bindle versuchte, Geranien aus Zweigen zu züchten, die ein Mitgläubiger der Alton Road Chapel zur Verfügung gestellt hatte. Diese Geranienstreifen waren die Sterne am grauen Firmament ihres Lebens. Sie kümmerte sich eifrig um sie und hatte stets einen Krug Wasser direkt hinter dem Wohnzimmerfenster bereit, um forschende Katzen abzuschrecken. Sie war es auch, die das Lobelienbeet gepflanzt hatte.

Die Schlange schien von der überwältigenden Persönlichkeit des großen Mannes hypnotisiert zu sein. Mit dem Fatalismus der Verzweiflung kamen sie zu dem Schluss, dass die Götter gegen sie waren und dass er tatsächlich den Erfolg erreicht hatte, den er behauptete. Sie verweilten noch immer, als ob ihr Instinkt ihnen sagte, dass dramatische Momente bevorstanden.

„Ich habe keine Zweifel, aber ich werde mich sehr wohl fühlen", bemerkte der große Mann zufrieden. „Hier, fang den Alten, Charley", rief er und warf dem Jungen ein Sieb zu, das mehr Löcher aufwies, als der Hersteller jemals geträumt hatte.

Charley drehte sich zu spät um, und das Sieb fing eine Geranie auf, die als einzige unter ihren Artgenossen nur halbherzig zum Blühen neigte. Diese besondere Blume war Mrs. Bindles Mutterschaf.

„Ist das nicht ein Knaller?" rief der große Mann und hielt einen Moment inne, um seinen Nachwuchs zu betrachten. „Nimm es nicht, nachdem es pa ist, und das ist eine Tatsache", und er legte drei oder vier dunkelbraune Zahnstümpfe frei.

„Vielleicht bist du das nicht, Vater", kicherte eine weibliche Stimme am Ende der Schlange.

Der große Mann drehte sich in die Richtung, aus der die Stimme gekommen war, starrte unbeirrt einen harmlosen kleinen Mann an, auf dem „nicht schuldig" geschrieben stand, dann drehte er sich absichtlich um und hob einen kleinen Wäschekorb aus Korbgeflecht vom Karren .

„Hier, fang es auf, Charley", rief er, und ohne abzuwarten, ob Charley dazu bereit oder in der Lage war, warf er es über das Geländer.

Charley drehte sich gerade noch rechtzeitig um, um den Korb kommen zu sehen. Er versuchte, dem auszuweichen, stolperte über das Sieb und setzte sich in die Mitte des Geranienbeets, wobei er Aufruhr und Verzweiflung mit sich führte.

„Bist du nicht ein –" aber Charley sollte nie erfahren, wie er in diesem Moment auf seinen Vater wirkte.

Als er bemerkte, dass mehrere Köpfe zur Haustür gedreht waren, folgten die Augen des großen Mannes instinktiv ihrer Richtung. Es war das, was er dort sah, was ihn dazu veranlasste, bei der Beschreibung seines Sprösslings innezuhalten.

Ganz still stand Frau Bindle da, ihr Gesicht war totenbleich, und von ihren Lippen war nur ein dünner, grauer Strich zu sehen, ihre Augen waren auf das Geranienbeet und die dort herrschende Trostlosigkeit gerichtet. Ihr Atem ging in kurzen Stößen.

Mit einer Aktivität, von der seine vorherigen Bewegungen keinen Hinweis gegeben hatten, kletterte Charley über das Geländer auf die vergleichsweise sichere Straße.

Mrs. Bindle richtete ihren Blick auf den großen Mann.

„Hier, komm mit, lass mich rein", rief er und drängte sich durch die Menge, die keinerlei Neigung zum Widerstand zeigte. Der kleine Mann, der zuerst angekommen war, war bereits weit draußen und unterhielt sich mit der Frau mit der Tweedmütze und der Hutnadel, während sie mit der Foulardbluse den Weg zum Tor entlang schlich. Niemand zeigte den geringsten Wunsch, gegen den Anspruch des großen Mannes auf das Haus durch Eroberungsrecht zu protestieren – und er ging zu seinem Waterloo über.

„Ich habe dieses Haus genommen", rief er, als er sich der grimmigen Gestalt auf der Türschwelle näherte. „Fünfzehn Dollar pro Woche, und das zum halben Preis", fügte er fröhlich hinzu.

„Hier, mach weiter, Charley", rief er über seine Schulter.

Charley jedoch stand da und blickte seine Eltern mit größerem Interesse an, als er es bisher gezeigt hatte. Er schien instinktiv die dramatischen Möglichkeiten der Situation zu erfassen.

„Ich dachte, ich bringe die Stöcke mit, Missis", sagte der Mann freundlich. „Heutzutage gibt es nichts Schöneres, als sich zu vergewissern." Er blieb plötzlich stehen. Wortlos hatte sich Mrs. Bindle umgedreht und war im Haus verschwunden.

„Könnte auch eine Anzahlung leisten", bemerkte er und steckte eine schmutzige Hand in seine Hosentasche. Er warf einen Blick über die Schulter und zwinkerte der Frau mit der Foulardbluse scherzhaft zu.

Das nächste, was er wusste, war, dass Drama mit einem großen „D" eine Rolle im Spiel gespielt hatte. Die Menge atmete fast mit einem Schluchzen überraschter Erwartung ein.

In Charleys leeren Augen erschien ein interessierter Blick, und in den Mund des großen Mannes, als er gerade den Kopf drehte, erschien etwas, das feucht war und abscheulich nach Karbol schmeckte.

Er stolperte zurück, seine Augen traten hervor, als Mrs. Bindle, bewaffnet mit einem großen Mopp, den sie vorsorglich nass gemacht hatte, wie eine rächende Wut auf ihn starrte. Ihre Augen leuchteten und ihre Nasenlöcher waren gebläht wie die eines verängstigten Vollbluts.

Bevor der große Mann Zeit hatte, seine Proteste hervorzustoßen, hatte sie den Mopp umgedreht und den Stiel mit einem Knall auf seinen nackten, kahlen Kopf niedergeschlagen. Dann drehte sie sich noch einmal zum geschäftlichen Ende des Wischmopps, trat einen Schritt zurück und stürmte los.

Der Wischmopp erwischte den großen Mann direkt unter dem Kinn. Einen Moment lang stand er mit ausgestreckten Armen auf einem Bein, wie die Merkurfigur auf dem Piccadilly-Circus-Brunnen.

Mrs. Bindle versetzte dem Wischmopp einen weiteren Stoß, und er fiel mit einem dumpfen Schlag zu Boden, wobei sein Kopf mit einem scharfen Krachen auf den Fliesen des Weges aufschlug.

Die Menge murmelte ihre Freude. Charley tanzte von einem Fuß auf den anderen, und sein Gesichtsausdruck bewies eindeutig, dass der ausdruckslose Blick, mit dem er angekommen war, lediglich eine Maske war, die er zu Verteidigungszwecken angelegt hatte.

"Aufstehen!"

Mit diesen beiden Worten weckte Frau Bindle ein Gefühl, das die Menge begeisterte. Der große Mann jedoch lag auf dem Bauch und blickte ängstlich auf das Ende des Wischmopps.

"Aufstehen!" wiederholte Frau Bindle. „Ich werde dir beibringen, ein respektables Zuhause zu stören. Schau dir meinen Garten an.“

Da er immer noch keinen Versuch machte, sich zu bewegen, drehte sie sich plötzlich um und lief durch den Gang, um einen Moment später mit einem Eimer Wasser, mit dem sie die Spülküche ausgewaschen hatte, wieder aufzutauchen. Ohne einen Moment zu zögern schüttete sie den Inhalt über der liegenden Gestalt des großen Mannes aus. Das Tuch fiel ihm wie ein Verband über die Augen, und der Herdstein traf ihn voll auf die Nase.

„Oo-äh!“

Diese eine Tat von Frau Bindle hatte den Glauben eines Kindes vor der völligen Vernichtung bewahrt. Zum ersten Mal in seinem Leben erkannte Charley, dass es einen Gott der Vergeltung gab.

Zustimmendes Murmeln kam aus der Menge.

„Gib es ihm, Missis, er hat es geschafft", rief einer. „Es ist nicht die Schuld des Kindes, dass er blinzelt."

„Dreckiger Profit", schrie die dünne Frau. „Sehen Sie sich das an", fügte sie hinzu, als ob sie ihre Worte untermauern wollte.

"Aufstehen!" Wieder klangen Mrs. Bindles harte, unflektierte Worte wie die Akzente des Schicksals.

Sie begleitete ihre Ermahnung mit einem Stoß mit der Spitze ihrer Waffe, der auf die Mitte des Körperteils des großen Mannes gerichtet war, der als Beweis für seine Gewinnsucht angeführt worden war.

Er erhob sich ein paar Zentimeter; aber Mrs. Bindle schleuderte ihm mit der ganzen Inkonsequenz einer Frau noch einmal den Mopp ins Gesicht, und sein Kopf fiel erneut krachend zu Boden.

„Charley!" er brüllte; aber an Charley war nichts vom Paladin zu erkennen. Zwischen ihm und seinem Vater lagen in diesem Moment elf Jahre brutaler Tyrannei, und Charley blieb auf der sicheren Seite des Geländers.

„Steh auf! Du toller, massiger Kerl", schrie Mrs. Bindle, drehte den Mopp um und versetzte ihm einen Schlag auf den Solarplexus, der sie als Schweinestecher berühmt gemacht hätte.

„Grrrrumph!" Der Ausruf des dicken Mannes war unfreiwillig.

„Steh auf, ich sage dir", wiederholte sie. „Du dicker, hässlicher Sohn Satans, du Beelzebub, du Aussätziger, du Judas, du –" Sie hielt einen Moment in ihrer Suche nach dem Unerwünschten in der Heiligen Schrift inne. Dann fügte sie voller Inspiration hinzu: „Barabbas."

Der Mann machte einen weiteren Versuch aufzustehen; aber Mrs. Bindle ließ das Ende des Wischmopps mit einem Knall, der wie ein Pistolenschuss klang, auf seinen Kopf fallen.

Der Ausdruck auf Charleys Gesicht veränderte sich. Der Unterkiefer hob sich. Der lockere, leere Mund weitete sich. Charley grinste.

Für einen Moment lag der Mann still. Mrs. Bindle stand mit dem Wischmopp über ihm, ein angespannter und zu Recht empörter St. George über einen besonders bösen Drachen.

Plötzlich gab er die Zunge heraus.

„Elp!" er schrie. „Ich werde ermordet. Elp! Charley, wo bist du?" Aber Charleys Grinsen wurde breiter und er rieb sich tatsächlich genüsslich die Hände.

Mrs. Bindle ließ den Wischmopp auf den Mund des Mannes gleiten. „Hör auf damit, du lästernder Sohn von Belial", rief sie.

Der große Mann brüllte umso lauter; aber er machte keine Anstalten aufzustehen.

„Hier kommt eine Panne", rief eine Stimme.

„Slop kommt gleich", wiederholte ein anderer, und eine Minute später näherte sich eine glattrasierte Verkörperung jugendlicher Würde und Selbstbeherrschung in Helm und blauer Uniform und bahnte sich seinen Weg durch die Menge zum Bindles-Haus. Tor.

Aus der Position, in der er lag, brüllte der große Mann weiter um Hilfe, da er nicht erkennen konnte, dass Hilfe in der Nähe war.

Als sich dieses Symbol des Gesetzes näherte, trat Frau Bindle zurück und brachte ihren Wischmopp in die Ruheposition.

Der Polizist schaute von einem zum anderen und machte sich dann daran, irgendwo in den Schößen seiner Tunika herumzustöbern, woher er ein Notizbuch hervorholte. Dies war offensichtlich ein Fall, der literarischen Ausdruck erforderte.

Als der große Mann sah, wie Mrs. Bindle zurückfiel, drehte er den Kopf und erhaschte einen Blick auf den Polizisten. Ganz vorsichtig erhob er sich in eine sitzende Haltung.

„Sie hat mich ermordet", sagte er und blickte misstrauisch auf den Mopp. „„Hier, Charley!' rief er und blickte über seine linke Schulter.

Charley näherte sich widerstrebend und bedauerte, dass Recht und Ordnung über die Rote Revolution gesiegt hatten.

„Hat sie nicht versucht, mich zu töten?" forderte der große Mann von seinem Nachwuchs.

„Hab ihn mit dem Finger auf den Kopf gestellt", bestätigte der Junge mit tonloser Stimme.

„Sie hat Wasser über mich gegossen und mich auch in den Stumpf gestürzt, nicht wahr, Charley?" Noch einmal wandte sich der große Mann um Bestätigung an seinen Sohn.

„Ich bin auch ein seltenes Exemplar!" stimmte Charley zu, mit einem Gefühl in seiner Stimme, das seinen Vater dazu veranlasste, ihn scharf anzusehen. „Ich habe ihm auch auf den Kiefer gespritzt", fügte er hinzu, als würde es ihm Freude bereiten, über die Leiden seiner Eltern nachzudenken.

„Möchten Sie sie anklagen?" fragte der Polizist mit offizieller Stimme.

„,Belasten Sie mich!'", unterbrach Mrs. Bindle. "'Mir in Rechnung stellen!' Ich würde gerne zusehen, wie er es mit meinen Geranien macht, indem er seine dreckigen Stöcke in meinen Vorgarten bringt!" wiederholte sie. „Lass ihn es einfach versuchen!" und sie brachte den Mopp in eine Position, von der aus er auf den Kopf des großen Mannes geschossen werden konnte.

Instinktiv sank er wieder auf den Weg, und der Polizist stellte seinen Körper zwischen die Waffe und den Besiegten.

„Es gibt hier viele Zeugen, die beweisen, was er getan hat", rief Frau Bindle schrill.

Noch einmal erhob sich der große Mann in eine sitzende Haltung; aber Mrs. Bindle hatte nicht die Absicht, ihm die Kontrolle über die Situation zu überlassen. Für sie bedeutete ein Polizist Gerechtigkeit, und diesem selbstbeherrschten Jungen in der Uniform der uneingeschränkten Autorität öffnete sie ihr Herz und gleichzeitig die Fläschchen ihres Zorns.

„Ich bügelte gerade in meiner Küche, als dieser Pöbel", sie zeigte mit dem Stiel des Wischmopps auf die Menge, „wie eine Heuschreckenplage über mich herfiel." Für Frau Bindle war die Anspielung auf die Schrift eine Notwendigkeit.

„Sie sagten, sie wollten mir mein Haus wegnehmen. Sie sagten, ich hätte ihnen gesagt, dass es zu vermieten sei, der meineidige Abschaum von Judas. Dann kam *er* vorbei" – sie zeigte auf ihr Opfer, das vorsichtig die Beule von Mrs. Bindles Wischlappen betastete hatte erhoben – „und das ganze schmutzige Holz in meinen Garten geworfen und – und –" Hier brach ihre Stimme, denn für Mrs. Bindle waren diese Geranienzweige sehr lieb.

„Du solltest besser aufstehen."

Auf die Worte des Polizisten hin erhob sich der große Mann schwerfällig. Einen Moment lang stand er still, als wollte er ganz sichergehen, dass keine Knochen gebrochen waren. Dann griff er mit der Hand nach seinem Halstuch und holte ein Stück Herdstein hervor, der sich offenbar von der Hauptplatte gelöst hatte.

„Hab Ziegelsteine nach mir geworfen", beschwerte er sich und hielt dem Polizisten das Stück Kaminstein hin.

„Ananias!" kam Mrs. Bindles kompromisslose Erwiderung.

„Willst du sie anklagen?" fragte der Polizist barsch.

„Das ist mir völlig recht", rief die Frau mit der Tweedmütze und der Hutnadel und drängte sich vor einen großen Mann, der ihr die Sicht versperrte.

„Das sollte man selbst machen", stimmte eine blasse Frau mit einem Schal über dem Kopf zu.

„Seht mal, was habt ihr mit der Gartenarbeit gemacht", murmelte der Lumpen-und-Knochen-Mann und deutete mit der Miene eines Menschen, der gerade eine wichtige Entdeckung gemacht hat, auf das Blumenbeet.

„Es ist so etwas wie ‚Ich mache Schläge'", kommentierte die Frau im Dolman. „Blinzelnder Profiteur."

„Jedenfalls hat sie Mut", sagte ein Telefonmechaniker, der sich der Menge angeschlossen hatte, kurz bevor Charleys Vater sich dem Wind von Mrs. Bindles Unmut beugte. „Hat ihn in der ersten Runde ausgeschaltet. Stammspieler George Carpenter", fügte er hinzu.

„Du holst die Sachen aus meinem Garten. Wenn du das nicht tust, überlasse ich dir die Verantwortung."

Der große Mann blinzelte, ein verwirrter Ausdruck schlich sich in seine Augen. Er sah den Polizisten verständnislos an. Dies war ein Aspekt des Falles, der ihm bisher nicht aufgefallen war.

„Sind das deine Sachen?" fragte der Polizist, der die Situation klären wollte, bevor er zum Bleistift griff, an dessen Spitze er meditativ lutschte.

Charleys Vater nickte. Er dachte immer noch über Mrs. Bindles Bemerkung nach. Es schien beunruhigende Möglichkeiten zu eröffnen.

„Was wirst du nun tun?" forderte der Polizist streng. „Möchten Sie eine Anklage erheben?"

„Das werde ich", sagte Mrs. Bindle, „es sei denn, er nimmt ihm seine Möbel weg und bezahlt den Schaden an meinen Blumen. Ich werde ihn anklagen, den großen, schimpfenden Unmenschen, der eine wehrlose Frau angreift, weil er es weiß." ähm, USB ist raus.

„Das ist richtig, Missis, Sie haben mich gezittert", rief der Lumpen-und-Knochen-Mann. „Das hätte er Ihrer Gartenarbeit nicht antun sollen."

„Ich wollte uns protzig machen, er hatte das Haus mitgenommen", rief die Frau mit der Tweedmütze und der Hutnadel. „Ich habe ihn von Anfang an durchschaut, das habe ich. Es gibt nicht viele Männer, die mir Staub in die Augen streuen können", fügte sie hinzu und schaute sich eifrig um, um einen ablehnenden Blick zu bekommen.

„Ullo, ullo!" rief eine Stimme vom Rand der Menge. „Jemand verschenkt etwas, oder ist es ein Feuer? „Hier, lasst mich passieren, ich bin die Bucht, die die Miete zahlt", und Bindle drängte sich fröhlich durch die Menge.

Sie machten ohne Protest Platz. Das Auftauchen des Neuankömmlings deutete auf weitere dramatische Entwicklungen hin, möglicherweise sogar auf einen Kampf.

„Ullo, Tichborne!' rief Bindle, als er den großen Mann erblickte. „Warst du am Kratzen?"

Wie erleichtert stellten sich die drei Protagonisten des Dramas dieser neuen Phase der Situation entgegen.

„'Oo's 'e?" fragte Bindle den Polizisten und deutete mit einer Daumenbewegung auf den großen Mann.

„Er hat versucht, mich zu ermorden, und wenn du ein Mann wärst, Joe Bindle, würdest du ihn töten."

Bindle unterzog den großen Mann einer ausführlichen Prüfung. „Sieht für mich aus", bemerkte er trocken, „als ob jemand vor mir eingestiegen wäre. Was ist passiert?" Er blickte den Polizisten fragend an.

„'Oly 'Orace", rief er plötzlich, als er die vielfältige Möbelsammlung erblickte, die um das Geranienbett herum lag. „Was macht das kleine Pfandhaus in unserem Vorgarten?"

Mit Hilfe des Lumpen-und-Knochen-Mannes und der Frau mit der Tweed-Mütze und der Hutnadel wurde Bindle und dem Polizisten die ganze Situation erklärt und dargelegt.

Als er alles gehört hatte, wandte sich Bindle an den großen Mann, der mürrisch dastand und den Ereignissen entgegensah.

„Jetzt schau mal, Kumpel", sagte er. „Mit einer Figur wie deiner hättest du nicht anfangen sollen, solche Dinge zu tun. Wenn Frau B. keine Lust mehr auf einen Besen oder einen Mopp hat, ist es am sichersten, deinen Solarplexus einzuziehen." Jetzt schmerzt es weniger. Wenn man als Christ mit einem heidnischen Mann spricht, hat man das ganz gut hinbekommen, der Größe nach zu urteilen, sollte man lieber den Kutscher holen Dass du weggehst, trage die Stöcke davon und lass die Vergangenheit Vergangenheit sein. Ist das nicht ein guter Rat?" Er wandte sich zur Bestätigung an den Polizisten.

In den Mundwinkeln des Polizisten flackerte ein Lächeln auf, das noch vor nicht allzu vielen Jahren aussah, als hätte er Babysprache gelispelt. Er sah den großen Mann an. Es war nicht seine Aufgabe, Ratschläge zu erteilen.

„Hier, Charley, blaaarst", rief der große Mann und drängte sich zum Tor. Er hatte entschieden, dass die Würfel gegen ihn ausgegangen waren. „Schaff die Sachen an die Blinkschranke, du stotternder junger Welpe. Was ist mit dem Lila —"

„Hier, das ist genug", sagte eine ruhige, entschlossene Stimme und die sanften Linien im Gesicht des Polizisten verhärteten sich.

„Wozu wollte sie sagen, dass es zu vermieten war?" grummelte er, als er auf den Handkarren zulief.

„Wenn ich all diese Dinger mitgenommen habe, um das blinkende Haus zu übernehmen, dann ist da noch dieser ganze Blödsinn. Willst du rüber in diesen blinkenden Garten gehen und diese stotternden Dinger herausholen, oder muss ich schmeißen? Bist du vorbei?"

Die letzte Bemerkung richtete sich an Charley, der mit wachsamem Blick auf seine Eltern die Ereignisse beobachtet hatte und wider alle Hoffnung hoffte, dass der Polizist Anzeichen von Aggression zeigen und die gute Arbeit fortsetzen würde, die Mrs. Bindle begonnen hatte.

Charley warf dem Polizisten einen fragenden Blick zu. Da er in seinen Augen keine Ermutigung zur Meuterei erkennen konnte, schlich er zum Tor, immer noch ein wachsames Auge auf seinen Vater gerichtet. Einen Moment später war er damit beschäftigt, die Möbel über das Geländer zu übergeben.

Nachdem der Mann das Sieb, ein Zinnbad und zwei Kochtöpfe in den Karren gestellt hatte, schien er plötzlich von einer Idee begeistert zu sein.

Er zog eine schmutzige Zeitung aus seiner Hosentasche. Er warf einen Blick darauf und ging zu der Stelle, an der der Polizist damit beschäftigt war, sich durch die Menge zu bewegen.

„Lesen Sie das", sagte er, hielt dem Beamten das Papier unter die Nase und zeigte mit einem schmutzigen Zeigefinger auf eine Passage. „Heißt das nicht, dass das blinzelnde Haus darin besteht, zu lassen? Du solltest ihn wegen falscher--" anprangern. Er hielt inne. „Für falsch —" wiederholte er.

Mit einer Handbewegung schob der Polizist die Zeitung beiseite.

„Gehen Sie dort bitte weiter. Blockieren Sie nicht den Fußweg", sagte er.

Endlich war der Karren beladen.

Der Polizist stand dabei mit der Miene eines Mannes, dessen Pflicht es ist, die Sache zu Ende zu bringen.

Die Menge tummelte sich immer noch. Sie hegten sogar noch Hoffnungen auf einen Landfriedensbruch.

Der große Mann wollte nicht auf einen letzten Versuch verzichten, sich zu rehabilitieren. Noch einmal zog er das Papier aus seiner Tasche und ging auf den Polizisten zu.

„Warum hat sie das reingesteckt?" fragte er und deutete auf die Anzeige.

Der Polizist ignorierte die Bemerkung und zog noch einmal sein Notizbuch aus der Tasche.

„Ich werde Ihren Namen und Ihre Adresse brauchen", sagte er mit offizieller Miene.

„Wofür willst du es?"

„Dann kommen Sie doch mal", sagte der Polizist, und der große Mann gab seinen Namen und seine Adresse an.

„Warum macht sie das?" Er wiederholte: „Was wird mit ihm passieren, wenn er mich in der Konfrontation erwischt?"

„Sie sollten besser miteinander auskommen", sagte der Polizist.

Mit einem Knurren im Hals stellte sich der große Mann zwischen die Deichsel des Karrens, und nachdem er Charley in Aktion gesetzt hatte, machte er sich auf den Weg.

„Er hat eine seltene Sauerei im Garten angerichtet, nicht wahr?" bemerkte der Lumpen-und-Knochen-Mann zu der Frau mit der Tweedmütze und der Hutnadel.

„Blinzelnder Profiteur!" war ihr Kommentar.

II

„Es ist alles deine Schuld. Schau, was sie getan haben." Mrs. Bindle betrachtete die Trostlosigkeit, die an diesem Morgen ein Garten gewesen war.

Das Beet war zertreten, die Geranien zerbrochen und die Lobeliengrenze zeigte große Lücken in ihrem Blau und Grün.

„Bei allem, was ich habe, ist es immer das Gleiche", fuhr sie fort. „Du verdirbst es immer."

„Aber ich war es nicht", protestierte Bindle. „Es war diese große Bucht mit der Schürze."

„Wer hat diese Anzeige aufgegeben?" fragte Frau Bindle düster. „Das möchte *ich* wissen."

„Jemand hat die falsche Nummer eingegeben", schlug Bindle vor.

„Ich würde sie falsch nummerieren, wenn ich sie fing."

Plötzlich drehte sie sich um und raste ins Haus hinein.

Bindle betrachtete überrascht die offene Tür. Einen Moment später hörten seine scharfen Ohren Mrs. Bindles hysterisches Schluchzen.

„Ist das nicht ein Scherz wie eine Frau?" war sein Kommentar. „Sie hat ihn
in der ersten Runde eingeschläfert, und sie ist immer noch nicht glücklich.
Komische Dinge, Frauen", fügte er hinzu.

Als Mrs. Bindle an diesem Abend auf dem Weg zum Abstinenzgottesdienst
am Mittwoch die Haustür hinter sich schloss, wandte sie ihr Gesicht dem
Garten zu; es war den ganzen Tag in ihrem Kopf gewesen.

Sie blinzelte ungläubig. Die Lobelie wirkte blauer als je zuvor, und innerhalb
des kreisförmigen Randes war ein wahrer Aufruhr blühender Geranien zu
sehen.

„Es ist wieder dieser Bindle", murmelte sie mit zusammengezogenen Lippen,
als sie sich dem Tor zuwandte. „Schade, dass er mit seinem Geld nichts
Besseres anfangen kann." Dennoch stellte sie einen Apfelkuchen auf den
Esstisch, den sie für das morgige Abendessen zubereitet hatte, und fügte
dazu eine Tasse Kaffee hinzu, den Bindle besonders liebte.

Kapitel VII

FRAU. BINDLE verlangt einen Urlaub

ICH

„Wie ich sehe, beginnen sie mit Sommercamps." Mrs. Bindle blickte von der Lektüre der Zeitung vom Vorabend auf. Mit den Nachrichten aus aller Welt kam sie ausnahmslos zwölf Stunden zu spät.

Bindle setzte sein Frühstück fort. Er war zu sehr in Mrs. Bindles Methode vertieft, getrockneten Schellfisch mit „Bubble-and-Squeak" zu servieren, um großes Interesse an fremden Dingen zu zeigen.

„Das stimmt", fuhr sie nach einer Pause fort, „antworten Sie nicht. Ihre Ohren stecken in Ihrem Bauch. Sie sind ein angenehmer Begleiter. Ich könnte genauso gut auf einer einsamen Insel sein, so viel Gesellschaft Sie leisten."

„Wenn Sie nicht so eine verdammt gute Köchin wären, Frau B., würde ich vielleicht Zeit finden, Ihnen nette Dinge zu sagen." Nur in Bezug auf ihre eigene Küche verliefen Bindles Gesprächsfehler ohne Tadel.

„Es soll Lager für Männer, Lager für Frauen und Familienlager geben", fuhr Frau Bindle fort, ohne den Blick von der Zeitung vor ihr zu heben.

„Ich persönlich sage, zähle mich zu den Mädels." Die Bemerkung erreichte Mrs. Bindle durch einen Schluck Schellfisch, Blasen und Quietschen und eine Fischgräte.

„So wie du redest, hast du es nicht verdient, ein anständiges Zuhause zu haben."

Es gab Zeiten, in denen keine Antwort, und sei sie noch so sanft, in der Lage war, Mrs. Bindles Zorn abzuwenden. Vor allem am Sonntagmorgen spürte sie, dass die Last von Bindles Übertretungen schwer auf ihr lastete.

Bindle nuckelte zufrieden an einem hohlen Zahn. Er fühlte sich großzügig gegenüber der gesamten Menschheit geneigt. Haddock, Bubble-and-Squeak und seine eigene Philosophie ermöglichten es ihm, den Auswirkungen von Mrs. Bindles heftigster Offensive standzuhalten.

„Es ist Jahre her, seit ich Urlaub hatte", beschwerte sie sich weiter.

„Ja, Mrs. B.", stimmte Bindle zu, zog seine Pfeife aus der Manteltasche und begann, sie aus einer kleinen länglichen Blechdose aufzuladen. „Wir sind nicht gerade das, was man ein Oneymoon-Paar nennen würde, du und ich."

„Der Krieg ist vorbei."

„Das ist es“, stimmte er zu.

„Warum können wir dann keinen Urlaub haben?“ forderte sie und blickte aggressiv von ihrer Zeitung auf.

„Jetzt frage ich Sie, Frau B.“, sagte er, während er die Blechdose wieder in die Tasche steckte, „können Sie Sie und mich in einem Glockenzelt sehen oder paddeln oder Ring-a- spielen?“ Ring-a-Roses?“ und er zündete seine Pfeife mit der seligen Miene eines Mannes an, der weiß, dass es Sonntag ist und dass der Gelbe Strauß in ein paar Stunden seine gastfreundlichen Türen öffnen wird.

„Da steht, dass sie sehr bequem sind“, fuhr Mrs. Bindle fort, ihre Augen immer noch auf das Papier gerichtet.

„Was ist?“

„Die Zelte.“

„Du solltest Ging fragen, wie ein Glockenzelt aussieht, er würde dich irgendwie überraschen. Es ist schlimmer als eine Frau, schlimmer als die Religion, kälter als ein Blue-Ribboner. Wenn es nicht so ist, macht es dich kaputt, Wenn es kalt ist, lässt es einen frieren, und wenn es bläst und bastelt, macht es „Uffs“ und lässt einen ohne nachzudenken zurück, wie ein Pfarrer. „Avin“ ist das erste Bad mit den jungen Frauen im Chor. Das ist ein Glockenzelt, Frau B. In der Armee nennt man sie Glockenzelte.

„Oh! Sprich nicht mit mir“, fauchte sie, als sie aufstand und damit fortfuhr, das Frühstücksgeschirr wegzuräumen, wobei sie ihren Gefühlszustand durch die Heftigkeit ausdrückte, mit der sie auf jedes Gerät einschlug, das sie anfasste. Während sie dies tat, erklärte und erläuterte Bindle die hervorstechenden Merkmale des Armee-Glockenzeltes.

„Wenn du willst, dass es aufsteht“, fuhr er fort, „kommt es herunter, du bist darunter. Wenn du willst, dass es herunterkommt, wird nichts auf der Welt es bewegen, bis du hineingehst, um dich umzusehen.“ „Siehst du, woran liegt das Problem, dann kommt es auf dich zu.“ „Das ist ein Spiel“, fügte er voller Überzeugung hinzu, „ein Spiel, bei dem niemand außer dem Zelt gewinnen wird.“

„Reden Sie weiter, Sie tun mir nicht weh“, sagte Frau Bindle mit eingezogener Unterlippe, während sie die Teekanne mit einem gewaltigen Knall auf die Kommode fallen ließ.

„Ich habe gehört, wie Ging von Zwillingen, Krieg, Frauen und dem Biermangel redete; aber um ihn zu hören, muss man ihn am besten dazu bringen, über Glockenzelte zu reden.“

„Alle außer mir haben Urlaub." Frau Bindle ließ sich nicht von ihrem Thema abbringen. „Hier bin ich, schuftete mit meinen Fingern bis auf die Knochen, zwicke und zwicke, um es dir bequem zu machen, und ich kann mir keinen Urlaub gönnen. Es ist eine Schande, das ist es, und es ist alles deine Schuld." " Während sie das Innere der Bratpfanne auswischte, hielt sie inne und stand wie eine anklagende Wut vor Bindle. Wut befleckte immer die Reinheit ihrer Ausdrucksweise.

„Nun, warum gönnst du dir nicht einen Urlaub, wenn du dich dafür entscheidest? Mir fällt nichts ein, etwas dagegen zu sagen." Er paffte weiterhin zufrieden an seiner Pfeife und fragte sich, was aus dem Zeitungsjungen geworden war. Bindle hatte sich zu sehr an die grellen Qualitäten der Häuslichkeit gewöhnt, als dass sie ihn stören könnten.

„Wie kann ich alleine gehen?"

„Du wärst sicher genug."

"Du Biest!" Bindle war erschrocken über die Rachsucht, mit der diese Worte geäußert wurden.

Ein paar Minuten lang herrschte Stille, unterbrochen von Mrs. Bindles energischem Aufräumen. Dann ging sie zum Waschbecken und drehte den Wasserhahn auf.

„Schön, dass eine verheiratete Frau alleine weggeht", warf sie Bindle über die Schulter zu, während das Wasser rauschte.

„Nun, nimm 'Earty', schlug er mit der Miene eines Mannes vor, der bestrebt ist, einen Ausweg aus einer Schwierigkeit zu finden.

„Du bist ein schmutziges Biest", war die Erwiderung.

„Und diesen Sonntag auch. Oh, frech!"

„Du bringst mich nie irgendwo hin." Frau Bindle war nicht zu leugnen.

„Ich habe dich einmal in die Kirche mitgenommen", erinnerte er sich.

„Warum gehst du nicht jetzt mit mir raus?" forderte sie und ignorierte seine Bemerkung.

„Nun", bemerkte er, während er mit einem Streichholz in den Kopf seiner Pfeife stocherte, „wenn man einen Bus erwischt, rennt man ihm doch nicht hinterher, oder?"

„Warum nimmst du dir nicht eine Woche frei und nimmst mich mit?"

„Nun, ich werde darüber nachdenken." Bindle stand auf, nahm seinen Hut und verließ das Zimmer mit der Absicht, den vermissten Zeitungsjungen zu suchen.

Die Einsamkeit ihres Lebens war einer von Mrs. Bindles größten Sorgen. Wenn sie an das chinesische Sprichwort erinnert worden wäre, dass man Freunde verdienen muss, um Freunde zu haben, wäre sie verächtlich geworden. Sie schien zu denken, dass Freunde eine Frage des Glücks seien, wie eine Gans bei einer Tombola oder ein reicher Onkel.

„Es ist wenig genug Vergnügen, das ich bekomme", rief sie in Momenten leidenschaftlichen Protests.

Darauf antwortete Bindle manchmal: „Es geht darum, etwas zu wollen, das einen dazu bringt, es zu bekommen." Manchmal führte er die Theorie weiter aus und stellte fest, dass es unmöglich sei, „etwas zum Abendessen zu essen und es für das Frühstück aufzubewahren".

Damit wollte er Frau Bindle zum Ausdruck bringen, dass sie zu sehr auf postmortale Freuden fixiert war, um den vollen Geschmack der Freuden dieser Welt zu bekommen.

Frau Bindle besaß die Seele einer potenziellen Märtyrerin. Wenn sie feststellte, dass sie sich amüsierte, würde sie davon überzeugt sein, dass es irgendwo, was damit in Verbindung gebracht wird, Sünde mit einem großen „S" sein muss, es sei denn natürlich, dass der Genuss direkt mit der Kapelle verbunden wäre.

Sie war fest davon überzeugt, dass es falsch war, glücklich zu sein. Das Lachen löste in ihr Misstrauen aus, da das Lachen aus fleischlichen Gedanken erwuchs, die fleischlich ausgedrückt wurden. Sie kämpfte mit unerbittlichem Mut gegen den alten Adam in sich, immer inspiriert von dem Gedanken, dass ihre Belohnung in einer anderen und besseren Welt kommen würde.

Ihre Theologie war, dass man in dieser Welt alles aufgeben muss, wonach die „fleischliche Natur" schreit, und dass die Belohnung in der nächsten Welt eine Art ewiges Fest sein wird, bei dem man die Verdammten in Öl gekocht oder von kleinen Teufeln mit Ringelschwänzen mit glühenden Zangen gezwickt sieht. In dieser Hinsicht hatte sie weder von Dante noch von der spanischen Inquisition etwas zu lernen.

Sie nahm die biblischen Beschreibungen des Himmels wörtlich und wörtlich. Sie erwartete goldene Straßen und mit Juwelen geschmückte Tore, Flügel von unbeschreiblicher Weiße und Harfen von inspirierter Süße, und das Ganze komponiert von einem Orchester, das ohne Pausen spielen konnte.

Sie beharrte darauf, dass die Welt böse war, genauso wie sie darauf beharrte, dass sie elend war. Sie kämpfte hart darum, Bindle das Licht der Erlösung zu bringen, und sie stöhnte innerlich über sein offensichtliches Glück, denn sie wusste, dass Glücklichsein Verdammnis bedeutete.

Für sie war eine Seele das, was für den Indianer ein Skalp ist. Sie bemühte sich, sie einzusammeln, wohlwissend, dass der Gläubige, der mit der größten Zahl geretteter Seelen an ihrem Gürtel zur Erlösung ging, dreimal willkommen und dreimal gesegnet sein würde.

Im Fall von Bindle musste sie jedoch auf den Weizen zurückgreifen, der auf steinigen Boden fiel. Mit einer Fröhlichkeit, die er nicht zu verbergen versuchte, lehnte Bindle die Rettung ab.

„Schau her, Lizzie", sagte er fröhlich. „Zwei Arps reichen völlig für eine Familie, und da Sie und Earthy sicher sind, lassen Sie mich in Ruhe."

Eine der Hauptbeschwerden von Frau Bindle gegen Bindle war, dass er sie nie mitgenommen hatte.

„Du könntest mich einmal schnell genug rausholen", beschwerte sie sich.

„Aber wohin soll ich dich bringen?" rief Bindle. „Du magst die Bilder nicht, du gehst nicht ins All, und ich kann deine stinkende kleine Kapelle nicht ertragen, wenn ich einer Bucht zuhöre, die dir sagt, wie unbehaglich du sein wirst." wenn du kaltes Fleisch hast.

„Du könntest mit mir spazieren gehen, oder?" fragte Frau Bindle.

„Wenn ich dich durch die Häuser führe, schikanierst du mich, weil ich meine Freunde anfeuere, und wenn wir an einem Pub vorbeikommen, machst du nette kleine Bemerkungen über Gin-Paläste. Sagen Sie Ihnen, was es ist, Frau B., „Er bemerkte einmal: „Sie sind keine gute Gesellschaft, zumindest nicht auf dieser Welt", fügte er hinzu.

„Das ist richtig, machen Sie weiter", schloss Frau Bindle. „Warum hast du mich geheiratet?"

„So, Frau B.", antwortete er, „Sie haben mich geschlagen."

Von dem Moment an, als Frau Bindle von den Sommercamps des Bischofs von Fulham für müde Arbeiter las, war sie von der Idee eines Urlaubs in einem Sommercamp besessen. Sie war eine der ersten, die sich für die als kostenlos verteilte Literatur beworben hatte.

Die Abendzeitung, die Bindle mit nach Hause brachte, löste für sie ein neues Interesse aus.

„Irgendwas mit den Sommercamps?" fragte sie und unterbrach Bindle bei seinem Studium der Cricket- und Rennnachrichten, bis er schließlich begann, den Namen Sommercamps und alles, was damit verbunden war, zu hassen.

„Das ist die schlimmste Religion", grummelte er eines Abends im „Gelben Strauß". „Es kommt in dein Leben und dann gibt es keinen Frieden mehr."

„Ich habe keine alte Frau-Religion", knurrte Ginger.

als Religion einzuwenden ", hatte Bindle bemerkt; „Aber ich verbiete Sommerlager."

Mrs. Bindle war jedoch gerade dabei, zu packen. Mit der Sorgfalt einer geübten Hausfrau widmete sie sich zunächst den notwendigen Kochutensilien. Sie packte ein halbes Dutzend Mal am Tag ein und aus und verstaute immer einen Artikel, den sie ein paar Minuten später brauchte.

Ihr Gespräch beim Essen drehte sich ausschließlich um das, was man mitnehmen sollte. Sie stellte unzählige Fragen, von denen Bindle keine zufriedenstellend beantworten konnte. Für ihn war das idyllische Leben ein verschlossenes Buch; Doch bald wurde ihm klar, dass ein Urlaub im Surrey Summer-Camp unvermeidlich war.

„Was soll ich in einem Sommercamp machen?" murmelte er eines Abends nach dem Abendessen. „Ich kann einen Schwanz treiben, wenn ihn jemand anführt, und ich weiß, dass es ein Schwanz ist, der die Eier legt, und der Hahn, der morgens einen Wirbel macht, genau wie die alten Schrecken." Früher haben wir geschlafen, aber abgesehen davon bin ich fertig.

„Das ist richtig", unterbrach Mrs. Bindle, „versuchen Sie, mir das Vergnügen zu verderben, es ist wenig genug, was ich bekomme."

„Aber was machen wir auf dem Land?" beharrte Bindle mit gerunzelter Stirn. „Ich mag Gartenarbeit nicht, und——"

„Schade, dass du das nicht tust", schnappte sie.

„Ja, es ist schade", stimmte er zu; „Trotzdem hat es mir eine Menge Rückenschmerzen erspart. Aber was machen wir in einem Sommercamp, das möchte ich wissen."

„Sie werden frische Luft bekommen und – und Sie können die Sonnenuntergänge beobachten."

„Aber die Sonne wird nicht den ganzen Tag untergehen", beharrte er. „Außerdem kann ich den Sonnenuntergang von der Putney Bridge aus sehen, und zwar verdammt gute Sonnenuntergänge für Leute wie sie. Es ist nicht nötig, in ein Sommercamp zu gehen, um einen Sonnenuntergang zu sehen."

„Du kannst weitermachen, du tust mir nicht weh." Mrs. Bindle zog die Lippen zusammen und saß da und schaute direkt vor sich hin, eine grimmige Gestalt christlicher Geduld.

„Ich kann keine Kuh melken", fuhr Bindle trostlos fort und überprüfte seine Grenzen. „Ich kann keine Hühner fangen, ich habe verschiedene Adern in meinen Beinen, ich esse den Geruch von Schweinen und ich bin nicht gut darin, Gärten zu jäten. Jetzt frage ich Sie, Frau B., was ich nütze." Ich in einem Sommercamp? Ich werde nur eine Art Fliege im tropfenden Wasser sein.

„Sie können sich wohl amüsieren, nicht wahr?" fuhr sie ihn an.

„Aber was?"

„Oh, rede nicht mit mir. Ich habe es satt, dass du meckerst, dass dir dies nicht gefällt und dass dir jenes nicht gefällt. Schade, dass du nichts hast, worüber du meckern kannst."

„Aber ich bin nicht –"

„Es gibt viele Männer, die froh wären, ein Zuhause wie Ihres zu haben, und das ist auch möglich."

"Frech!" rief Bindle und drohte ihr mit einem mahnenden Finger. "Wenn ich--"

"Hör auf!" schrie sie, sprang auf und rannte zum Feuer, das sie dann zum Erlöschen brachte.

In der Zwischenzeit hatte Bindle es gestoppt und nutzte die Gelegenheit, während Mrs. Bindle mit dem Feuer beschäftigt war, um sich zum Gelben Strauß zu schleichen.

II

„Sieht ein bisschen einsam aus, nicht wahr?" Bindle sah sich zweifelnd um.

„Was haben Sie im Land erwartet?" schnappte Frau Bindle.

„Na ja, eine Straßenbahn oder ein Bus würden dafür sorgen, dass es eher wie zu Hause aussieht."

Die Bindles standen umgeben von ihrem Gepäck auf dem unteren Bahnsteig des Bahnhofs Boxton. Da war ein japanischer Korb, der platzte und seinen Inhalt zum Vorschein brachte, eine große Hutschachtel aus Pappe und eine kleine Ledertasche ohne Griff, die in der Mitte mit einer Schnur zusammengebunden war, um einen zweifelhaften Verschluss zu verstärken. Es gab einen Einkaufsbeutel, der unverhohlen zugab, dass sein Inhalt sehr heterogen war, und eine Rolle Decken, in deren Mitte Mrs. Bindles zweitbester Regenschirm steckte, mit einer Travestie eines Papageienkopfes als Griff.

Es gab eine kleine Schachtel aus Pappelholz ohne Deckel mit der Aufschrift „Tate's Sugar" und eine Bratpfanne mit Zeitungspapier, aber offensichtlich immer noch eine Bratpfanne. Schließlich gab es ein kleines Zinnbad, das bis zum Überlaufen gefüllt war und mit einer verblassten kastanienbraunen Tischdecke bedeckt war, die schon bessere Tage gesehen hatte.

Bindle blickte reumütig auf das Durcheinander von Besitztümern hinunter, das eine Oase auf einer Plattformwüste bildete.

„Sie haben keine Angst davor, dass hier irgendetwas passieren könnte", bemerkte er, als er sich umsah. „Lustiger kleiner Kerl, wie ich es nenne."

Mrs. Bindle war offensichtlich beunruhigt. In den provisorischen Büros des Komitees der Sommerlager für müde Arbeiter hatte man ihr deutlich gesagt, dass ein Karren auf den Zug traf, mit dem sie und Bindle gereist waren; doch nirgends war ein Lebenszeichen zu sehen. Vergeblich versuchte sie in ihren Gedanken, Bindle mit der Ursache in Verbindung zu bringen, warum sie allein auf einem Landbahnsteig standen, umgeben von einer so wenig einladenden Ansammlung von Gepäck.

Plötzlich wurde beobachtet, wie ein alter Mann das entfernte Stellwerk verließ und langsam auf sie zu humpelte. Als er nur noch wenige Meter von den Bindles entfernt war, blieb er stehen und blickte zweifelnd zuerst auf sie, dann auf den Stapel ihrer Besitztümer. Schließlich nahm er seine Dienstmütze als Eisenbahnträger ab und kratzte sich zweifelnd am Kopf.

„Ich habe es damals vermisst", sagte er schließlich, während er seine Mütze wieder aufsetzte.

„Wen verpasst?" fragte Bindle.

„Um vier Uhr vierzig", antwortete der alte Mann und trat zur Seite, um einen besseren Blick auf das Gepäck zu werfen. „Ich habe mit dem jungen Tom geredet und es ganz vergessen." Es war klar, dass er die Episode als einen guten Witz betrachtete. "Dein?" fragte er einen Moment später und zeigte mit einer Kopfbewegung auf die Sänfte auf dem Bahnsteig.

„Ich habe es beim ersten Mal verstanden, Opa", sagte Bindle fröhlich. „Wir sind gekommen, um in dieser Gegend ein Pfandhaus zu eröffnen", fügte er hinzu.

Der Portier sah Bindle verwirrt an, dann wanderte sein Blick zurück zum Gepäck und schließlich weiter zu Frau Bindle.

„Wir sind gekommen, um am Sommercamp teilzunehmen", erklärte sie.

„Das Sommercamp!" wiederholte der Mann, „das Sommer-Camp!" Dann begann er plötzlich zu lachen. Er schaute von Mrs. Bindle zum Gepäck und vom Gepäck zu Bindle, während kleine Stöße kehligen Krächzens wirbelten und flossen. Schließlich ließ er mit einem lauten Schlag die Hand auf seinen Oberschenkel fallen.

„Nun, ich bin verdammt", kicherte er, „wenn das kein gutes Zeichen ist. Ich muss gehen und es dem jungen Tom sagen", und er machte sich auf den Weg zum Stellwerk.

Bindle versperrte ihm jedoch mit einer schnellen Bewegung den Weg.

„Wenn das alles schon so lustig ist, alter Junge, was bringt es dann, uns alles darüber zu erzählen?"

Wieder einmal stotterte der alte Mann in ein Lachen.

„Der junge Tom wird darüber lachen, das wird er", keuchte er; „Er wird sich spalten."

„Ich nehme an, dass sie nicht viel zu amüsieren haben", sagte Bindle geduldig. „Also, worum geht es eigentlich?" er forderte an.

„Falsche Station", stotterte der Alte. Dann, einen Moment später, fügte er hinzu: „Sie wollen nach West Boxton. Das Camp ist dort. Drei Meilen entfernt. Heute Nacht hält hier kein weiterer Zug", fügte er hinzu.

Frau Bindle sah Bindle an. Ihre Lippen waren verschwunden; aber sie sagte nichts. Die Organisation lag vollständig in ihren Händen und sie war es, die die Eintrittskarten gekauft hatte.

„Wie weit, sagten Sie, war es?" fragte sie den Portier in einem Tonfall, der wie durch Zauberei die Quelle seiner Heiterkeit zum Austrocknen zu bringen schien.

„Drei Meilen, Mama", antwortete er und machte eine schlurfende Bewegung in die Richtung, in der der junge Tom neben seinen Hebeln stand, völlig unbewusst von dem großartigen Witz, der seine Einsamkeit aufgeheitert hatte. Mrs. Bindle stellte sich ihm jedoch grimmig und entschlossen direkt in den Weg. Der Mann trat einen Schritt zurück und warf Bindle einen freundlichen Blick zu.

„Wo können wir einen Einkaufswagen bekommen?" fragte sie mit der Miene von jemandem, der eine wichtige Entscheidung getroffen hat.

Der Gepäckträger kratzte sich unter der Mütze am Kopf und dachte tief nach, dann schlurfte er mit einer plötzlichen Flankenbewegung und einem gemurmelten „Ich frage den jungen Tom" davon in Richtung des Stellwerks.

Bindle blickte zweifelnd auf den Stapel ihrer Besitztümer und dann auf Frau Bindle.

„Drei Meilen", murmelte er. „Man sollte einem jungen Burschen wie mir nicht anvertrauen, Frau B.", sagte er vorwurfsvoll.

„Das reicht, Bindle."

Ohne ein weiteres Wort stolzierte sie entschlossen über den Bahnsteig in Richtung Stellwerk. Der alte Portier warf zufällig einen Blick über die Schulter, sah sie kommen und begann einen schlurfenden Trab, entschlossen, vor einer weiteren Begegnung die moralische Unterstützung des jungen Tom zu gewinnen.

Bindle zog seine Pfeife aus der Tasche, ließ sich auf das Zinnbad fallen und sprang augenblicklich auf, da ihm bewusst wurde, dass unter ihm etwas nachgegeben hatte und ein Knacken zu hören war, das an zerbrochenes Geschirr erinnerte. Er setzte sich wieder auf das Bündel Decken und rauchte zufrieden. Schließlich würde etwas passieren, etwas passierte immer.

Es vergingen zwanzig Minuten, bis Mrs. Bindle mit der Ankündigung zurückkam, dass der Stellwerkswärter nach West Boxton telegrafiert hatte, um einen Karren zu holen.

„Na ja", sagte Bindle philosophisch, „es wird ein toller Tag; aber ich könnte einen Drink gebrauchen."

Eine Stunde später rollte ein Karren lärmend zum Bahnhof hinauf, vor dem die Bindles und ihr Gepäck standen. Ein geschäftstüchtiger kleiner Pfadfinder rutschte vom Heck ab.

„Willst du ins Camp gehen?" fragte er forsch.

„Nun", begann Bindle, „ich kann nicht sagen, dass ich –"

„Ja", unterbrach Mrs. Bindle, als sie in dem Pfadfinder ihren heiligen Georg sah; „Wir sind am falschen Bahnhof ausgestiegen." Während sie sprach, blickte sie zu Bindle hinüber, als wolle sie andeuten, wo die Verantwortung für den Fehler lag.

"In Ordnung!" sagte der Freund aller Welt. „Wir bringen Sie bald dorthin."

„Und wer könntest du sein, junger Kerl, mein Junge?" fragte Bindle.

„Ich bin Patrouillenführer Smithers von der Bärenpatrouille", war die Antwort.

„Das sagst du nicht", sagte Bindle. „Nun ja, es ist Leben und Lernen, nicht wahr?"

„Jetzt holen wir das Gepäck hoch", sagte Patrouillenleiter Smithers.

„„Ow ‚Aig an' Foch muss dich vermissen", bemerkte Bindle, als sie gemeinsam das Zinnbad hochzogen; aber der Junge war zu sehr auf die anstehende Arbeit konzentriert, als dass er sie persiflieren konnte.

Es stellte sich als schwierig heraus, wie Frau Bindle in den Einkaufswagen gelangen sollte. Ihre ausgeprägte Sensibilität, gepaart mit dem Wissen, dass sie von vier seltsamen männlichen Augenpaaren beobachtet werden würde, stellte ein ernstes Hindernis dar. Der junge Tom, in dem nichts vom Geist Jack Cornwells steckte, und sein Freund, der alte Portier, gaben sich keine Mühe, die Tatsache zu verbergen, dass sie entschlossen waren, das Drama bis zur letzten Ausblendung durchzuhalten.

Bindles Vorschlag, er solle sie hochheben, hatte Frau Bindle ignoriert, und sie weigerte sich rundweg, auf die Speichen des Rades zu klettern. Die Stufe davor befand sich fast einen Meter über dem Boden, und Mrs. Bindle ärgerte sich über den sandigen Blick des jungen Tom.

Es war Patrouillenführer Smithers, der das Problem schließlich löste, indem er einen Dandy-Stuhl vorschlug, dem Mrs. Bindle widerstrebend zustimmte. Dementsprechend verschränkten Bindle und der Träger die Arme und umfassten einander die Handgelenke.

Mrs. Bindle nahm mit dem Rücken zum Ende des Karrens Stellung, und die beiden Sir Walters beugten sich nieder, während Patrouillenführer Smithers ihm den Rücken zuwandte und sich mit großer Zartheit bemühte, den starren Blick des jungen Tom zu erhaschen. aber ohne Erfolg.

„Wenn ich jetzt ‚eave – ‚eave‘ sage“, ermahnte Bindle den Portier.

Behutsam setzte sich Mrs. Bindle auf ihre gekreuzten Hände.

„Eins, zwei, drei – ‚eave!‘ rief Bindle, und sie hoben sich.

Es gab ein lautes Lachen von Young Tom, einen unterdrückten Schrei, und Mrs. Bindle war sicher im Wagen; aber auf dem Rücken, mit den Sohlen ihrer elastischen Stiefel, die zum Himmel zeigten. Bindle hatte die Gesten des Gepäckträgers unterschätzt.

"Sofort!" rief Patrouillenführer Smithers, der das Gefühl hatte, dass nur schnelles Handeln einen so bedauerlichen Vorfall beenden könnte, und er und Bindle kletterten in den Karren, wo Mrs. Bindle, nachdem sie die Kontrolle über ihre Bewegungen wiedererlangt hatte, wütend ihre Röcke festhielt.

Der Karren ruckte vorwärts, und der junge Tom und sein Kollege grinsten ihre Abschiedsgrüße, tief in ihrem Herzen wussten sie, dass sie gerade eine überfüllte Stunde eines glorreichen Lebens hinter sich hatten.

Der Karren holperte seinen unruhigen Weg über die staubige Hauptstraße, mit Bindle neben dem Fahrer, Mrs. Bindle, die so grimmig wie Destiny selbst auf den Decken saß und damit beschäftigt war, einen Fall gegen Bindle auszuarbeiten, und dem Pfadfinder, der wachsam und still war obliegt dem Leiter eines Unternehmens.

Bindle stellte bald fest, dass sich der Fuhrmann im Gespräch auf das zustimmende „Aye" beschränkte und in Momenten ungewohnter Begeisterung durch ein „Oh, aye!" abwechselte.

Am Ende einer halben Stunde voller Stöße, Quietschen und Knirschen bog der Karren in eine von riesigen Ulmen übersäte Gasse ein, deren sonnengetrocknete Spurrillen wie Miniaturgräben aussahen.

„Halten Sie sich besser fest", riet der Junge, während er den japanischen Korb festhielt, der Gefahr lief, über Bord zu gehen. „Hier ist es etwas holprig."

„Ein schicker Ort bei nassem Wetter", murmelte Bindle, während er sich mit beiden Händen festhielt. „Das ist also das Surrey-Sommercamp für müde Arbeiter", und er blickte sich neugierig um.

KAPITEL VIII

DAS SOMMERCAMP FÜR MÜDE ARBEITNEHMER

Das Surrey-Sommerlager für müde Arbeiter war vom Bischof von Fulham aus der Weite seines Herzens und der Fülle seiner Unerfahrenheit mit solchen Unternehmungen heraus geplant worden. Er hatte sich eine Wiese geliehen, eine Kuh erworben, ein Festzelt gemietet und fünfzig Armeezelte und eine Feldküche angeschafft, worüber im Repräsentantenhaus aller Wahrscheinlichkeit nach Fragen gestellt werden würden. Schließlich hatte er aufgrund eines Geistesblitzes die örtlichen Pfadfinder requiriert. Später musste der Teufel mit den Anführern der Jungenbrigade bezahlen; aber der Bischof war sehr taktvoll.

Als die Zeit gekommen war, war die Wiese da, die Glockenzelte, die Kuh und die Pfadfinder kamen pünktlich an; aber von der Markise war nichts gesehen oder gehört worden, und über die Feldküche konnte das Kriegsministerium außer der Tatsache, dass sie Aldershot verlassen hatte, kaum etwas sagen.

Tagelang arbeitete der Bischof unermüdlich mit Telefon und Telegraf und versuchte, die verirrte Feldküche und das fehlende Festzelt aufzuspüren; Aber er hatte einen so großen Teil seiner Zeit damit verbracht, die nötige Hilfe zu erhalten, um sicherzustellen, dass die Kuh richtig und pünktlich gemolken wurde, dass andere Dinge, die weiter entfernt waren, weniger dringend erschienen.

Damals hatte der Bischof große Sorgen; aber seine wahre Kreuzung war Daisy, die Kuh. Alles andere war im Vergleich zu dieser tierischen Verantwortung von untergeordneter Bedeutung. Er hatte vage gespürt, dass eine Kuh auch Milch hätte; aber er sollte entdecken, dass eine Kuh gelegentlich genauso wenig Milch produzieren konnte wie eine Seeschlange.

Keine der Campteilnehmerinnen hatte sich beruflich jemals einer Kuh genähert. Nachts und morgens musste sie von einer zwölfstündigen Milchansammlung befreit werden, das wussten alle; aber wie? Das war eine Frage, die den Bischof und die Campteilnehmer gleichermaßen beunruhigt hatte; denn das ganze Lager teilte die kirchliche Sorge um Daisy. Irgendwo im Hinterkopf von Cockney schlummerte der Verdacht, der fast einer Gewissheit gleichkam, dass Kühe explodierten, wenn sie nicht regelmäßig gemolken wurden, wie überlastete Wasserleitungen.

Daisy entwickelte sich bald zu etwas mehr als einer Kuh. Wenn andere Beschäftigungen scheiterten (Vergnügungen gab es nicht), versammelten sich die Camper um Daisy und untersuchten sie aus jedem Blickwinkel. Sie war ein Mysterium, so wie ein Jongleur oder der Drei-Karten-Trick ein Mysterium waren, und als solche erregte sie Respekt.

Jeden Abend und jeden Morgen musste der Bischof von irgendwoher eine Person holen, die in der Lage war, sich um die Bedürfnisse von Daisy zu kümmern, und alle in der Nachbarschaft waren äußerst beschäftigt. Abgesehen davon war West Boxton eine Brutstätte des Nonkonformismus, und einige der Einwohner waren sehr darüber im Kopf, welche spirituellen Auswirkungen das Melken einer Kirchenkuh auf einen Dissidenten haben würde.

Es gab Zeiten, in denen sich der Bischof wie ein Zauberer fühlte, der aus einem Zylinder ein Meerschweinchen zaubern sollte, der das Meerschweinchen jedoch zu Hause gelassen hatte.

Daisy war nicht ohne Nutzen, ganz abgesehen von denen, für die sie von der Vorsehung und dem Bischof bereitgestellt worden war. „Kommt und schaut euch Daisy an", war die gesprächige, verlassene Hoffnung der Camper geworden, als sie alle anderen Interessen völlig verloren hatten. Sie war ihr Schutzschild gegen Langeweile und der Speer, mit dem sie den Drachen der Apathie töten konnten.

„Kein Bier, keine Bilder, nur eine rötliche Kuh", hatte ein Zyniker bemerkt, als er die Vergnügungen zusammenfasste, die das Surrey Summer-Camp für müde Arbeiter bot. „Genug, um einen schwindelerregenden Floh zum Blinzeln zu bringen", hatte er geschlussfolgert; aber das war nur eine isolierte Sichtweise. Meistens waren diese schiffbrüchigen Cockneys Daisy dankbar und wurden nicht müde, zuzusehen, wie die Milch musikalisch in den hellen Eimer unter ihr spritzte.

Der Bischof meinte es gut, aber vergesslich. Bei der Planung seines Lagers hatte er die Schwierigkeit der Nahrungs- und Wasserversorgung völlig außer Acht gelassen. Der eine war eine Meile entfernt und konnte nicht näher gebracht werden; die andere war mit erheblichem Kostenaufwand durch die Verlegung eines Rohres überwunden worden.

In der natürlichen Reihenfolge der Katastrophe waren die Camper angekommen und wurden innerhalb weniger Stunden von der Ketzerei des Antiklerikalismus durchdrungen. Ehemänner und Ehefrauen stritten darüber, wer die Verantwortung für das Abenteuer tragen sollte, dem sie ausgesetzt waren. Alle stellten das Recht eines Bischofs in Frage, sich als Überbringer von Zwietracht und Sommerlagern in den häuslichen Kreis zu stürzen.

Als die Bindles eintrafen, schien alles Chaos zu sein. Auf der Wiese waren Spritzer von Glockenzelten zu sehen, am Eingang der Zelte stapelten sich persönliche Besitztümer, während die „müden Arbeiter" in Hemdsärmeln herumlungerten oder sich trotz ihrer Behinderungen bemühten, Mahlzeiten zuzubereiten wo sie umzingelt waren. Die Kinder standen mit großen Augen und ernst da, als wären sie nicht in der Lage, ihre städtischen Spiele in einer idyllischen Umgebung zu spielen.

Als unter dem geschickten Kommando des Patrouillenführers Smithers die Habseligkeiten der Bindles direkt auf der Wiese aufgetürmt worden waren und Mrs. Bindle mit schmerzendem Körper und verwirrter Stimmung beim Abstieg half, ging der unermüdliche Pfadfinder voran zu einem Zelt. Er trug den japanischen Korb in einer Hand und die grifflose Tasche unter dem anderen Arm, während Bindle mit dem Blechbad folgte und Frau Bindle sich für das Deckenbündel verantwortlich machte, in dessen Mitte der papageienköpfige Regenschirm steckte guckte schüchtern heraus.

Ihr Führer blieb am Eingang eines Glockenzeltes stehen und stellte den japanischen Korb auf den Boden.

„Dies ist Ihr Zelt“, verkündete er, „ich werde einen von der Patrouille schicken, um Ihnen zu helfen“, und mit der Miene von jemandem, auf dessen Schultern das Schicksal der Planeten ruht, ging er.

Bindle und Mrs. Bindle blickten ihm nach, dann einander und schließlich das Zelt. Bindle trat hinüber und steckte seinen Kopf hinein; aber zog es schnell zurück.

„Riecht wie ein Bus an einem nassen Tag“, murmelte er.

Mit einer entschlossenen Miene betrat Frau Bindle das Zelt. Dabei zwinkerte Bindle ernst einem kleinen Jungen zu, der hergekommen war und nun mit blauäugiger Ernsthaftigkeit auf die Ereignisse wartete. Auf Bindles Augenzwinkern hin drehte er sich um und trottete zu einem benachbarten Zelt, von wo aus er weiterhin die häusliche Tragödie der Neuankömmlinge beobachtete.

„Es gibt keine Bettgestelle.“ Mrs. Bindles Stimme ertönte aus dem Zelt in gedämpfter Tragödie.

„Das sagst du nicht“, sagte Bindle geistesabwesend, seine Aufmerksamkeit konzentrierte sich auf einen winzigen Ritter der Stange, der sich ihrem Zelt näherte.

„Wo sind die Federbetten, ‚Orace?‘ „, fragte er, als der Junge in Hörweite war.

„Es gibt eine wasserdichte Bodenplane und wir liefern Matratzen aus losem Stroh“, verkündete er, als er knapp zwei Schritte vor Bindle stehen blieb.

„Oh! Das tust du, oder?“ sagte Bindle, „und wer scheint das Messing-Doppelbettgestell zu liefern, auf dem ich und Mrs. B. schlafen. Vielleicht kannst du mir das sagen, junger Rasierer?“

Bevor der Junge antworten konnte, erschien Mrs. Bindle am Eingang des Zeltes, grimmiger und kompromissloser als je zuvor. Einen Moment lang musterte sie den Jungen streng.

„Wo soll ich schlafen?“ sie verlangte.

„Sind Sie bei diesem Herrn?“ fragte der Pfadfinder.

„Das ist sie, Junge“, sagte Bindle, „sie ist jetzt seit zwanzig Jahren bei mir. Ich kann sie jetzt nicht verlieren.“

„Bindle, benimm dich!“ Mrs. Bindles Kiefer schlossen sich mit einem Knacken.

„Wir werden ein paar Säcke Stroh anstelle des Bettes des Missionars haben, in dem du und ich in Fulham schlafen“, erklärte Bindle; aber Mrs. Bindle war wieder im Zelt verschwunden.

Die nächste Stunde lang waren die Bindles und ihr Hilfskundschafter damit beschäftigt, das Glockenzelt in einen bewohnbaren Zustand zu versetzen. Während des Prozesses erklärte der Pfadfinder, dass das Festzelt für die gemeinsamen Mahlzeiten genutzt werden sollte, für die die Feldküche sorgen sollte; aber beide waren nicht angekommen, und der Bischof war selbst nach London gegangen, um Nachforschungen anzustellen.

„Was wird mit uns geschehen, bis er über sie läuft?“ fragte Bindle. „Ich habe jetzt selbst ein bisschen Hunger – ich weiß nicht, wie ich in einer Stunde sein werde.“

„Ich zeige dir, wie man ein Pfadfinderfeuer baut“, meldete sich der Junge freiwillig.

„Aber ich bin kein Feuerschlucker“, wandte Bindle ein. „Ich möchte ein Stück Steak oder eine Speckscheibe und ein Ei.“

„Was nützt mir ein Pfadfinderfeuer, wenn ich Hering zum Kochen habe?“ fragte Frau Bindle, als sie noch einmal am Eingang des Zeltes erschien.

In diesem Moment schlenderte ein weiterer „müder Arbeiter“ zum Zelt der Bindles. Er war ein langer, schlanker Mann mit einem strähnigen Schnurrbart und einem dreitägigen Bartwuchs. Er trug Hemdsärmel, keinen Kragen und eine aufgeknöpfte Weste und wirkte insgesamt niedergeschlagen und düster.

„Wie geht das, Kumpel?“‘ erkundigte er sich.

Bindle richtete sich auf, nachdem er das Innere des Zinnbades inspiziert hatte, das er gerade auspackte.

„Oh! Mitte; aber ich wusste, was es heißt, besser zu sein", sagte Bindle mit einem Grinsen.

„Dasselbe hier", war die düstere Antwort.

„Irgendwie scheinen die Dinge schief gelaufen zu sein", meinte Bindle im Gespräch.

„Das stimmt", sagte der Mann und rieb sich mit einem meditativen Daumen die Borsten an seinem Kinn.

„Wie kommst du denn auf Essen an?" fragte Bindle.

Der Mann schüttelte traurig den Kopf.

„Wie wäre es mit einer Kneipe?"

„Eine Meile entfernt", sagte der Mann düster.

„Gawd Allmächtiger!" Bei Bindles Ausruf ging es nicht um die Bemerkung des Mannes, sondern um etwas, das er aus der Badewanne holte. „Nun, ich bin am Boden", murmelte er.

„Hier, Lizzie", rief er.

Mrs. Bindle erschien am Eingang des Zeltes. Bindle hielt einen Gummistiefel hoch, aus dem feierlich und widerstrebend Marmelade fiel.

Dann brachen die Schleusen des Zorns von Frau Bindle auseinander, und sie ergoss sich mit einer Flut von Vorwürfen auf Bindles Kopf. Er, und er allein, war für all die Katastrophen verantwortlich, die ihnen widerfahren waren. Er hatte es mit Absicht getan, weil sie Urlaub wollte. Er war kein Ehemann, er war ein Gotteslästerer, ein Atheist, ein Belaster der Erde und alles, was böse war.

Sie wurde in ihrer Schimpftirade unterbrochen, als ein kleiner Mann mit rundem, kahlem, glänzendem Kopf und besorgtem Gesichtsausdruck auf sie zukam.

„Weißt du, wie man eine Kuh melkt, Kumpel?" Er erkundigte sich bei Bindle, offenbar völlig unbewusst, dass er sich mitten in eine häusliche Szene gestürzt hatte.

„Weiß ich, wie man was macht?" fragte Bindle und musterte den Mann, als hätte er eine äußerst ungewöhnliche Frage gestellt.

„Da drüben blüht eine Kuh, und niemand kann sie melken, und der Bischof ist weg, und wir wollen unseren Tee."

Bindle kratzte sich durch die Mütze hindurch am Kopf, dann drehte er sich zu dem Zelt um, in dem Mrs. Bindle wieder einmal verschwunden war, und rief:

„Hallo Lizzie, weißt du, wie man eine Kuh melkt?“

„Sei nicht böse“, kam die Antwort aus dem Zelt.

„Es ist keine von diesen Kühen“, rief er zurück, „es ist eine Milchkuh, und da ist eine Bucht, die will, ist Tee.“

Mrs. Bindle erschien am Eingang des Zeltes und musterte die Gruppe der drei Männer.

„Wie haben Sie es gestern geschafft?“, fragte sie sachlich.

„Ein Mädchen ist vom Bauernhof herübergekommen, Miss“, sagte der kleine Mann, „und sie hat nicht mal die halbe Milch daraus gemacht.“

„Halt den Mund“, fauchte Mrs. Bindle.

Der Mann sah sie überrascht an.

„Warum nimmst du nicht dasselbe Mädchen?“, fragte Mrs. Bindle.

„Sie sagt, sie hat zu viel zu tun. Ich hätte es selbst versucht“, sagte der Mann, „aber es war ein Reinfall.“

„Ich werde sie mir mal ansehen“, verkündete Bindle, und die drei Männer gingen über die Wiese und bahnten sich einen Weg zwischen den Zelten mit ihren Stapeln von Bettzeug, Decken und anderen Hindernissen draußen. Alle bereiteten sich auf die Nacht vor.

Als Bindle Daisy erreichte, stellte er fest, dass das Problem von einem von Herrn Timkins' Landarbeitern gelöst worden war, der fleißig bei der Arbeit war und von einer interessierten Gruppe von Campern beobachtet wurde.

Während der nächsten halben Stunde schlenderte Bindle zwischen den Zelten umher und erfuhr viele Dinge, darunter vor allem, dass „das ganze schäbige Lager völlig zerstört war.“ Das Kommissariat hatte völlig versagt, und das nächste Getränk war eine Meile entfernt im The Trowel and Turtle. Über den Bischof und die Organisatoren des Lagers wurde viel gesagt.

Als er zum Zelt zurückkehrte, fand er Mrs. Bindle dabei, wie sie in einem Benzinkanister über einem Pfadfinderfeuer Wasser kochte. Mit der Vorsehung einer guten Hausfrau hatte sie ihre Notvorräte mitgebracht, und Bindle genoss bald eine Mahlzeit bestehend aus Hering, Tee, Brot und Margarine. Als er fertig war, erklärte er sich bereit, sich den Schrecken der Nacht zu stellen.

„Ich kann nicht sagen, wie es mir gefällt“, bemerkte er, als er am Eingang des Zeltes stand und sich bemühte, seinen Kragen zu öffnen. „Kommt mir irgendwie zugig vor.“

„Das ist richtig, machen Sie weiter“, rief Frau Bindle, als sie sich an ihm vorbeidrängte. "Was hast du erwartet?"

„Nun, da du mich fragst, ich bin wie diese kleinen Religionsbrüder, die nichts erwarten, aber viel bekommen.“

„Lästern Sie nicht. Morgen ist Sonntag“, war die Erwiderung; Aber Bindle war weggegangen, um mit dem Mann mit dem stoppeligen Kinn und der pessimistischen Seele zu sprechen.

„Schlafst du gut, Kumpel?“ erkundigte er sich im Gespräch.

„Verdammt! Schlaf ist das? In diesem verdammten Lager gibt es überhaupt keinen Schlaf.“

„Was ist los?“ fragte Bindle.

"Hoch!" war die düstere Antwort. „Ich war die ganze letzte Nacht wach.“

„Was hast du gemacht?“ fragte Bindle interessiert.

„Kratzer!“ war die brutale Erwiderung.

„Scratchin‘! Wen hast du gekratzt?“

„Wen habe ich gekratzt? Wen zum Teufel sollte ich denn kratzen, außer mich selbst?“ verlangte er, während seine Apathie für einen Moment nachließ. „Ich würde gerne wissen, woher sie diesen Strohhalm haben, von dem sie uns zum Liegen geben. Ich habe ein bisschen in den Schützengräben gekratzt, aber letzte Nacht hatte ich nicht genug Finger, verdammt. "

Bindle pfiff.

„Dann“, fuhr der Mann mit düsterem Enthusiasmus fort, „sind da morgens diese rötlichen Hühner, die sich die Eingeweide aus dem Leibe krähen. Keiner hat nach drei ein Auge zugetan“, fügte er mit all dem Hass der Familie hinzu Cockney für Bauernhofgeräusche. „Oh! Es ist ja ein Feiertag“, fügte er mit beißendem Sarkasmus hinzu, „nur gehört er nicht uns.“

„Scheint so“, sagte Bindle trocken, als er sich auf dem Absatz umdrehte und zu seinem eigenen Zelt ging.

In dieser Nacht wurde ihm die Ungerechtigkeit des Mannes, der das Stroh für die Matratzen geliefert hatte, völlig bewusst. Anhand der Geräusche, die von der anderen Seite der Zeltstange kamen, schloss er, dass Mrs. Bindle ähnlich beunruhigt war.

Gegen Morgen begann Bindle zu dösen, gerade als die Hähne das Kommen der Sonne ankündigten. Wenn der Mann mit dem Stoppelkinn mit seiner Diagnose recht hatte, hatten die Vögel wie Prometheus in der Nacht ihre fehlenden Organismen erneuert.

„Nun, ich bin überwältigt!" murmelte Bindle. „Ole 1,80 Meter groß und melancholisch hat auch nicht die Führung übernommen. ‚Oly Salbe! So einen Krach habe ich in meinem ganzen Leben noch nie gehört. Es besteht kein Zweifel, aber was Mrs. Bindle macht, ist ein Land.' „Urlaub", und damit stand er auf und begann, seine Hose anzuziehen, da er beschloss, dass es töricht sei, weiter zu versuchen, Schlaf zu suchen.

Außerhalb des Zeltes traf er auf Patrouillenführer Smithers.

„Morgen Foch", sagte Bindle.

„Smithers", sagte der Junge. „Patrouillenführer Smithers von der Bärenpatrouille."

„Mein Fehler", sagte Bindle; „Aber du und Foch sind so scherzhaft wie zwei Erbsen. Du scheinst doch keinen streunenden Hahn gesehen zu haben, oder?"

„Ein Schwanz", wiederholte der Junge.

"Ja!" sagte Bindle und neigte seinen Kopf mit der Miene, als ob er aufmerksam zuhörte, zur Seite, während von allen Seiten das dreiste Gelächter ekstatischer Gesangssänger ertönte. „Ich dachte, ich hätte gerade eins gehört."

„Das sind die Vögel von Farmer Timkins", sagte Patrouillenführer Smithers ernst.

„Das sagst du nicht", sagte Bindle. „Ich scheine heute Morgen in guter Verfassung zu sein. Toller Haufen Kanarienvögel."

Auf diese Leichtfertigkeit reagierte Patrouillenführer Smithers nicht.

„Gibt es irgendwo einen Ort, an dem ich mich ausspülen kann, Indenberg?" erkundigte er sich.

„Dort drüben gibt es einen Hahn für Männer", sagte Patrouillenführer Smithers und zeigte auf die äußerste rechte Seite des Feldes, „und für Damen dort drüben", er zeigte in die entgegengesetzte Richtung.

„Kein gemischtes Baden, wie ich sehe", murmelte Bindle. „Nun, von Mann zu Mann, Ludendorff, was würden Sie raten?"

Der Junge sah ihn mit ernsten Augen an. „Da drüben ist der Wasserhahn der Männer", und wieder zeigte er.

„Na ja", sagte Bindle, „vielleicht hast du recht; aber ich bade nicht gern mitten auf einem Feld", murmelte er.

„Die Wasserhähne sind abgeschirmt."

„Nun, nun, lebe und lerne", murmelte Bindle, als er zum Wasserhahn der Männer ging.

Als Bindle zum Zelt zurückkehrte, traf er auf den Patrouillenführer Smithers, der Mrs. Bindle beibrachte, wie man ein Späherfeuer zum Einsatz bringt.

„Da darfst du nicht herumstochern, Mama", sagte der Junge. „Es geht aus, wenn du es tust."

Mrs. Bindle zog die Lippen zusammen und faltete den braunen Regenmantel, den sie trug, enger zusammen. Sie war Kritik nicht gewohnt, insbesondere in häuslichen Angelegenheiten, und ihr Instinkt war es, sie zu ignorieren; Aber die Ernsthaftigkeit des Jungen schien ihn von einer Erwiderung abzuhalten, und sie hatte bereits gesehen, welche bösen Auswirkungen es hatte, wenn man mit einem Schürhaken auf ein Spähfeuer losging.

Plötzlich fiel ihr Blick auf Bindle, der in Hemd und Hose stand, an deren Rückseite seine Hosenträger verzweifelt baumelten.

„Warum gehst du nicht rein und ziehst dich an?" sie verlangte. „In diesem Zustand herumlaufen!"

„Ich wollte mich abspülen", erklärte er, als er zum Zelt ging und durch die Öffnung verschwand.

Mrs. Bindle schnaubte wütend. Sie hatte eine schlimme Nacht erlebt, und außerdem hatte das Feuer ihren Ansturm dadurch verärgert, dass sie unaufhörlich ausgegangen war, was einen Appell an ein bloßes Kind erforderlich machte.

Nachdem er einen Kragen, einen Mantel und eine Weste angelegt hatte, schlenderte Bindle durch das Lager und wechselte hier und da ein Wort mit seinen Mitcampern, die in einer Atmosphäre heftiger Obszönitäten damit beschäftigt waren, ihr Frühstück zuzubereiten.

„So eine Sprache habe ich noch nie gehört", murmelte Bindle grinsend. „Dieses kleine Lager wird eine seltene Menge Leute an einen Ort schicken, wo sie den Bischof nicht treffen."

Nach einer halben Stunde kam er zurück und fand Tee, Eier und Speck sowie Frau Bindle vor, die auf ihn wartete.

„Endlich bist du also gekommen", schnappte sie, als er sich auf eine Holzkiste setzte.

„Diesmal habe ich es geschafft", antwortete er freundlich und schnupperte anerkennend in der Luft. „Ope, du hast was Schönes für deinen kleinen Turteltauben gefunden."

„Verlieben Sie mich nicht", schrie Frau Bindle, die nach jemandem gesucht hatte, an dem sie ihrem Unmut Luft machen konnte. „Ich nehme an, Sie werden mir die ganze Arbeit überlassen, während Sie herumtollen und den Gentleman spielen."

„Ich muss es nicht spielen, Mrs. B., ich bin ES. Vere de Vere mit Blut, das so blau ist wie die Geschichten von ‚Earty'."

„Wenn du denkst, dass ich hier unten für dich grübeln und schuften und kochen werde, so wie ich es zu Hause tue, irrst du dich. Ich bin gekommen, um mich auszuruhen. Ich habe die ganze Nacht kaum geschlafen", schniefte sie bedrohlich.

„Ich dachte, ich hätte dich auf der Straße gehört", sagte Bindle mitfühlend.

„Bindle!" In ihrem Ton lag eine Warnung.

„Aber warst du nicht?" Er blickte sie überrascht an, sein Mund voller Eier und Speck.

„Ich – ich hatte eine unruhige Nacht", zog sie arrogant ihre Lippen zusammen.

„Ich auch", sagte Bindle düster. „Ich hätte sie gestört, wenn ich sie hätte fangen können. Mein Gott! Es muss Millionen von ihnen gegeben haben", fügte er in Erinnerungen hinzu.

„Wenn du so redest, gehe ich weg", verkündete sie.

„Ich würde gerne die Bucht kennenlernen, die die Matratzen gefüllt hat", war Bindles finsterer Kommentar.

„Das – das war es nicht", sagte Frau Bindle. „Es war das-" Sie hielt einen Moment inne.

„Diese Schwänze", schlug er vor.

„Sei nicht eklig, Bindle."

„Ekelhaft? Ich sehe nie einen solchen Kerl wie mich, weil er verdammt, ekelhaft und blasphemisch ist. Wie soll man sie nennen, wenn sie keine Schwänze sind?"

„Das sind Hähne – die männlichen Vögel."

„Aber sie haben nicht geschlafen, verdammt. Sie haben gekräht, wie schwindelig."

Frau Bindle äußerte sich nicht; aß aber weiterhin ihr Frühstück.

„Persönlich werde ich mit dem Bischof ein wenig über das kleine Spiel reden, das ich beigefügt habe, bevor die, wie Sie sie nennen, männlichen Vögel anfangen, Zungen zu geben." Er hielt inne, um Luft zu holen. „Ich sage nicht gern, was es war; aber es wird mich einen Monat lang jucken. ‚Ullo Weary!' rief er dem langen Mann mit dem stoppeligen Kinn zu.

Der Mann näherte sich. Er trug das gleiche traurige Aussehen und die gleiche Weste, die genauso aufgeknöpft war wie am Tag zuvor.

„Sie hatten Recht mit den Matratzen und den männlichen Vögeln", sagte Bindle mit einem Blick auf Mrs. Bindle.

„Was?" fragte der Mann und blickte Bindle ausdruckslos an.

„Die männlichen Vögel."

„Oh, zum Teufel – tut mir leid, Mama", zu Frau Bindle. Dann wandte er sich noch einmal an Bindle und fügte hinzu: „Das sind Schwänze, meinst du?"

„Usch!" sagte Bindle. „Hier sind keine Hähne, das sind männliche Vögel, und am Sonntag Hähne. Sehen Sie, meine Frau –" doch Mrs. Bindle war aufgestanden und mit wütenden Augen im Zelt verschwunden.

„Hast du einen davon?" fragte Bindle und deutete mit dem Daumen auf die Öffnung des Zeltes.

Der Mann mit dem stoppeligen Kinn nickte traurig.

„Das habe ich mir gedacht", sagte Bindle. „Du siehst so aus."

Während Bindle mit dem Mann mit dem Stoppelkinn durch das Lager schlenderte, lernte Frau Bindle das eigenartige Temperament eines Glockenzeltes besser kennen. Sie hatte die Nachteile als Umkleidekabine bereits erkannt. Es war dunkel, es war klein, es war stickig. Die beiden Matratzen nahmen praktisch die gesamte Bodenfläche ein und es gab keine Sitzmöglichkeit. Aufgrund der Platzbeschränkungen im oberen Bereich war eine freie Bewegung nicht möglich.

Nachdem sie das Frühstücksgeschirr gewaschen, die Kartoffeln geschält hatte, die Mr. Timkins über Patrouillenführer Smithers geliefert hatte, und ein kleines Stück Rindfleisch, das sie mitgebracht hatte, für den Ofen vorbereitet hatte, zog sich Mrs. Bindle noch einmal ins Zelt zurück.

Als sie schließlich in braunem Alpaka mit einer passenden Haube, auf der zwei lila Stiefmütterchen ruhten, wieder auftauchte, war Bindle gerade von einer „Nasenrunde", wie er es nannte, zurückgekehrt, bei der er sich mit den meisten Campern angefreundet hatte, Männern, Frauen und Kinder, die noch nicht seine Freunde waren.

Beim Anblick von Mrs. Bindle pfiff er leise.

„Du kannst mir zeigen, wo der Bäcker ist", sagte sie eisig und zog ein Paar braune Samthandschuhe an. Die Unannehmlichkeiten, die das Anziehen eines Glockenzeltes mit sich brachte, hatten ihre Laune empfindlich getrübt.

"Die Bäcker!" wiederholte er dumm.

„Ja, die Bäcker", wiederholte sie. „Ich nehme an, Sie möchten Ihr Abendessen nicht roh essen."

Dann bemühte sich Bindle, die komplexe Tragödie der fehlenden Feldküche und des Festzeltes zu erklären, ganz zu schweigen vom Bischof.

In kleinen Gemeinden verbreiteten sich Nachrichten schnell, und die Bindles befanden sich bald im Zentrum einer Gruppe von Männern und Frauen (mit Kindern, die einen Wachposten hatten), die alle darauf bedacht waren, Informationen bereitzustellen, hauptsächlich über das Thema irregeleitete Bischöfe, die ahnungslose Bürger in die Stadt lockten Land unter Vorspiegelung falscher Tatsachen.

Frau Bindle war eine gute Hausfrau und hatte ausreichend Rationen für die ersten beiden Tage mitgebracht. Sie hatte sich jedoch auf die im Prospekt des SCTW enthaltenen Aussagen verlassen, dass das Komitee Kochgelegenheiten zur Verfügung stellen würde.

Sie bemühte sich, die Wut zu kontrollieren, die in ihr aufstieg. Es war Sabbat und sie war unter Fremden.

Obwohl sie bereit und willens waren, freiwillig Auskunft zu geben, sahen die anderen Camper keinen Grund, ihre Überraschung und Missbilligung über Mrs. Bindles Toilette zurückzuhalten. Die anderen Frauen trugen ihre Alltagskleidung, wie es sich für Hausfrauen gehörte, die unter schweren Behinderungen das Abendessen kochen mussten, und sie ärgerten sich über das, was sie als „Protz" eines Neuankömmlings betrachteten.

Dieser erste Feiertagstag, für den sie mit so grimmiger Entschlossenheit gekämpft hatte, blieb lange in Mrs. Bindles Erinnerung. Das Abendessen bereitete sie mit Hilfe der Bratpfanne und des Topfes, die sie mitgebracht hatte, zu. Es hätte mehr als das Fehlen einer Feldküche gebraucht, um Mrs. Bindle daran zu hindern, das zu tun, was sie als ihre häusliche Pflicht ansah.

Das volle Ausmaß ihrer Tragödie zeigte sich jedoch, als sie sich nach dem Abendessen abgewaschen hatte.

Bis zur Teezeit gab es nichts zu tun. Bindle war mit dem Mann mit dem Stoppelkinn und zwei anderen auf der Suche nach der nächsten Gastwirtschaft, eine Meile entfernt, verschwunden. Patrouillenführerin

Smithers war in der Sonntagsschule, während ihre Mitcamper keinerlei Neigung zeigten, Annäherungsversuche zu machen.

Sie ging eine Weile zwischen den anderen Zelten umher; aber ihr allgemeines Verhalten war nicht gerade förderlich für voreilige Freundschaften. Sie kehrte daher zum Zelt zurück und schrieb an Mr. Hearty und teilte ihm auf Anweisung des Patrouillenführers Smithers mit, dass Mr. Timkins eine große Menge ausgezeichneter Erdbeeren zum Verkauf habe.

Mr. Hearty war ein Gemüsehändler, der ein Auge auf das Geschäft und das andere Auge auf Gott hatte, falls es zu Unfällen kam. Als er hörte, dass die Bindles aufs Land gehen würden, waren seine Gedanken instinktiv zu Obst und Gemüse gewandert. Er hatte Mrs. Bindle gebeten, ihm „eine Postkarte zuzuwerfen" (Mr. Hearty war immer sparsam, wenn es um Porto ging, auch um das Porto anderer Leute), wenn sie von etwas hörte, von dem sie glaubte, dass es ihn interessieren könnte.

Frau Bindle erzählte mit glühenden Worten die Geschichte von Bauer Timkins' Erdbeerhorten und erweckte den Eindruck, dass er nicht wusste, was er mit ihnen anfangen sollte.

Um drei Uhr fand der Bischofsgottesdienst und ein kurzer Gottesdienst unter freiem Himmel statt, an dem die gesamte Gruppe der Camper mit Ausnahme von Bindle und seinen Begleitern teilnahm.

Der Bischof war voller Entschuldigungen für die Vergangenheit und voller Hoffnung für die Zukunft. Anstelle einer Predigt hielt er eine fast heitere Ansprache; aber es gab kein antwortendes Lächeln. Alle fragten sich, was sie tun könnten, bis es Zeit zum Schlafengehen war, und die Einfallsreicheren gingen noch weiter und überlegten, was sie tun würden, wenn sie dort ankamen.

„Meine Freunde", schloss der Bischof, „wir dürfen nicht zulassen, dass uns kleine Missgeschicke entmutigen. Wir sind hier, um Spaß zu haben."

Und die Camper kehrten zu ihren Zelten zurück, wie Achilleus es ein paar tausend Jahre zuvor getan hatte, mit dunkler Stirn und düsterem Herzen.

KAPITEL IX

HERR. Herzhafte Begegnungen mit einem Bullen

ICH

„Er wird sich sicher über die Felder verirren", rief Frau Bindle wütend.

„Earty ist zu vorsichtig, um irgendetwas zu verlieren", sagte Bindle, während er Tabak aus einer kleinen Blechdose in seine Pfeife stopfte. „Er ist an die Enge gewöhnt", fügte er hinzu.

„Du hättest ihn treffen sollen."

„Meine Beine fühlen sich ein bisschen müde an –" begann Bindle, der die Gesellschaft seines Schwagers nur dann genoss, wenn andere da waren, die sie mit ihm genossen.

„Stör deine Beine", schnappte sie.

„Angenommen, Sie hätten verschiedene Venen in Ihren Beinen."

„Sei nicht böse."

„Na, warum willst du denn über meine Beine reden, wenn ich nicht über deine reden darf", grummelte er.

„Du hast einen unzüchtigen Verstand, Bindle", erwiderte sie, „und das weißt du."

„Na ja, jedenfalls habe ich keine guten Beine."

Sie zog ihre Lippen ein; sagte aber nichts.

„Ich weiß nicht, warum ‚Earty zu einem so lustigen kleinen Kerl wie diesem kommen möchte", grummelte Bindle, als sie über die Wiese neben dem Campingplatz gingen und sich einen Platz suchten, von dem aus sie einen Ausblick hatten der Feldweg, der zum Bahnhof führt.

„Das liegt daran, dass er etwas Obst kaufen möchte."

„Ich dachte, da wäre etwas im Hinterkopf des alten Vogels", bemerkte er. „Earty ist nicht der Typ, der Bahnfahrkarten aus Spaß ausgibt, weil er dich und mich liebt, Mrs. B. Es geht um Äpfel – der normale alte Adam ist es. Man muss nur auf ihn aufpassen mit diesen Mädels im Chor.

„Wenn du so redest, werde ich dich verlassen", rief sie wütend; „Und es sind Erdbeeren, Äpfel sind noch nicht drin", fügte sie hinzu, als wäre das ein Umstand, der für Mr. Hearty von Vorteil wäre.

Mr. Hearty hatte sich als Mann der Tat erwiesen. Mrs. Bindles begeisterter Bericht über riesige Vorräte an Erdbeeren, die fast zum Kauf zu haben waren, hatte ihm ein Telegramm entrissen, in dem er ankündigte, dass er an diesem Montagnachmittag kurz nach zwei Uhr im Sommerlager für müde Arbeiter sein würde.

Mrs. Bindle war geradezu erfreut über die Aussicht, ihren Schwager zu sehen und sich seinen Dank für die geleistete Hilfe zu verdienen. Die Bedingungen im Lager blieben unverändert. Nach dem Gottesdienst am Vortag war der Bischof erneut verschwunden, angeblich auf der Suche nach der verstreuten Feldküche und dem Festzelt, und versprach, am nächsten Nachmittag wiederzukommen.

Am Tor auf der anderen Seite des Feldes angekommen, hielt Bindle inne. Als Mrs. Bindle dann seinen Vorschlag ablehnte, sie „hochzubefördern", kletterte er selbst auf das oberste Geländer und saß zufrieden und rauchend.

„Ich glaube nicht, dass ‚Earty' über ein Feld läuft", bemerkte er nachdenklich. „Es kommt mir nicht natürlich vor."

„Du kannst nichts anderes sehen als das, was in deinem eigenen bösen Kopf vorgeht", erwiderte sie bissig.

"Gut gut!" sagte er philosophisch. „Vielleicht hast du recht. Ich nehme an, wir werden die lustigen Schnurrhaare von ‚Kommt' um die Ecke sehen, ‚Ich führe' ein Lamm mit einer rosa Schleife. Ich kann ‚Earty' mit einem kleinen Lamm sehen." , und ein Zweig Minze für die Soße.

Fast eine Viertelstunde lang rauchte Bindle schweigend, während Mrs. Bindle mit auf einen Zaun auf der gegenüberliegenden Seite des Feldes gerichteten Augen stand, über die Mr. Hearty kommen sollte.

"Was war das?"

Unwillkürlich umklammerte sie Bindles Knie, als ein gewaltiges Brüllen die Stille des Sommernachmittags durchbrach.

„Das ist der Bulle des alten Farmers Timkins", erklärte Bindle. „Seltener alter Sport, das ist er. Habe letzte Woche eine Bucht geworfen und eine seltene Sauerei mit ihm angerichtet."

„Das sollte nicht erlaubt sein."

„Was?"

„Solche gefährlichen Tiere", war die Antwort.

„Nun, ich persönlich mag ein Stück Kalbfleisch", bemerkte Bindle und beobachtete Mrs. Bindle heimlich; aber ihre Gedanken waren auf Mr. Hearty gerichtet, und die Anspielung blieb unbemerkt.

„Es wäre eine schlechte Sache für den alten Earthy, wenn dieser Bulle ihn am Hintern der Hose packen würde", überlegte Bindle. „Ullo, da ist er." Er zeigte mit dem Stiel seiner Pfeife auf eine Stelle in der Hecke auf der rechten Seite des Feldes, über die ein großer dunkelbrauner Kopf ragte.

Wieder zerriss das schreckliche Brüllen die Luft. Instinktiv wich Mrs. Bindle zurück und ergriff den Regenschirm mit dem Papageienkopf, den sie trug.

„Es versucht durchzukommen. Ich werde hier nicht warten", verkündete sie entschlossen. "Es kann--"

„Machen Sie sich keine Sorgen, Frau B.", beruhigte er sie. „'Er ist keiner von der Sorte Springer. Außerdem gibt es eine Kluft zwischen mir und uns, ganz zu schweigen von diesem 'eren Tor.'

Mrs. Bindle zog sich ein oder zwei Meter zurück, ihre Augen immer noch auf den dunkelbraunen Kopf gerichtet.

Sie und Bindle waren so sehr damit beschäftigt, den Stier zu beobachten, dass keiner von ihnen Mr. Hearty sah, wie er über den gegenüberliegenden Holm kletterte.

Als er mit flatternden Schößen seines Gehrocks auf der obersten Stufe stand und sich als Silhouette vor dem blauen Himmel abzeichnete, erblickte Bindle ihn.

„Ullo, da ist der alte ,Earty!'" schrie er und wedelte mit der Hand.

Mr. Hearty begab sich vorsichtig auf den festen Boden, und als er Mrs. Bindle sah, hob er seinen halbklerikalen Filzhut. In solchen Angelegenheiten war Mr. Hearty äußerst pünktlich.

In diesem Moment schien der Stier die Gestalt mit den flatternden Rockschößen zu erblicken.

Es schlug gewaltig auf die Hecke ein und man hörte das Knistern von Zweigen; aber die Hecke hielt.

„Ruf ihn an, Bindle. Schrei! Warne ihn! Hörst du?" rief Frau Bindle aufgeregt.

„Es ist alles in Ordnung", sagte Bindle selbstgefällig. „Dieser Bulle wird es nicht schaffen, durch so eine Kante zu kommen."

„Mr. Hearty, da ist ein Stier! Lauf!"

Mrs. Bindles dünne Stimme gelang es überhaupt nicht, Mr. Hearty würdevoll und unbekümmert dorthin zu bringen, wo er ging, ungeachtet der Gefahr, die Mrs. Bindle voraussah, die ihm drohte.

Der Stier machte einen weiteren Angriff auf die Hecke. Mr. Heartys flatternde Rockschöße schienen ihn in den Wahnsinn zu treiben. Es gab ein weiteres Knistern und die massiven Schultern des Tieres wurden nun sichtbar; aber es gelang ihm immer noch nicht, durchzubrechen.

„Ruf ihn an, Bindle. Er wird getötet, und es wird deine Schuld sein", schrie sie hysterisch, blass und zitternd vor Angst.

„Pass auf, 'Earty!' schrie Bindle. „Da ist ein blühender Stier", und er zeigte in Richtung der Hecke; aber der Stier war verschwunden.

Mr. Hearty blickte auf den angegebenen Punkt; aber als er nichts sah, setzte er seinen würdevollen Weg fort, überzeugt davon, dass Bindle sich wieder einmal dem hingab, was Mr. Hearty bekanntermaßen als „seine unzeitgemäßen Scherze" bezeichnet hatte.

Er war nur noch etwa fünfzig Meter vom Tor entfernt, wo die Bindles auf ihn warteten, als es einen schrecklichen Krach gab, dem ein gewaltiges Brüllen folgte – der Stier war durch. Offenbar hatte es sich zurückgezogen, um die Hecke anzugreifen und dank seiner mächtigen Masse durchzubrechen.

Bindle schrie, Mrs. Bindle schrie, und Mr. Hearty warf einen wilden Blick über die Schulter, und mit Angst in seinen Augen und seinem halbklerikalen Hut, der ihm nach hinten wehte und nur mit einem Hutschutz befestigt war, rannte er, wie er noch nie gerannt war Vor.

Bindle kletterte vom Tor herunter, um den Weg frei zu machen, und Frau Bindle drückte Bindle ihren Regenschirm in die Hände. Man hatte ihr immer gesagt, dass kein Bulle einen offenen Regenschirm angreifen würde.

„Komm schon, 'Earty!' schrie Bindle. „Lauf wie der Teufel!" In seiner Aufregung ging er in die Hocke, wie ein Mann, der einem Whippet Mut macht.

Mr. Hearty rannte, und der Stier rannte ebenfalls mit gesenktem Kopf und einem schnaubenden Geräusch, das dem Flüchtigen Angst und Schrecken ins Herz jagte.

„Lauf, Mr. Hearty, lauf!" schrie Frau Bindle erneut.

Der Stier rannte diagonal in Richtung der flüchtenden Gestalt von Mr. Hearty. Darin war es im Nachteil.

„Machen Sie sich bereit, ihm herüberzuhelfen", rief Mrs. Bindle, während ihr vor Schreck das Herz packte.

„Sieht für mich so aus, als würden ,Earty und der Stier und die ganze blühende Truppe zusammen vorbeikommen", murmelte Bindle.

„Ooooooh!"

Eine neue Möglichkeit schien Frau Bindle zu bieten, und mit einem entsetzten Blick auf den herannahenden Stier, der in diesem Moment ein gewaltiges Brüllen ausstieß, drehte sie sich um und floh zum Tor auf der gegenüberliegenden Seite des Feldes.

Für eine Sekunde löste Bindle seinen Blick von dem Drama vor ihm. Er erblickte mehrere Zentimeter langes weißes Bein über einem Paar Gummistiefel, aus denen schwarze und orangefarbene Laschen baumelten.

„Hilfe, Joseph, hilf!" Mr. Hearty schrie vor Angst und prallte eine Sekunde später gegen das Tor, auf das Bindle geklettert war, um ihn herüberzuziehen.

Er packte seinen Schwager am Kragen und einer gnädigerweise schlaffen Hose und versetzte ihm einen heftigen Stoß. Einen Moment später fielen die beiden zu Boden; aber auf der rechten Seite des Tores. Dabei prallte der Stier mit dem Kopf dagegen.

Die ganze Struktur zitterte. Für einen Moment gab sich Bindle verloren; aber zum Glück blieben die Posten erhalten. Das wütende Tier konnte nichts weiter tun, als seine Schnauze zwischen die Gitterstäbe des Tors zu stecken und seine Wut auszustoßen.

Der schäumende Mund und die bösen, blutunterlaufenen Augen veranlassten Bindle, hastig aufzustehen.

„Oh Gott! Ich bin ein elender Sünder", jammerte Mr. Hearty; „aber verschone mich, damit ich Buße tun kann." Dann fing er an zu stöhnen, während Bindle eine Vision hatte, wie Mrs. Bindle über dem gegenüberliegenden Tor verschwand und überraschend weiße Strümpfe zum Vorschein brachte.

„Nun, ich bin überwältigt!" er murmelte. „Ist es nicht komisch, wie die Religion in die Beine geht, wenn ein Stier in der Nähe ist? Ein bisschen ein Einbruch bei den Arps, wenn Sie mich fragen würden!"

Einige Sekunden lang stand er da und blickte auf die kriechende Gestalt von Mr. Hearty herab, einen ängstlichen Blick auf den Stier gerichtet, der mit wütendem Schnauben auf eine Art und Weise gegen das Tor schlug, die ihm einige Sorgen bereitete.

„Sehen Sie mal, 'Earty, Sie sollten besser einen Schluck Orf nehmen', sagte er schließlich und brachte seinen Stiefel sanft mit einem markanten Teil der liegenden Gestalt des Gemüsehändlers in Kontakt. Mr. Hearty stöhnte nur und murmelte Appelle an den Allmächtigen, ihn zu retten.

„Es hat keinen Sinn, den ganzen Krach anzuzetteln", fuhr Bindle fort. „Dieses ‚hier' Stück Rindfleisch scheint dir gefallen zu haben, ‚Earty, und das

Tor ist auch nicht allzu stark. „Hier, stabiler Kayser“, ermahnte er, als der Bulle einen machte bösartiger Stoß mit dem Kopf gegen das Tor.

Mr. Hearty setzte sich auf und sah sich wild um. Beim Anblick der blutunterlaufenen Augen des wütenden Tieres rappelte er sich auf.

„Jetzt machen Sie sich auf den Weg zu diesem Holm“, sagte Bindle und wies mit dem Daumen in die Richtung, in der Mrs. Bindle gerade verschwunden war, „und Sie werden Mrs. B. irgendwo auf der anderen Seite finden.“

Mit einem weiteren besorgten Blick auf den Stier drehte sich Mr. Hearty um und ging zum Zaunübertritt. Sein Tempo erinnerte seltsamerweise an einen Mann, der bei einem Laufrennen schummelt.

Der Anblick der Flucht seiner Beute schien den Stier noch wütender zu machen. Mit einem furchterregenden Brüllen stürmte es wütend auf das Tor.

Der Klang des Brüllens verlieh den Füßen des fliegenden Mr. Hearty Flügel. Er warf alle Vortäuschungen beiseite und strebte eilig auf den Zauntritt zu, hinter dem sich Sicherheit befand. Ein paar Sekunden lang stand Bindle da und beobachtete die fliegende Gestalt seines Schwagers. Dann bog er nach rechts ab, entlang der Hecke, die die Wiese vom Feld trennte, auf dem der Stier stand.

„Nun, hier ist Sieg oder Westminster Abbey“, murmelte er, während er durch ein Loch im Weißdorn kroch, in der Hoffnung, dass der Stier ihn nicht bemerken würde. Sein Ziel war es, den Landwirt vor der Flucht des Tieres zu warnen.

Eine halbe Stunde später kletterte er über den Treppenabsatz, über den Mrs. Bindle verschwunden war; aber weder von ihr noch von Mr. Hearty war etwas zu sehen.

Erst als er das Sommerlager erreichte, fand er sie vor dem Zelt der Bindles sitzend. Mr. Hearty, der blass aussah, bemühte sich, eine Tasse Tee, die Mrs. Bindle ihm gerade gereicht hatte, auf seine bleichen Lippen zu bringen; aber das Zittern seiner Hand ließ sie über den Becherrand auf seine Hose rutschen.

„Ullo, da sind wir wieder“, rief Bindle fröhlich.

„Ich wundere mich, dass Sie sich nicht schämen“, rief Frau Bindle.

Bindle starrte sie verwirrt an. Er sah Mr. Hearty an, dann wieder Mrs. Bindle.

„Mr. Hearty und mich so zurückzulassen. Wir wären vielleicht getötet worden.“ Ihre Stimme zitterte.

„Das wäre eine Abkürzung zu ‚Arps und‘ Wings gewesen.“

„Ich schäme mich für Sie", fuhr sie fort, während Mr. Hearty seinen Schwager mit leicht vorwurfsvollen Augen ansah.

„Nun, ich bin überwältigt", murmelte Bindle, als er wegging. „Wenn die beiden es nicht sind, ist es das. *Ich werde sie* verlassen . Wenn das kein saftiges Stück ist."

Mr. Hearty hatte gerade erst die Hälfte seiner zweiten Tasse Tee getrunken, als der Bischof von Fulham, gefolgt von mehreren Sommercampern, erschien und zügig auf sie zuging.

„Wo ist Ihr Mann, Frau Bindle?" fragte er, als ob er Bindle verdächtigte, sich vor ihm zu verstecken.

„Ich weiß es sicher nicht, Sir", rief sie und stand auf, während Mr. Hearty seinem Beispiel folgte, auf die Schöße seines Mantels trat und den Rest des Tees über seine Hose schüttete.

„Ah", sagte der Bischof. „Ich muss ihn finden. Er ist ein netter Kerl, der das Feld hinter diesem Bullen überquert, um Mr. Timkins zu warnen. Wenn das Biest zufällig ins Lager gelangt wäre, wäre es sehr, sehr katastrophal gewesen", korrigierte er sich und Mit einem Nicken ging er weiter, gefolgt von den anderen Campern.

„Das ist genau wie Bindle", beklagte sie sich, „ohne ein Wort zu sagen und mich vor dem Bischof lächerlich zu machen. Er behandelt mich immer so", und in ihrer Stimme lag ein Wimmern.

„Es ist – es ist sehr bedauerlich", sagte Mr. Hearty nervös.

„Danke, Mr. Hearty", sagte sie. „Es ist wenig Mitleid, das ich bekomme."

II

Erst gegen vier Uhr erschien Bindle wieder mit der Andeutung, dass er bereit sei, Mr. Hearty zu überreden, Bauer Timkins wegen der Erdbeeren aufzusuchen, deren Kauf Gegenstand von Mr. Heartys Besuch gewesen sei .

„Kommst du nicht auch, Elizabeth?" fragte Mr. Hearty und wandte sich an Mrs. Bindle.

„Vielen Dank, Mr. Hearty, das würde ich gerne tun", antwortete sie und zog die Bänder ihrer Haube fester, als erwartete sie weitere heftige Bewegungen.

Mr. Hearty gab die Einladung eher als Vorsichtsmaßnahme gegen Bindles Übermut, denn aus Wunsch nach der Gesellschaft seiner Schwägerin.

„Hier, nicht so", rief Bindle, als sie auf das Tor zusteuerten, das zur Straße führte.

Mr. Hearty sah Mrs. Bindle zögernd an, die jedoch die Frage klärte, indem sie entschlossen zum Tor marschierte.

„Aber so dauert es eine Viertelstunde", protestierte Bindle.

„Wenn du denkst, dass ich noch mehr mit wilden Bullen über die Felder gehe, Bindle, dann täuschst du dich", verkündete sie entschieden. „Sie haben Mr. Hearty heute einmal beinahe getötet. Das soll genug sein."

Mit einem Gefühl der Dankbarkeit folgte Mr. Hearty.

„Aber das kleine Stück Rindfleisch ist mit einem Ring durch seine blühende Nase gebunden. Ich habe ihn mir nur angeschaut."

„Klingeln oder nicht", schnappte sie, „ich werde Sie wissen lassen, dass ich nicht noch mehr über Felder gehen werde. Es ist eine Gnade, dass einer von uns noch am Leben ist."

Bindle wusste, dass er nicht derjenige war, auf den Bezug genommen wurde, und er folgte widerstrebend und murrte über weite Entfernungen und verschiedene Adern.

Obwohl sie sich auf der Landstraße befanden, waren sowohl Mrs. Bindle als auch Mr. Hearty das, was Bindle als „etwas nervös" empfand.

Von Zeit zu Zeit sahen sie sich mit offensichtlicher Besorgnis um, als rechneten sie damit, dass aus allen Himmelsrichtungen ein Stier sich anschickte, auf sie herabzustürmen.

Sie blieben am Haupteingang der Farm stehen und ließen Bindle ihnen den Weg weisen.

Auf halbem Weg zum Haus stieg ihnen ein verheerender Geruch in die Nase; Mr. Hearty hielt den Atem an, während Mrs. Bindle ein Taschentuch hervorholte, sich die Lippen abwischte und es dann an ihre Nase hielt. Man hatte ihr immer klar gemacht, dass das einzige Gegenmittel gegen einen schlechten Geruch darin besteht, zu spucken; aber sie war zu gebildet, um dem Ausspruch ohne die Hilfe ihres Taschentuchs gerecht zu werden.

„Schweine!" bemerkte Bindle, hob den Kopf und schnupperte mit der Miene eines Kenners.

„Extrem unhygienisch", murmelte Mr. Hearty. „Du hast gesagt, dass der – ähm – der Stier gefesselt war, Joseph?" erkundigte er sich.

„Nun, das war es, als ich ihn sah", sagte Bindle, „aber es würde natürlich nicht lange dauern, bis er sich selbst auflöste."

Mr. Hearty blickte sich besorgt um.

Vor dem Haus machte die Party Pause. Nirgends war jemand zu sehen. Ein alter Karren mit himmelwärts gerichteten Deichseln stand am Rande eines Ententeichs, grün vor Schleim.

Der Ort war schlammig und unsauber, und mit einem angewiderten Gesichtsausdruck zog Mrs. Bindle ihre Röcke fast bis zu den Gummistiefeln hoch.

Bindle sah sich interessiert um. Eine Henne tauchte um die Ecke des Hauses auf, starrte die Neuankömmlinge ein paar Sekunden lang an, den Kopf auf die Seite gelegt, und verschwand dann von dort, wo sie hergekommen war.

Enten standen auf dem Kopf im Wasser oder schnatterten gemütlich, während sie umherschwammen, offenbar ohne oder gleichgültig gegenüber der Tatsache, dass es Rufer gab.

Von irgendwo in der Ferne war das Stampfen eines Pferdes in seinem Stall zu hören.

Nach fünf Minuten erschien ein alter Mann mit einem Eimer. Beim Anblick von Fremden blieb er wie angewurzelt stehen und seine sabbernden Lippen öffneten sich vor Überraschung.

„Kann ich Mr. Timkins sehen?" fragte Mr. Hearty in raffiniertem, aber wolligem Ton.

„Farmer, sei da drüben mit Bessie. Ich sage dir, dass sie in der Nacht ein Fohlen bekommen wird, aber sie wird es nicht lassen. Wir werden sehen. Das werden wir", fügte er mit der Miene eines hinzu Fatalist.

Mr. Hearty drehte sich zur Seite und interessierte sich für die Enten, während Mrs. Bindle ein tiefes Zinnoberrot errötete. Bindle sagte nichts; beobachtete aber mit Vergnügen die Verwirrung der anderen.

Der Mann starrte sie an und fragte sich, ob er ihr Verhalten erklären könne.

„Wo, sagen Sie, war Mr. Timkins zu finden?" fragte Mr. Hearty.

„Ich sage es dir nur, im Stall mit Bessie. E sagt, sie wird kein Fohlen bekommen; aber ich weiß, dass sie es tun wird. Warum sie –"

Mr. Hearty wartete nicht auf weitere Informationen; Aber er drehte sich um und ging zu dem Ort, den er der Kopfbewegung des Mannes nach für den Stall hielt.

Die anderen folgten.

„Nein, nicht da", schrie der Mann, als würde er jemanden im nächsten Feld ansprechen. „Drehen Sie sich nach links von dem Mist da ab."

Ein krampfhafter Schauer überlief Mr. Heartys Körper. Er war entsetzt über die Grobheit, die eine landwirtschaftliche Existenz mit sich brachte. Er eilte weiter, damit er Mrs. Bindle nicht in die Augen sehen musste.

In diesem Moment wurde Farmer Timkins gesehen, wie er sich näherte. Er war ein kleiner, rotgesichtiger Mann in einem Mantel mit Bob-Schwanz, großen Pattentaschen, Reithosen und Gamaschen. In seiner Hand hielt er eine Gerte, die er beim Anblick von Mrs. Bindle zum Gruß an seinen Hut hob.

„Morgen."

„Guten Tag", sagte Mr. Hearty vornehm.

Der Bauer richtete seinen Blick auf Mr. Heartys abgemagerte, bleiche Gestalt, mit der ganzen Überlegenheit eines Mannes, der weiß, dass er eine gute Figur von einem Mann ist.

„Du warst es, der Oscar verärgert hat, nicht wahr?" In seinem Ton lag mehr Vorwurf als Begrüßung.

„Oscar verärgert?" fragte Herr Hearty und schaute nervös vom Bauern zu Frau Bindle und dann wieder zurück zum Bauern.

„Ja, mein Bulle", erklärte Mr. Timkins.

„Es war Oscar, der den alten ‚Earty' beinahe verärgert hätte", grinste Bindle.

„So ein wildes Tier sollte erschossen werden", rief Frau Bindle und blickte den Bauern direkt an. „Es hätte fast getötet –"

„Müsste erschossen werden!" wiederholte der Bauer, während ihm eine matte Röte ins Gesicht stieg. „Erschießen Sie Oscar! Sind Sie verrückt, Ma'am?" „Forderte er und bemühte sich offensichtlich, seinen Zorn zu zügeln.

„Wage es nicht, mich zu beleidigen", rief sie. „Sie haben dieses brutale Tier auf Mr. Hearty losgelassen, und es hätte ihn fast umgebracht. Ich werde Sie dem Bischof – und – und – der Polizei melden", fügte sie im Nachhinein hinzu. „Sie sollten strafrechtlich verfolgt werden."

Mrs. Bindles Lippen waren zu einer grauen Linie verschwunden, ihr Gesicht war sehr weiß, besonders an den Mundwinkeln. Fast zwei Stunden lang hatte sie sich zurückgehalten. Als sie nun dem Besitzer des Bullen gegenüberstand, der sie fast in Trauer gestürzt hätte, brach ihre Wut aus.

Der Bauer blickte verwirrt von einem zum anderen.

„Melden Sie mich bei der Polizei", wiederholte er dumpf. "Was--"

„Ja, und das werde ich auch", rief Frau Bindle und interpretierte das seltsame Verhalten des Bauern als Anzeichen von Angst. „Mad Bulls werden immer erschossen."

Der Bauer richtete seinen Blick auf Frau Bindle, als gehörte sie einer neuen Spezies an. Seine Wut war verflogen. Er war überrascht, dass irgendjemand so unwissend über Stiere und ihre Verhaltensweisen sein konnte, dass er Oscar für verrückt hielt.

„Aber, Ma'am, Oscar ist nicht verrückter als Sie oder ich. Er ist nur ein bisschen frisch. Meistens ist er so sanft wie ein Lamm."

„Sprich nicht mit mir über Lämmer", rief Frau Bindle, jetzt völlig aufgeweckt. „Mit meinen eigenen Augen habe ich gesehen, wie es Mr. Hearty über das Feld gejagt hat. Es ist ein Wunder, dass er nicht getötet wurde. Ich werde darauf bestehen, dass das Tier vernichtet wird."

Der Bauer wandte sich an Bindle, als wollte er ihm eine Erklärung für seine seltsamen Ansichten über Bullen im Allgemeinen und Oscar im Besonderen geben.

„Oscar ist in Ordnung, Lizzie", sagte Bindle friedlich. „'E wollte nur Fangen mit ,Earty' spielen."

"Du bist leise!" rief Frau Bindle. Sie hatte das Gefühl, dass sie den Feind bereits besiegt hatte und Angst vor Strafverfolgung hatte.

„Ich nehme an", fuhr sie fort und wandte sich noch einmal an Mr. Timkins, „Sie wollen die Tatsache verbergen, dass Sie einen verrückten Bullen halten, bis Sie ihn in Rindfleisch verwandeln und auf den Markt bringen können; aber –"

„Verwandle Oscar in Rindfleisch!" brüllte der Bauer. „Verdammt noch mal, Ma'am, Sie sind verrückt! Ich würde Oscar nicht für tausend Pfund verkaufen."

„Das dachte ich mir", sagte Mrs. Bindle und sah zu Mr. Hearty hinüber, der sich äußerst unwohl fühlte, „und Menschen werden durch das Land gejagt und ermordet, nur weil man nicht –"

„Aber verdammt, Ma'am! Im Umkreis von zwanzig Meilen gibt es keinen Bullen wie Oscar. Letztes Jahr hatte ich – mal sehen, wie viele Kälber –"

„Seien Sie nicht ekelhaft", rief sie, während Mr. Hearty seinen Kopf zur Seite drehte und bescheiden in seine rechte Hand hustete.

Mr. Timkins blickte voller Erstaunen von einem zum anderen, während Bindle, der sich so manövriert hatte, dass er sich hinter Mrs. Bindle stellte, den Blick des Bauern auffing und ihm bedeutungsvoll an die Stirn tippte.

Die einfache Aktion schien eine magische Wirkung auf Mr. Timkins zu haben. Sein Zorn verschwand und seine übliche unverblümte Freundlichkeit kehrte zurück.

Er quittierte Bindles Zeichen mit einem Augenzwinkern und wandte sich dann an Frau Bindle.

„Sehen Sie, Ma'am, das ist mein ganzes Land, und ich habe dem Bischof sein Lager überlassen –"

„Das entschuldigt Sie nicht dafür, einen verrückten Bullen zu halten", war die kompromisslose Erwiderung. Das Leben ihres Helden war in Gefahr, und Frau Bindle ließ sich durch Worte nicht besänftigen.

„Aber Oscar ist nicht böse", protestierte der Bauer, nahm seinen Hut ab und wischte sich mit einem großen bunten Taschentuch, das er aus seiner Gesäßtasche gezogen hatte, die Stirn. „Ich sage dir, er ist nicht wütender als ich."

„Und ich sage Ihnen, dass er es ist", erwiderte sie mit der Sicherheit einer Person, die sich gründlich mit den Gepflogenheiten von Bullen auskennt.

„Siehst du, hier ist es so, Mama", sagte er beruhigend, mit der Absicht, jemanden zu besänftigen, der nicht „ganz da" war, wie er es ausgedrückt hätte. „Das liegt daran, dass der Wind nach Südwesten weht. Wenn das nicht gewesen wäre –"

„Sprich nicht mit mir über so einen Blödsinn", unterbrach sie ihn verächtlich. „Ich frage mich, ob du nicht sagst, es liegt daran, dass Neumond ist. Ich bin kein Dummkopf, obwohl ich nicht mein ganzes Leben auf einer Farm verbracht habe."

Der Bauer sah sich hilflos um. Dann unternahm er einen weiteren Versuch.

„Sehen Sie, Ma'am, wenn der Wind im Südwesten weht, schnuppert Oscar die Kühe im Haus –"

"Wie kannst du es wagen!" Die Farbe von Mrs. Bindles Wangen übertraf alles, was Bindle jemals gesehen hatte. „Wie kannst du es wagen, mit mir zu sprechen! Wie – du grobes – du – du ekelhaftes Biest!"

Beim Anblick von Mrs. Bindles leuchtenden Augen und ihrer bebenden Brust wich der Bauer unwillkürlich einen Schritt zurück.

Er blinzelte mehrmals schnell hintereinander.

Mr. Hearty drehte sich um und konzentrierte seinen Blick auf das, was der alte Mann als „das da Miststück" beschrieben hatte.

„Bindle!“ rief Frau Bindle. „Wirst du daneben stehen und zulassen, dass dieser Mann mich beleidigt? Er ist ein grober, niederträchtiger –“ Ihre Stimme zitterte vor unterdrückter Leidenschaft. Mr. Hearty zog sein Taschentuch hervor und hustete hinein.

Einige Sekunden lang starrte Mrs. Bindle den Bauern wütend an, dann drehte sie sich plötzlich um und ging mit kurzen, ruckartigen Schritten der Empörung davon.

Mr. Hearty starrte weiterhin auf den Misthaufen, während der Bauer die sich zurückziehende Gestalt von Mrs. Bindle beobachtete, als wäre sie ein doppelköpfiges Kalb oder eine dreibeinige Ente gewesen.

Als sie um die Ecke des Hauses verschwunden war, wischte er sich noch einmal mit dem farbigen Taschentuch die Stirn, dann steckte er es in die Tasche und setzte mit der Miene eines Mannes, der einer tödlichen Gefahr entkommen ist, seinen Hut wieder auf .

„Das ist alles da, Jim“, murmelte er. „Ich habe ihm gesagt, er solle auf den Wind achten und die Kühe wegtreiben; aber wird er das? Nicht, wenn er es weiß, verdammt noch mal.“

„Nehmen Sie es sich nicht zu Herzen“, sagte Bindle fröhlich. „Es nützt nichts, mit meinen Missis zu reden.“

„Aber sie sagte, Oscar sollte erschossen werden“, murrte der Bauer. „Schieß Oscar!“ murmelte er vor sich hin.

„Siehst du, es ist so, Religion ist eine komische Sache. Wenn es von dir alt wird, macht es dich entweder mild, wie ‚Earty‘, oder es macht dich so zwiebelartig, wie meine Missis. Sie Das heißt nicht, dass du keinen Arm hast, aber wenn du mit dem Kopf voran über einen Zauntritt gehst und irgendwie schüchtern bist, was deine Beine angeht, hast du nicht das Gefühl, dass du dein Zuckerticket dem Bullen geben willst, der es getan hat ."

„Die – die Erdbeeren, Joseph“, unterbrach Mr. Hearty das Gespräch und wandte sich dabei eher an Bindle als an den Bauern, vor dem er eine gewisse Ehrfurcht hatte.

„Ach, verdammt, natürlich diese Erdbeeren“, rief der Bauer, der von Streifenführer Smithers darauf hingewiesen worden war, dass ein potenzieller Kunde vorbeikommen würde. „Kommen Sie hier entlang“, und er führte den Bauer zu einer großen Scheune, immer noch vor sich hin murmelnd.

„Hier entlang“, rief er erneut, als er eintrat und dorthin zeigte, wo reihenweise Körbe voller Erdbeeren standen, deren Duft die Luft erfüllte. Hearty ging durch die Scheune, nahm ein Exemplar der Frucht und biss hinein.

„Welchen Preis verlangen Sie dafür?", erkundigte er sich.

„Vier Pence", war die Erwiderung.

„Ich fürchte", sagte Mr. Hearty mit dem ganzen Instinkt eines Chafferers, „dass ich nicht mehr bezahlen könnte als –"

„Dann fahr zur Hölle!" brüllte der Bauer. „Du verschwindest von meiner Farm oder – oder ich lasse Oscar frei", fügte er inspiriert hinzu.

In der letzten Viertelstunde hatte er sich nur mit Mühe zurückhalten können; Aber Mr. Heartys Verhandlungsinstinkt war der Funke gewesen, der den Vulkan seines Zorns entfacht hatte.

Mr. Hearty fuhr heftig zurück; stolperte gegen einen großen Stein und setzte sich so plötzlich hin, dass seine Zähne klapperten.

"Es kann losgehen!" schrie der Bauer, lila vor Wut. „Hier Jim", rief er; aber Mr. Hearty wartete nichts mehr. Er rappelte sich auf und floh blindlings, er wusste nicht wohin. Es genügte ihm, dass es sich von dem muskulösen Arm entfernte, der eine beeindruckend aussehende Gerte umklammerte.

Bindle drehte sich um, um ihm zu folgen, denn er hatte das Gefühl, dass seine eigene Popularität in den negativen Eigenschaften seiner Frau und seines Schwagers untergegangen war; aber der Bauer streckte eine zurückhaltende Hand aus.

„Nicht du", sagte er, „du kommst zum Haus. Ich kann dir einen Krug Bier geben, wie du es seit Jahren nicht mehr getrunken hast. Ich bin ganz verärgert, das bin ich", fügte er hinzu wenn ich seinen Ausbruch entschuldigen möchte. „Ich vergesse nicht, dass du es warst, der mir von Oscar erzählt hat. Er könnte ein bisschen Schaden angerichtet haben." Dann erinnerte er sich plötzlich an die Ursache des ganzen Ärgers und fügte hinzu: „Verdammter alter Jim! Es waren diese Kühe, die das getan haben. Erschieß Oscar!"

KAPITEL X

Das Kommen des Wirbelwinds

ICH

„Es ist gekommen, Kumpel."

„Geh weg, wir sind noch nicht oben", rief die Stimme von Frau Bindle aus dem Zelt.

„Es ist da, Kumpel", wiederholte eine düstere Stimme, in der Bindle die des großen, mutlosen Mannes mit dem stoppeligen Kinn erkannte.

„Wer ist gekommen?" forderte Bindle, setzte sich auf, warf die Bettwäsche von seiner Brust und enthüllte ein ausgewaschenes rosa Flanell-Nachthemd.

„Die blinkende Feldküche", kam die Stimme von draußen. „Kommen Sie, um es sich anzusehen?"

„Gut, alter Sport. Ich bin in zwei Sekunden draußen."

„Ich werde diesen Mann nicht zum Zelt kommen lassen, wenn – wenn wir nicht oben sind", sagte Mrs. Bindle wütend.

„Es ist alles in Ordnung, Lizzie", beruhigte Bindle, „er kann nicht durchschauen – und so eine Bucht ist er auch nicht", fügte er hinzu.

Mrs. Bindle murmelte eine wütende Erwiderung.

Fünf Minuten später verließ Bindle mit herunterhängenden Hosenträgern das Zelt und schloss sich der Gruppe von Männern und Kindern an, die einen ramponierten Gegenstand betrachteten, der seltsamerweise an Stevensons erste Dampfmaschine erinnerte.

„Das ist es", sagte der Mann mit dem stoppeligen Kinn, dessen Name Barnes war und den seine Vertrauten „Arry" nannten, drehte sich um, um Bindle zu begrüßen, und deutete mit dem schmutzigen Daumen in Richtung der fahrenden Feldküche.

Zweifelhafte Köpfe wurden geschüttelt. Viele der Männer hatten bereits praktische Erfahrungen mit dem Temperament einer Feldküche der Armee gemacht.

„Bei Givenchy sehe ich einen von ihnen, der von einem ‚Crump' in die Länge gezogen wurde", murmelte ein kleiner dunkelhaariger Mann mit rotgeränderten Augen, die automatisch zu blinzeln schienen. „Es war auch nicht gerade ein Anblick", fügte er hinzu.

„Wer wird heizen?" forderte Barnes und rieb sich liebevoll mit der Kuppe seines rechten Daumens das Kinn.

„Ich war der Schlimmste“, schlug Bindle vor.

Allerdings hatten sie keine Lust auf Leichtigkeit. Noch hatte keiner gefrühstückt, und alle hatten die akute Unannehmlichkeit erlitten, unter der obersten Leitung eines gütigen, aber fehlgeleiteten Geistlichen zu campen.

„Warum zum Teufel ich hierher gekommen bin, weiß ich nicht“, sagte ein Mann mit einem feuchten, schmutzigen Gesicht. „Vielleicht bin ich mit meinem Schwager nach Southend gegangen, vielleicht“, fügte er in Erinnerungen hinzu.

„Du warst doch kein Idiot, oder?“ bemerkte ein drahtiger kleiner Mann in einem Unterhemd und einer Khakihose.

„Da hast du recht, Kumpel“, war die Antwort. „Blinzelnd, das muss ich gewesen sein.“

„Ich wollte nach Yarmouth“, vertraute ein Dritter an, „nur meine Missis haben dieses üble Lager im Gehirn. Ich habe darüber geredet, bis mir schlecht wurde, und habe nachgegeben, um Frieden und Ruhe zu finden. Jetzt seht mich an.“

„Es ist die ganze verdammte Regierung, die diese stotternden Lager ins Leben gerufen hat“, beklagte sich ein rothaariger Mann mit dem Gesicht eines Bolschewisten.

„Sie sind auch Rennen in Yarmouth“, murrte der Vorredner.

„Erst im September“, fügte ein anderer hinzu.

„August“, sagte der erste Redner aggressiv, und die beiden diskutierten heftig über den Termin der Yarmouth-Rennen.

Als der Streit so weit gegangen war, wie es ohne Schläge möglich war, und alle anderen Gespräche zum Schweigen gebracht hatten, entfernte sich Bindle von der Gruppe und kehrte ins Zelt zurück, wo er Mrs. Bindle dabei antraf, gerade damit beschäftigt zu sein, das Frühstück vorzubereiten.

Er schmatzte mit dem Bewusstsein, dass er von allen Campern am besten ernährt war.

„Macht weiter“, rief er fröhlich und schmatzte noch einmal.

„Schade, dass du nichts tun kannst, um zu helfen“, erwiderte sie, „anstatt mit dieser Meute fauler Kerle herumzubummeln.“

Bindle zog sich ins Innere des Zeltes zurück und machte sich an die Toilette.

„Das stimmt, nimm dir keine Notiz, wenn ich mit dir spreche“, schnappte sie.

"Oh mein Gott!" er stöhnte. „Es wird die ganze Nacht gekratzt und den ganzen Tag geschrottet. Es ist ja ein Feiertag."

Er versuchte, sich etwas Taktvolles auszudenken; Aber im Moment schien sich nichts zu ergeben, und Mrs. Bindle schlug brutal drei Eier in die Bratpfanne, in der bereits Speck brutzelte, wie eine energiegeladene Funkpflanze.

Der herzhafte Geruch der gebratenen Eier und des Specks drang in Bindle ins Zelt und löste in ihm Gefühle der Güte und des guten Willens aus.

„Es tut mir leid, Lizzie", sagte er zerknirscht, „aber ich habe dich nicht gehört."

„Sie haben gut gehört, was ich gesagt habe", erwiderte Frau Bindle, als sie ein viertes Ei in die Pfanne schlug.

„Die Küche ist da", sagte er freundlich.

„Oh, stimmt's?" Mrs. Bindle blickte nicht von der Bratpfanne auf, die sie über dem Feuer des Pfadfinders hielt.

Ein oder zwei Minuten lang schwieg Bindle und fragte sich, welches Thema er beherrschte, um ihre offensichtliche Verärgerung zu lindern.

„Man sagt, das große Zelt steht unten am Bahnhof", bemerkte er und wiederholte ein Gerücht, das er gehört hatte, als er die Feldküche untersuchte.

Frau Bindle gewährte keine Antwort.

„Hast du gut geschlafen, Lizzie?" erkundigte er sich.

"Schlafen!" wiederholte sie verächtlich. „Wie konnte ich nur so auf grobem Stroh schlafen? Mir tut es am ganzen Körper weh."

Er erkannte, dass er mit der Einführung des Themas Schlaf einen falschen Schritt gemacht hatte.

„Die Milch ist nicht gekommen", verkündete sie plötzlich mit der Miene einer Person, die eine Aussage machte, von der sie wusste, dass sie unpopulär sein würde. Bindle hasste Tee ohne Milch.

„Das sagst du nicht", bemerkte er. „Ich muss mal mit Daisy reden. Sie hätte sich nicht die blumigen Rüschen anziehen sollen."

„Das Paraffin ist in den Zucker gelangt", lautete die nächste Bombe.

„Gut, gut", sagte Bindle. „Ich nehme an, man kann nicht alles so haben, wie man es möchte."

„Ein andermal stehst du vielleicht selbst auf und hilfst beim Essen."

„Ich beschäftige mich nicht besonders mit solchen Dingen", antwortete er, sich bewusst, dass Mrs. Bindles Wut zunahm.

„Du überlässt mir alles, als wäre ich dein Sklave und nicht deine Frau."

Bindle schwieg. Er erkannte, dass es Zeiten gab, in denen es besser war, sich dem Sturm zu beugen.

„Ist es noch nicht fertig?" fragte er und blickte besorgt auf die Bratpfanne.

„Das ist alles, was dich interessiert, dein Magen", schrie sie mit hysterischer Stimme. „Solange du genug zu essen hast, ist alles andere egal. Ich frage mich, ob ich es aushalte. Ich – ich –"

Bindles Augen waren immer noch ängstlich auf die Bratpfanne gerichtet, die Frau Bindle in ihrer Aufregung von einer Seite des Feuers zur anderen bewegte.

"Achtung!" rief er, „du wirst es verärgern, und ich bin so hungrig wie ein Awk."

Plötzlich sprang das Licht des Wahnsinns in ihre Augen.

„Oh! Das sind Sie, oder? Nun, beauftragen Sie jemand anderen, Ihre Mahlzeiten zu kochen", und damit drehte sie die Bratpfanne um und kippte den Inhalt ins Feuer. Als Bindle aus der Kiste aufsprang, auf der er gesessen hatte, rieb sie die Bratpfanne in die Asche und verursachte eine grässliche Sauerei aus dem Brennholz, den Eiern und dem Speck.

Mit einem Schrei, der halb einem Schluchzen glich, floh sie in den Schutz des Zeltes und ließ Bindle zurück, der auf die Trümmer dessen blickte, was für sein Frühstück gedacht war.

Er nahm einen an einem Ende verkohlten Stock und begann, in der Glut zu wühlen, in der vagen Hoffnung, aus dem Wrack etwas Essbares herausholen zu können; Aber Mrs. Bindles Aktion, die Bratpfanne in die Asche einzureiben, hatte aus dem Inhalt jeglichen Anschein von Essen entfernt. Mit einem Seufzer erhob er sich und stellte fest, dass der Bischof auf ihn herabblickte.

„Hatten Sie ein Missgeschick?" fragte er freundlich.

„Sie haben es geschafft, Sir", grinste Bindle. „Vor zwanzig Jahren", fügte er flüsternd hinzu.

"Vor zwanzig Jahren!" murmelte der Bischof mit einem verwirrten Gesichtsausdruck. „Was war vor zwanzig Jahren?"

„Das kleine Missgeschick, von dem Sie gesprochen haben, Sir", erklärte Bindle immer noch flüsternd. „Ich habe damals Frau B. geheiratet, und sie wird ab und zu etwas nervös."

„Ich verstehe", flüsterte der Bischof, „sie hat das Frühstück durcheinander gebracht."

„Nun, Sir, Sie können es so ausdrücken; aber ich persönlich denke, dass es das Frühstück war, was Sie verärgert hat."

„Und du hast nichts zu essen?"

„Nicht einmal eine Dose zum Auslecken, Sir."

„Liebes Ich, liebes Ich!" rief der Bischof aufrichtig betrübt, und als er plötzlich Barnes' traurige Gestalt hinter einem benachbarten Zelt auftauchen sah, begrüßte er ihn.

Barnes näherte sich mit der ganzen Besonnenheit und Unbekümmertheit eines ausgesprochenen Fatalisten.

„Unserem Freund hier ist ein Missgeschick passiert", sagte der Bischof und deutete auf das Feuer. „Gehst du zu meinem Zelt und holst ein paar Eier und Speck? Beeil dich, da ist ein guter Kerl."

Barnes drehte sich absichtlich auf dem Absatz um, während Bindle und der Bischof sich an die Rekonstruktion des Späherfeuers machten.

Eine Viertelstunde später, als Frau Bindle aus dem Zelt spähte, sah sie den Bischof und Bindle damit beschäftigt sein, Eier und Speck zu braten; während Barnes dastand und mit teilnahmslosem Pessimismus auf sie herabblickte.

Als der Bischof aufstand, um seine verkrampften Beine zu vertreten, erblickte er Mrs. Bindle.

„Guten Morgen, Frau Bindle. Ich hoffe, dass Ihre Kopfschmerzen besser werden. Herr Bindle hat mir erzählt, dass er ein Missgeschick mit Ihrem Frühstück hatte, also helfe ich ihm beim Kochen. Ich hoffe, es macht Ihnen nichts aus, wenn." Ich esse es gemeinsam mit dir."

„Das nenne ich Tack", murmelte Bindle leise, „aber mein Gott! Ich bin kein ausgezeichneter Lügner, ich bin auch ein Pfarrer."

Mrs. Bindle trat vor, mit einem Gesichtsausdruck, den man normalerweise für Rev. Mr. MacFie von der Alton Road Chapel hielt.

„Das ist sehr nett von Ihnen, Sir. Es tut mir leid, dass Bindle Sie beim Kochen helfen ließ."

„Aber ich werde beim Essen helfen", rief der Bischof fröhlich.

„Aber es ist keine geeignete Arbeit für …“

„Ich weiß, was Sie sagen werden“, sagte der Bischof, „und ich möchte nicht, dass Sie es sagen. Hier sind wir alle Freunde, helfen einander und geben eine Mahlzeit, wenn der Hunger auftaucht. Für heute Morgen.“ Ich werde die Rolle des Hungrigen übernehmen. Ich frage mich, ob Sie den Tee zubereiten werden, Frau Bindle. Herr Bindle sagt mir, dass Ihr Tee wunderbar ist.

"Oh mein Gott!" murmelte Bindle und hob die Augen.

Mit fast einem Lächeln folgte Frau Bindle den Anweisungen des Bischofs.

Während des Essens schwieg Bindle und überließ das Gespräch Frau Bindle und dem Bischof. Als er seine dritte Tasse Tee ausgetrunken hatte, war Mrs. Bindle fast fröhlich.

Der Bischof redete über Haushaltsführung, ging auf Religion und christliche Wohltätigkeit ein, ging dann wieder in Sommerlager, von dort weiter zu Heirat, Babys und den hundert und anderen Dingen, die einer Frau am Herzen liegen.

Als er schließlich aufstand, um zu gehen, sah Bindle in Mrs. Bindles Augen ein Lächeln, das fast bis zu ihren Lippen reichte.

„Ich hoffe, wenn Sie uns jemals wieder die Ehre erweisen, Sir, werden Sie es mich wissen lassen –“

„Nein, Frau Bindle, es ist das Unerwartete, das mich erfreut, und ich werde egoistisch sein. Vielen Dank für Ihre Gastfreundschaft und unser angenehmes Gespräch“, und damit war er weg.

„Nun, ich bin überwältigt!“ murmelte Bindle, während er der Gestalt des sich zurückziehenden Bischofs nachschaute, „und ich denke immer, dass man eine Hymne und eine Dose Lachs braucht, um mit Mrs. B Liebe zu machen.“

„Und jetzt gehst du wohl los und überlässt mir den ganzen Abwasch. Butter würde dir nicht im Mund zergehen, wenn der Bischof hier wäre. Du konntest vor ihm kein Wort sagen“, fauchte sie , und sie begann, das Geschirr zusammenzustellen.

„Nein“, murmelte Bindle, als er ein paar Stöcke für das Feuer holte. „Über Reißzwecke kann man reden, aber wenn man möchte, dass es lange hält, ist es besser, eine Dose Lachs zur Hand zu haben, auf die man zurückgreifen kann.“

An diesem Morgen hatte Daisy in der Feldküche eine ernsthafte Rivalin, die wie sie eine unbekannte Größe war und gleichermaßen in der Lage war, für das Glück aller zu sorgen oder das zu verweigern, was man von ihr erwartete.

Dem Bischof war bald klar, dass die Feldküche ebenso große Sorgen bereiten würde wie Daisy. Niemand zeigte eine ausgeprägte Neigung, als Heizer aufzutreten. Abgesehen davon hatte der Bischof den wichtigen Brennstoff völlig vergessen und weder Kohle noch Koks bestellt. Darüber hinaus herrschte bei den Ehefrauen ein deutliches Misstrauen gegenüber der ihrer Meinung nach neuartigen Art, eine Mahlzeit zuzubereiten. Viele von ihnen hatten bereits von ihren Ehemännern von den Feldküchen der Armee gehört und waren von bösen Vorahnungen erfüllt.

Es bedurfte des ganzen Taktgefühls und der Begeisterung des Bischofs, um ihren offensichtlichen Widerspruch zu mildern.

„Ich werde niemandem von mir in so einem rostigen alten Ding vertrauen", sagte eine dicke Frau mit schmutziger Haut und spärlichem Haar.

„Das Gleiche gilt, sie hätten uns nicht herunterkommen lassen sollen, ohne eine ordnungsgemäße Genehmigung erteilt zu haben", beklagte sich ein Zweiter und nutzte die Gelegenheit, als der Kopf des Bischofs im Heizloch steckte, um die Ketzerei auszusprechen.

"Segne mich!" sagte er und zog seinen Kopf zurück, ohne zu bemerken, dass sich auf der rechten bischöflichen Wange ein schwarzer Fleck befand. „Es wird furchtbar viel Treibstoff verbrauchen. Wer wird sich nun freiwillig melden, um zu heizen?" Er richtete sein überzeugendstes Lächeln auf die Gruppe von Männern, die großes Interesse an seiner Untersuchung des Geräts gezeigt hatten.

Die Männer scharrten mit den Füßen und sahen einander an, als erwartete jeder, in dem anderen den Geist der Aufopferung zu finden, der ihm selbst fehlte.

Ihre Abneigung war so ausgeprägt, dass sich das Gesicht des Bischofs verzog, bis er plötzlich Bindle auf sich zukommen sah.

"Ah!" er weinte. „Hier ist der Mann, den ich will. Nun, Bindle", rief er, „du hast uns vor dem Stier gerettet, wie würde es dir gefallen, Heizer zu werden?"

„Sicherlich bin ich nicht so schlimm, Sir", grinste Bindle.

„Ich spreche nicht professionell", lachte der Bischof, der sich bereits bei den Männern beliebt gemacht hatte, weil er nicht „wie ein unhöflicher Pfarrer redete". „Ich möchte, dass jemand die Leitung dieser Feldküche übernimmt", fuhr er fort. „Ich würde es selbst machen, aber ich muss mich um so viele andere Dinge kümmern. Ich leihe mir etwas Kohle von Mr. Timkins."

Bindle blickte zweifelnd auf die unansehnliche Eisenmasse, die mit den verwitterten Grün- und Brauntönen der Tarnung und des Krieges übersät war.

„Es ist ganz einfach", sagte der Bischof. „Du zündest hier das Feuer an, das ist der Ofen, und du kochst hier Dinge, und – wir werden es bald in Gang bringen."

„Es macht mir nichts aus, zu heizen, Sir", sagte Bindle schließlich; „Aber ich werde mich nicht um das Essen von 'oo's Abendessen kümmern. Wenn es zu Auseinandersetzungen mit den Damen kommt, dann bin ich nicht dabei.'

Schließlich wurde vereinbart, dass Bindle das Feuer anzünden und die Feldküche in Betrieb nehmen sollte, und dass das Einsetzen des Ofens und das Herausnehmen der verschiedenen Gerichte dem Ermessen der Camper selbst überlassen werden sollte, was auch der Fall war Sie sind dafür verantwortlich, wie lange es dauert, ihre eigenen Mahlzeiten zuzubereiten.

Mit erstaunlicher Energie ließ der Bischof die Kinder Holz sammeln, und schon bald stürzte sich Bindle mit Begeisterung in die Arbeit und ließ das Feuer gut brennen. Von der Farm war ein guter Vorrat an Kohle und Koks eingetroffen.

„Du hast kein Pech, Kumpel", sagte der Mann mit dem borstigen Kinn. „Er hätte einen Koch engagieren sollen", fügte er hinzu. „Wir kommen hierher, um uns zu amüsieren, und nicht, um blinzelnde Heizer zu sein. Das ist so, als ob diese unverschämten Pfarrer immer etwas zum Spaß wollen", fügte er hinzu.

„Hier, komm mit, fröhlich", schrie Bindle, „gib mir ein 'und mit dieser Cola', und eine Minute später schwitzte der traurige Barnes wie ein Pferd und schaufelte Brennstoff in den gefräßigen Schlund der Küche.

„Das ist nicht der Weg!"

Der Mann richtete seinen Rücken auf und blickte mit einer Hand auf dem Spaten auf Mrs. Bindle, die sich unbemerkt genähert hatte. Mit dem schmutzigen Daumen der anderen Hand rieb er sich das Kinn und verlieh seinen unscheinbaren Gesichtszügen ein schiefes Aussehen.

„Was ist das nicht, Missis?" fragte er mit der Miene eines Menschen, der bereit ist, auf die Vernunft zu hören.

„Die Cola sollte gedämpft sein", war die Antwort, „und Sie geben zu viel hinein."

„Aber wir wollen, dass es verbrennt", protestierte er.

Mrs. Bindle drehte ihm demonstrativ den schmalen Rücken zu.

„ *Du* solltest es zumindest besser wissen, Bindle", fauchte sie und gab ihm dann Anweisungen in der Kunst, ein Feuer zu entfachen.

„Du nimmst besser etwas heraus", sagte sie.

„Hey, alter Sport", rief Bindle, „gib uns –" er hielt plötzlich inne. Sein Assistent war verschwunden.

„Sie dürfen niemanden etwas hineinschieben lassen, bis der Ofen heiß ist", fuhr Frau Bindle fort, „und Sie dürfen die Tür nicht zu oft öffnen. Vereinbaren Sie besser einen Zeitpunkt, zu dem das Essen gebracht werden kann, sagen wir elf Uhr." 'Uhr."

„Früher Einlass, drei Pence extra?" fragte Bindle.

„Wir werden eine Wurst-Kröte im Loch haben, und pass auf, dass du sie nicht anbrennst."

„Ich werde es mir ansehen, als wäre es mein eigenes Kind", schwor Bindle.

„Wenn der Bischof Sie so gekannt hätte, wie ich Sie kenne, hätte er Ihnen das nicht anvertraut", sagte Frau Bindle, als sie mit eingezogenen Lippen und in die Luft gerecktem Kopf davonging und mit der Befangenheit eines Zwerghuhns davonschritt spürt seine Sporen.

„Schade, wenn sie nicht denkt, dass ich mich freiwillig für den Blooming-Job gemeldet habe", murmelte er, während er aufhörte, Koksstücke aus dem Ofen zu holen. „Nun, wenn ihr Abendessen nicht fertig ist, ist es ihre Schuld, und wenn es übertrieben ist, ist es nicht meine", und damit zog er seine Pfeife aus der Tasche und füllte sie.

„Kein Glück", rief er, als eine grauhaarige alte Frau mit dem Schmutz vergangener Jahre im Gesicht mit einer Kuchenform heranhumpelte. „Die Türen sind noch nicht geöffnet."

„Aber es ist doch ein Zwiebelkuchen", grummelte die alte Dame, „und Zwiebeln erfordern viel Kochzeit."

„Ich kann nicht anders", grinste Bindle. „Die Türen sind erst um elf geöffnet."

„Aber –" begann die Frau.

„Nichts, Mutter", sagte der eigensinnige Bindle. „Sehen Sie, das ist eine religiöse Küche. Sie ist etwas ganz anderes als eine gewöhnliche, blasphemische Küche."

Schlag elf Uhr erschien Mrs. Bindle mit einer großen braunen Kuchenform, deren Anblick Bindle das Wasser im Mund zusammenlaufen ließ.

„Nun denn", rief er, „stellen Sie sich an die Backschlange. Schicken Sie einen Kopf und alle schlechten Nüsse werden ausgewechselt. Oh! Nein, das tun Sie nicht", rief er, als eine Frau eine Schüssel anbot. „Ich bin Heizer, nicht Koch. Du schiebt sie selbst rein und holst sie, wenn du sie willst. Wenn irgendetwas zu erledigen ist, bin ich der Schiedsrichter."

Eines nach dem anderen wurden die Gerichte in den Ofen geschoben, und eines nach dem anderen zogen sich ihre Besitzer zurück, mit einem Gefühl größerer Zuversicht in ihren Herzen, da sie nun ein richtiges Abendessen zubereiten konnten. Die Männer gingen los, um etwas zu trinken, und bald war Bindle allein.

Während der ersten halben Stunde stattete Frau Bindle der Feldküche drei verschiedene Besuche ab. Für sie war es eine neue und rätselhafte Erfindung, und sie hatte keine Möglichkeit, die Hitze des Ofens abzuschätzen. Sie betrachtete es misstrauisch und richtete anlässlich des zweiten Besuchs ein besonderes Wort der Warnung an Bindle.

Um 11.40 Uhr kam Barnes mit einer großen schwarzen Flasche zurück, die er Bindle mit der Aufforderung hinhielt, „etwas zu trinken".

Bindle entfernte den Korken und setzte die Flasche an seine Lippen, und sein Adamsapfel bewegte sich fröhlich auf und ab.

"Ah!" schrie er, als er schließlich gleichzeitig die Flasche und den Kopf senkte. „Das ist das Zeug, das man ihnen geben kann", und widerstrebend gab er die Flasche ihrem Besitzer zurück, der sich hastig zurückzog, als er Mrs. Bindle sah, der sich näherte.

Als sie sich verabschiedet hatte, wurde Bindle schläfrig. Die Sonne brannte heiß, die Luft war still und die Welt war sehr lebenswert. Dennoch musste man sich um die Feldküche kümmern.

Eine Zeitlang kämpfte er gegen den Ruf des Schlafes; aber tat, was er wollte, sein Kopf nickte weiter und seine Augenlider schienen mit Blei beschwert zu sein.

Plötzlich hatte er eine Inspiration. Wenn er die Feldküche anheizte, würde sie für sich selbst sorgen, und er könnte genau die „vierzig Augenzwinkern" haben, nach denen sich seine Natur sehnte.

Mit fieberhafter Energie machte er sich an die Schaufel und behandelte die beiden Stapel Kohle und Koks völlig unparteiisch. Dann, als er den Ofen gefüllt hatte, schloss er die Tür mit der Miene eines römischen Wachpostens, der sich seiner Verantwortung entledigte, indem er einen Einbruchalarm auslöste. Er entkam der vom Ofen verursachten Hitze und beruhigte sich, um hinter dem Kokshaufen zu schlafen.

Plötzlich wurde er aus einem Traum geweckt, in dem er auf dem Deck eines havarierten Dampfers stand, umgeben von Dampf, der mit heftigem Zischen aus den beschädigten Kesseln entwich.

Er setzte sich auf und sah sich um. Die Luft schien weiß vor Dampf, in dem und aus dem sich zwei Gestalten bewegten. Er rappelte sich auf und blickte sich um.

Ein paar Meter entfernt sah er, wie Mrs. Bindle damit beschäftigt war, Wasser auf die Feldküche zu schütten, und dann schnell zurücklief, um dem Dampf zu entkommen, der entstand. Der Bischof schüttete mit einem Eimer und einem rosa-blauen Krug Wasser auf den Rücken des Monsters.

Bindle betrachtete die Szene erstaunt, dann machte er einen Umweg und näherte sich von der gegenüberliegenden Seite, um zu sehen, was die Krise verursacht hatte. Genau in diesem Moment kam der Bischof zu dem Schluss, dass der Eimer durch die Verwendung des rosa-blauen Kruges so weit aufgehellt worden war, dass er ihn anheben konnte.

Einen Moment später befand sich Bindle im Zentrum einer Kaskade aus Wasser und einem Mantel aus Gischt.

„„Hier! Was zum Teufel?' er heulte.

Der Bischof ging auf die andere Seite, entschuldigte sich überschwänglich und erklärte, wie Mrs. Bindle herausgefunden hatte, dass die Feldküche überhitzt war und dass sie gemeinsam versuchten, die Temperatur zu senken.

„Ja, aber ich habe nicht zu viel gegessen", protestierte Bindle.

„Du hast zu viel Kohle hineingelegt, Bindle; in einer halben Stunde wäre der Ort glühend heiß gewesen."

„Nun, aber schauen Sie sich all die Abendessen an, die –"

„Sprich nicht mit ihm, mein Herr", sagte Frau Bindle, die von einem Mitcamper gelernt hatte, wie man einen Bischof anreden sollte. „Er hat es mit Absicht getan."

„Nein, nein, Frau Bindle", sagte der Bischof freundlich. „Ich bin mir sicher, dass er es nicht wollte. Es ist wirklich meine Schuld."

Und Mrs. Bindle beließ es dabei.

Von diesem Zeitpunkt an übernahm sie jedoch die Leitung der Geschäfte, wobei der Bischof und Bindle unter ihrer Leitung arbeiteten. Die von den Kindern an ihre Eltern übermittelte Nachricht, dass die Feldküche in Flammen stand, hatte die Camper in Höchstform gebracht.

Es gab einen Ansturm auf den Ofen; Aber Mrs. Bindle zeigte bald, dass sie die Situation gut im Griff hatte, und der Anblick des Bischofs, der ihren Befehlen gehorchte, hatte eine beruhigende Wirkung.

Unter ihrer Aufsicht wurde jede Schüssel und jedes Becken abgeholt und bei Bedarf Erste Hilfe geleistet. Die verbrannten wurden mit einer Geschicklichkeit und Schnelligkeit gepflegt, die die Bewunderung jeder anwesenden Hausfrau hervorrief. Sie begnügten sich damit, die Angelegenheiten den Händen zu überlassen, von denen sie erkannten, dass sie leistungsfähiger waren als ihre eigenen.

Als die Bergungsarbeiten beendet waren und die Schüsseln und Schüsseln in einen Ofen gestellt wurden, der auf eine geeignete Temperatur heruntergekühlt worden war, wischte sich der Bischof die Stirn, während Frau Bindle zurücktrat und auf die Feldküche blickte, wie St. George es getan hätte betrachtete den besiegten Drachen.

Ihr Gesicht war gerötet und ihre Hände waren schmutzig; aber in ihren Augen lag eine tiefe Befriedigung. Zum ersten Mal in ihrem Leben stand sie im Mittelpunkt von etwas Größerem als einer häuslichen Bühne.

„Meine Freunde", rief der Bischof, immer bereit, ein paar Worte zu sagen oder die Moral zu verdeutlichen, „wir alle haben eine sehr große Verpflichtung gegenüber unserer fähigen Freundin Frau Bindle, einer wahren Martha unter den Frauen." Er deutete mit einer Bewegung auf Frau Bindle, die wahrscheinlich die schmutzigste bischöfliche Hand in der Geschichte der Kirche war. „Sie hat die Situation gerettet, und darüber hinaus hat sie unser Abendessen gerettet. Jetzt", rief er jungenhaft, „rufe ich ein dreifaches Hoch auf Mrs. Bindle aus."

Und sie wurden mit einer Herzlichkeit serviert, die bei Mrs. Bindle ein seltsames Gefühl in der Kehle verursachte.

Die Camper scharten sich um sie und stellten fest, dass sie, die sie als „vornehm" angesehen hatten, fast gnädig sein konnte. Jedenfalls hatte sie ihr Abendessen gerettet.

Es war Mrs. Bindles Stunde.

„Ich stelle mir vor, dass ich ihn Martha nenne, wenn er Lizzie heißt", murmelte Bindle, als er davonschlenderte. Er hatte an dem Verfahren keine besonders prominente Rolle gespielt – er schämte sich ein wenig für die Rolle, die er bei dem gespielt hatte, was sich fast als Tragödie erwiesen hatte.

An diesem Tag aßen die müden Arbeiter wegen Frau Bindle zu Abend, und sie wussten es. Unterschiedlich waren die Bemerkungen, die zwischen den vor den Zelten versammelten Gruppen ausgetauscht wurden.

„Sie hat den Bischof nicht einmal herumkommandiert", bemerkte er zu seiner Frau, dem Mann, der nach Yarmouth hätte gehen sollen.

„Jedenfalls, wenn er nicht gewesen wäre, hättest du zum Abendessen Asche statt gebackener Koteletts und Zwiebeln", war die Erwiderung, während seine Frau, eine kleine Wespe, ein Stück davon rieb Brot rund um ihren Teller. „Sie muss nicht viel über einen Küchenherd lernen, das sage ich mal", fügte sie mit der Miene von jemandem hinzu, der Tugend an ungewohnten Orten sieht.

An diesem Nachmittag lag Bindle im Zelt und versuchte, etwa fünfzig Prozent zu verdauen. Da er mehr Wurstkröte im Loch trug, als er tragen durfte, wurde er durch den Klang von Stimmen draußen aus dem Schlaf gerissen.

„Wir haben sie für Sie mitgebracht, Missis." Es war der Mann mit dem stoppeligen Kinn, der sprach.

„Muss dich ein bisschen zum ersten Mal gemacht haben, das ganze Essen", bemerkte eine andere Stimme.

Bindle setzte sich auf. Die Ereignisse wurden interessant. Er kroch zur Öffnung des Zeltes und zog die Klappe leicht zur Seite.

„Das beste Abendessen, das wir je erlebt haben." Der Redner war der Mann, der bei Givenchy gesehen hatte, wie eine Feldküche zerlegt wurde. Er entsprach genau Bindles Vision.

Als er die Klappe noch weiter zur Seite zog, sah er ein halbes Dutzend Männer unbeholfen vor Mrs. Bindle stehen, die, mit einer Flasche Guinness-Stout in beiden Händen, tatsächlich lächelte.

„Das ist sehr nett von dir", sagte sie. "Vielen Dank."

In seinem Erstaunen ließ Bindle die Klappe fallen und das Bild wurde ausgelöscht.

„Komm und sieh dir Daisy an", hörte er den Mann mit dem stoppeligen Kinn sagen. Es war offensichtlich seine Idee, ein unangenehmes Interview zu beenden.

„Guten Tag", hörte er eine Stimme murmeln, worauf Frau Bindle fast herzlich antwortete.

Bindle kletterte zurück zu seiner Matratze, gerade als Mrs. Bindle die Zeltklappe zur Seite schob und eintrat, immer noch eine Flasche in beiden Händen. Bei diesem Anblick wurde Bindle auf einen Durst aufmerksam, der bis dahin geschlummert hatte.

„Ich könnte einen Tropfen Guinness gebrauchen", rief er fröhlich, während sein Blick auf die Flaschen gerichtet war. „Es ist nett von denen, an uns zu denken."

„Ich war es, nicht du", erwiderte Frau Bindle, als sie zu ihrer Matratze trat.

„Aber du trinkst kein Bier, Lizzie", protestierte er. „Du stehst auf Mäßigkeit. Ich werde sie für dich trinken."

„Wenn du das tust, werde ich dich töten, Bindle." Und die Intensität, mit der sie die Drohung aussprach, entschied ihn, dass es besser wäre, das Paar Guinness ganz in Ruhe zu lassen; aber er war zutiefst verwirrt.

II

An diesem Abend äußerten sich die männlichen Sommercamper im sandigen Schankraum von The Trowel and Turtle zum zwanzigsten Mal kompromisslos zum Thema Bischöfe und Sommercamps. Sie hatten „die Schnauze satt" und gaben nicht wenig dafür, wieder in London zu sein, wo es möglich war, einen Pub zu finden, „ohne sich eine Blase auf dem stotternden Aal zu holen".

Es stimmte, die Feldküche war angekommen, sie hatten ihre erste anständige Mahlzeit zu sich genommen, und es gab allen Grund zu der Annahme, dass das Festzelt am Bahnhof war; Dennoch hatten sie „das ganze Streaming-Geschäft satt".

Um ihre Probleme noch zu verschlimmern, äußerte der Vermieter von The Trowel and Turtle große Bedenken hinsichtlich des Wetters. Das Glas fiel herunter und es gab alle Anzeichen von Regen.

„Rain wird dieser blinkenden Bohne den scharlachroten Deckel aufsetzen", war die Meinung, die einer aus der Gruppe äußerte und von allen unterstützt wurde, als sie auf den Rat des Wirts, dafür zu sorgen, dass alles für die Nacht behaglich hergerichtet war, hinauszogen aus dem gemütlichen Schankraum und richteten den Kopf Richtung Sommercamp.

Am Eingang der Wiese wurden sie vom Patrouillenführer Smithers empfangen.

„Du musst die Seile deiner Zelte lockern", verkündete er, „es kann regnen. Lockere sie nur ein wenig; übertreibe es nicht, sonst fallen sie dir auf den Kopf, wenn der Wind aufkommt." "

„Oh, verdammt!" stöhnte ein großer Mann mit strähnigem Schnurrbart, während er zusah, wie Patrouillenführer Smithers zügig die Gasse entlangmarschierte.

Einige Augenblicke lang blickten die Männer einander bestürzt an; Jeder stellte sich den verzweifelten Zustand des Unbehagens vor, der durch Wind und Regen entstehen würde.

„Lass uns einen Blick auf Daisy werfen", sagte Bindle beiläufig.

Seine Begleiter starrten ihn überrascht an. Eine schrille Stimme in der Ferne, die „Enery" rief, schien ihnen die Entscheidung zu erleichtern, insbesondere Enery selbst. Sie drehten sich um und schlenderten zu Daisy, wo sie damit beschäftigt war, den Milchvorrat für den morgigen Tag vorzubereiten. Sie war gemolken und zufrieden.

„Seht mal, Freunde", begann Bindle, nachdem er sich vergewissert hatte, dass es keine Lauscher gab, „wir haben alle die Sommerlager für müde Arbeiter satt – ist das so?"

„Bis zum Hals", sagte ein großer Mann mit schmutziger Haut und brachte damit die Meinung aller zum Ausdruck.

„Es gibt keine Kneipen", sagte ein stämmiger Mann mit schwarzem Schnurrbart, „keine Bilder, ich kann keinen Schilling auf ein Bier setzen, ich kann nichts tun –"

„Aber pass auf diese verdammte Kuh auf", unterbrach ihn der Mann mit dem stoppeligen Kinn.

„Na ja, vielleicht hast du recht, nur hätte ich es nicht annähernd so höflich sagen können", sagte Bindle grinsend. „Wir sind alle für das gute alte Fulham, wo eine Bucht den Staub aufwirbeln kann. Ist das nicht so, Kumpel?"

Die Männer drückten ihre Zustimmung entsprechend der Intensität ihrer Gefühle aus.

„Nun, hör zu", sagte Bindle, „und ich werde es dir sagen." Sie kamen näher und lauschten.

Zwanzig Minuten später, als die Stimme, die „Enery" forderte, zu eindringlich wurde, um abgelehnt zu werden, löste sich die Party auf, und in den Augen aller war etwas zu sehen, das von Hoffnung sprach.

III

In dieser Nacht erhob sich, wie Patrouillenführer Smithers vorausgesagt hatte, ein starker Wind, der heftig gegen die Zelte des Surrey-Sommerlagers für müde Arbeiter schlug. Eine Zeit lang hielten die Zelte der Wucht der Explosion stand; Sie schwankten und beugten sich davor, leisteten jedoch eine energische Verteidigung. Plötzlich verkündete ein Schrei die erste Katastrophe; dann folgte ein weiterer und noch einer, und bald wurde die Dunkelheit von Schreien, Schreien und Wehklagen zerrissen, während irgendwo in der Nähe des Bindles-Zeltes die Stimme eines Menschen erklang, der aus einer Wildnis von Segeltuch nach „Enery" schrie.

Mrs. Bindle wurde durch das laute Klappern der Zeltklappe geweckt. Pandämonium schien losgebrochen zu sein. Der Wind heulte und pfiff durch die Zeltseile, der Regen fegte mit einem bedrohlichen „Saus" gegen die Planenwände, die Stange bog sich, als das Zelt hin und her schwankte.

„Bindle", rief sie, „steh auf!"

„‚Ullo!' er antwortete schläfrig. Er hatte vorsichtshalber seine Hose nicht ausgezogen, ein Umstand, der später als Beweismittel gegen ihn verwendet wurde.

„Das Zelt fällt", rief sie. „Steh auf und halte die Stütze."

Während sie sprach, kroch sie unter der Decke hervor und ergriff den braunen Regenmantel, den sie für den Fall eines Unfalls immer griffbereit hatte. Sie wickelte es um sich und klammerte sich an die Biegestange, während Bindle sich aus der Bettwäsche hervorkämpfte.

Er rappelte sich auf und stolperte über das Zinnbad. Während er fiel, umklammerte er wild und erwischte Mrs. Bindle im bewährten Rugger-Stil knapp über den Knien.

Mit einem Schrei ließ sie die Stange los, um ihre Beine aus Bindles rasendem Griff zu befreien, verlor den Halt und stürzte sich auf ihn.

„Lass los", rief sie.

„Dann steh auf oder steh auf", keuchte er.

In diesem Moment gab der Wind dem Zelt einen enormen Auftrieb. Mrs. Bindle klammerte sich wild an den Fuß der Stange, Bindle versuchte, sich unter ihr hervorzuwinden. Die Kombination der Kräfte ließ das Zelt wild schwanken. Einen Moment später schien es wütend vom Boden aufzuspringen, und sie fiel nach hinten, während eine Masse durchnässter Leinwand herabfiel und ihre Schreie ebenso erstickte wie Bindles Proteste, dass er getötet würde.

Bindle brauchte fast fünf Minuten, um aus den schweren Falten der nassen Leinwand herauszukommen. Dann musste er zurück in die Dunkelheit, um Frau Bindle zu holen. Um selbst zu entkommen, hatte Bindle die Zeltseile durchtrennt. Gerade als er Mrs. Bindle gefunden hatte, kam hinter ihm ein wilder Windstoß herein, hob das Zelt an und trug es davon.

Die Plötzlichkeit der Katastrophe schien Mrs. Bindle sprachlos zu machen. Mitten in der Nacht, nur mit Nachthemd und Regenjacke bekleidet, mitten auf einer Wiese zu sitzen und der Regen durchnässt, kam ihr fast unanständig vor.

„Bist du da, Lizzie?" erklang die Stimme von Bindle, wie der Ruf eines Menschen, der einem Ertrinkenden zuruft.

„Wo ist das Zelt?" fragte Frau Bindle beiläufig.

„Gawd weiß es!" schrie er zurück. „Wahrscheinlich ist es mittlerweile in Yarmouth. Oly Salbe", schrie er.

"Was ist los?"

„Ich bin auf die Marjarine getreten."

„Das ist alles, was wir haben", rief sie, und ihre Ängste als Hausfrau siegten sogar über den Stress von Wind und Regen und ihre eigene unerträgliche Situation.

Aus der umgebenden Dunkelheit kamen Rufe und Fragen, als eine Katastrophe nach der anderen folgte. Heftige Leinwandmassen mühten sich ab und brachten eine nach der anderen Figuren hervor, die kaum bekleidet und voller Protest waren; aber zum Glück unsichtbar.

Frauen weinten, Kinder schrien und Männer fluchten lautstark.

„Ich sitze in etwas Klebrigem", rief Bindle plötzlich.

„Du hast die Marmelade umgeworfen. Warum kannst du nicht stillhalten?"

Ruhig zu halten! Bindle suchte nach den beiden Flaschen Guinness-Stout, von denen er wusste, dass sie sich irgendwo in den Trümmern befanden, ohne zu wissen, dass Frau Bindle sie in das Zinnbad gepackt hatte.

Als die anderen Zelte ihren menschlichen Inhalt ausspuckten, nahm das Chaos zu. In allen Schlüsselbereichen wurden Nachrichten über verlorene Einheiten eingeholt.

Neben dem Zinnbad betete Mrs. Bindle um Beistand und das verlorene Glockenzelt, das wie auf der Suche nach den Weisen nach Osten gerast war und alles darunter den wenigen Sternen ausgesetzt hatte, die aus dem Zinnbad schauten Wolken zogen über ihnen vorbei, nur um einen Moment später ihre Gesichter zu verbergen, als wären sie schockiert über das, was sie gesehen hatten.

Plötzlich blitzte ein strahlendes Licht über die Wiese und begann herumzuwippen wie ein Irrlicht mit hundert Kerzen. Es huschte ruhelos von Ort zu Ort, als sei es auf der Suche nach etwas.

Hinter einer großen Acetylen-Motorlampe ging Patrouillenführer Smithers und suchte nach einem einzigen aufgestellten Glockenzelt – es gab keines.

Aus Schreckensschreien wurden jetzt Alarmschreie. Formen, die tapfer darum gekämpft hatten, der wogenden Leinwand zu entkommen, begannen nun verzweifelt, sich wieder in die Abgeschiedenheit zurückzuwinden, die die Bescheidenheit verlangte. Mit immer noch vorgestreckten Köpfen betrachteten sie die Szene und beteten, dass die Unhöflichkeit des Windes sie nicht verraten würde.

Patrouillenführer Smithers übernahm sofort das Kommando, versammelte die Männer und erteilte seine Befehle in hoher Dreierfolge, und seinen Befehlen wurde Folge geleistet.

Als die Morgendämmerung begann, nervös nach Osten zu blicken, waren genügend Zelte zur Unterbringung der Frauen und Kinder wieder aufgebaut, die Ursache der Unruhe entdeckt und die Männer zurechtgewiesen, weil sie die Seile unüberlegt nachgelassen hatten.

„Ich hätte mich selbst darum kümmern sollen“, bemerkte Patrouillenführer Smithers mit der Miene eines Menschen, der weiß, dass er es mit Dummköpfen zu tun hat. „Es wird dir jetzt gut gehen“, fügte er beruhigend hinzu.

„Alles klar“, knurrte der Mann mit dem stoppeligen Kinn, während er zu den grauen, vorbeiziehenden Wolken aufblickte und dann auf das regennasse Gras hinunterblickte. „Das würden wir tun, wenn wir Enten oder routinierte Pfadfinder wären; aber wir sind Männer, das sind wir – am Feiertag“, fügte er inspiriert hinzu und zog sich in sein Zelt zurück, wohlwissend, dass er die Meinung aller geäußert hatte.

V

Später am Morgen rumpelten drei mit Gepäck beladene Karren zum Bahnhof von West Boxton, gefolgt von einem vereinzelten Strom von Männern, Frauen und Kindern. Schwere Regenwolken zogen bedrohlich über den Himmel. Die Männer rauchten zufrieden ihre Pfeifen, denn sie besaßen den Frieden, der durch völliges Wissen entsteht. Sie hatten einen Haufen Glockenzelte und die Überzeugung zurückgelassen, dass Daisy aller Wahrscheinlichkeit nach noch vor dem Abendessen explodieren würde. Was kümmerte sie? In ein paar Stunden würden sie wieder in ihrem vertrauten und vertrauten Fulham sein.

Als sie den Bahnhof erreichten, sahen sie zwei Männer, die mit einer grauen Masse kämpften, die wie ein leerer Ballon aussah.

Die Männer begrüßten die Party und baten um Hilfe.

„Das ist das rötliche Festzelt“, rief eine Stimme.

„Das blinkende Zelt", rief ein anderer, der an spekulativer Intelligenz nicht zu übertreffen war.

„Sie können es mit zurücknehmen", rief einer der Männer vom Lastwagen.

„Wir sind demobilisiert, alter Sohn", sagte Bindle fröhlich. „Wir haben zugeschlagen."

„Für mich gibt es keine Blinzellager mehr", sagte der Mann mit dem stoppeligen Kinn.

„,Ohr, ,Ohr'", kam von mehreren Stimmen.

„Sind wir niedergeschlagen?" fragte eine Stimme.

„Neeeein!"

Und in der Reaktion waren die Stimmen von Frauen und Kindern zu hören.

Etwa eine halbe Stunde später, als der Zug den Bahnhof verließ, rief Bindle den Trägern zu:

„Sag dem Bischof, er soll nicht vergessen, Daisy zu melken."

***

„Nun, Frau B.", sagte Bindle an diesem Abend, als er nach einem ausgezeichneten Abendessen mit Würstchen, Röstzwiebeln und Kartoffelpüree seine Pfeife anzündete, „Sie haben Ihren Urlaub beendet."

„Ich glaube, du warst ganz unten in den heruntergekommenen Zelten, Bindle", rief sie voller Überzeugung.

„Na ja, du warst darunter, nicht wahr?" war die Antwort, und Bindle zwinkerte wissend auf den weißen Krug mit dem rosa Schmetterling am Auslauf.

KAPITEL XI

FRAU. BINDLE kühlt sich ab

ICH

„Dein Abendessen ist im großen schwarzen Topf und die Kartoffeln im blauen. Leere das geschmorte Steak in die gelbe Kuchenform und die Kartoffeln in die blaue Gemüseschale und gieße Wasser in die Töpfe, nachdem ich zu Bett gegangen bin – das bin ich." krank fühlen.

„EB

„Vergessen Sie nicht, Wasser in die leeren Töpfe zu geben, sonst verbrennen sie."

Bindle warf einen Blick auf den Herd, als wollte er Mrs. Bindles Aussage bestätigen, dann stand er mit runzliger Stirn da und starrte auf den ordentlich gedeckten Tisch.

„Ich habe noch nie erlebt, dass Lizzie nachgibt", murmelte er, ging zum Waschbecken und machte sich an die abendliche „Spülung", eine Angelegenheit, die einen beträchtlichen Seifenaufwand und viel Blasen und Spritzen erforderte.

Nachdem er sein Gesicht und seine Hände an der Handtuchrolle abgewischt hatte, ging er sanft durch die Küche, öffnete die Tür, lauschte, trat hinaus in den Flur und ging schließlich auf Zehenspitzen nach oben.

Vor der Schlafzimmertür blieb er stehen und lauschte erneut, sein Ohr an die Türplatte gedrückt. Es gab keinen Ton.

Mit der Heimlichkeit eines Einbrechers drehte er die Klinke, stieß die Tür etwa fünfzig Zentimeter weit auf und steckte den Kopf um die Ecke.

Mrs. Bindle lag auf dem Rücken im Bett, ihr Gesicht war ausdruckslos, während bei jedem Atemzug ein hartes, metallisches Geräusch zu hören war.

Bindle schlängelte sich mit dem Rest seines Körpers um den Türpfosten und schloss die Tür hinter sich. Mit demonstrativer Vorsicht, immer noch auf Zehenspitzen, durchquerte er das Zimmer und blieb neben dem Bett stehen.

„Geht es dir nicht gut, Lizzie?" fragte er mit einem heiseren Flüstern, das an sich schon ausreichte, um einen Kranken an den Tod zu erinnern.

„Hast du Wasser in die Töpfe gegeben?" Sie stellte die Frage, ohne den Kopf zu drehen, und mit der Miene einer Person, die etwas im Kopf hat. Die raue, heisere Stimme beunruhigte Bindle.

„Ich habe noch kein Abendessen", sagte er. „Gibt es etwas, was Sie möchten?" erkundigte er sich besorgt, immer noch in demselben deprimierenden Flüstern.

„Nein, lass mich einfach in Ruhe", murmelte sie. „Vergiss das Wasser in den Töpfen nicht", fügte sie einen Moment später hinzu.

Einige Sekunden lang stand Bindle unschlüssig da. Er war überzeugt, dass etwas getan werden sollte; aber genau das wusste er nicht.

„Möchten Sie nicht ein bisschen gebratenen Fisch oder – oder ein Schweinekotelett?" Er nannte auf Anhieb zwei seiner liebsten Abendessengerichte. Den Fisch konnte er fertig gebraten kaufen, das Kotelett wollte er am liebsten selbst kochen.

"Lass mich in ruhe." Mit einem schwachen Schauder drehte sie den Kopf zur Seite.

„Wo bist du krank, Lizzie?" er erkundigte sich ausführlich.

„Geh weg", stöhnte sie, und Bindle drehte sich um, schlich auf Zehenspitzen zur Tür und verließ den Raum. Er war sich bewusst, dass die Situation über ihn hinausging.

An diesem Abend aß er sein Essen geschmacklos. Seine Gedanken waren mit dem Kranken oben und der Frage beschäftigt, was er tun sollte. Er war weder bei sich selbst noch bei anderen an Krankheiten gewöhnt. Sein Instinkt war es, einen Arzt zu holen; aber würde es ihr gefallen? Es war immer ein wenig schwierig, Mrs. Bindles Meinung zu einer bestimmten Aktion vorherzusagen, egal wie gut gemeint sie war.

Am Ende des Essens zog er seine Pfeife aus der Tasche und begann zu rauchen, um sich inspirieren zu lassen.

Plötzlich wurde er von einem lauten Hämmern über ihm geweckt.

„Oly Salbe, sie ist ausgefallen!" murmelte er, als er zur Tür ging und zwei Stufen auf einmal hinaufstürmte.

Als er die Tür öffnete, fand er Mrs. Bindle vor, die aufrecht im Bett saß, einen roten Flanellunterrock um die Schultern, und wie ein hungriger Hund in der Luft schnüffelte.

„Du verbrennst meinen besten Topf", krächzte sie.

„Das bin ich nicht, Lizzie, wirklich nicht –" Dann kam ihm die Erinnerung in den Sinn. Er hatte vergessen, Wasser in einen der Töpfe zu geben.

„Ich kann Brennen riechen", beharrte sie, „du –"

„Ich habe etwas Mist auf den Herd geschüttet", log er und war sich sicher, dass sie die Aussage nicht widerlegen konnte.

Mit einem Stöhnen sank sie zurück auf ihr Kissen.

„Der Ort ist wie ein Schweinestall. Ich weiß es", stöhnte sie mit tragischer Überzeugung.

„Nein, ist es nicht, Lizzie. Ich werde nur aufräumen. Möchtest du nicht etwas essen?" erkundigte er sich noch einmal und fügte dann voller Inspiration hinzu: „Was wär's mit einer Dose Lachs, das wird deinem Atem guttun.

Aber Frau Bindle schüttelte den Kopf.

Fast eine Minute lang herrschte Stille, währenddessen blickte Bindle hilflos auf sie herab.

„Ich werde einen Arzt holen", verkündete er schließlich.

„Wagen Sie es nicht, einen Arzt zu mir zu holen."

„Aber wenn es dir nicht gut geht –", begann er.

„Ich sage Ihnen, ich werde keinen Arzt aufsuchen. Schauen Sie –" Sie wurde von einem Hustenanfall unterbrochen, der sie fast zu ersticken schien. „Sehen Sie sich den Zustand des Schlafzimmers an", keuchte sie schließlich.

„Aber was wird passieren?" fragte Bindle. „Du kannst nicht –"

„Das wird keine Rolle spielen", stöhnte sie. „Wenn ich sterbe, wirst du froh sein", fügte sie hinzu, als wollte sie bei Bindle keinen Zweifel an ihrer eigenen Meinung zu dieser Angelegenheit lassen.

„Nein, das sollte ich nicht. Wie könnte ich ohne dich auskommen?"

„Ich denke wie immer an dich selbst", war die Erwiderung.

Dann richtete sie sich plötzlich im Bett halb auf, hob noch einmal den Kopf und schnupperte misstrauisch in der Luft.

„Ich weiß, dass der Topf brennt", sagte sie mit Überzeugung; aber sie sank wieder zurück und keuchte. Das Anbrennen eines Topfes schien von immer geringerer Bedeutung zu sein.

„Nein, das ist es nicht, Lizzie, wirklich nicht. Ich habe es bis zum Rand gefüllt. Sein Schuldgefühl machte ihn geschwätzig. „Ich werde es kratzen", fügte er hinzu, und damit war er weg.

"Oh mein Gott!" murmelte er, als er die Küchentür öffnete und wurde von einer bläulichen Rauchwolke begrüßt, die ihm an der Kehle zu hängen schien.

Er rannte wild zum Herd, ergriff den Topf, trug ihn zur Spüle und drehte den Wasserhahn auf.

Einen Moment später ließ er den Topf in die Spüle fallen und machte sich auf den Weg zurück, geblendet von einer Dampfmenge, die aus dem Inneren ausströmte.

Schnell und leise öffnete er das Fenster und die Außentür.

„Du bist kein Koch, JB", murmelte er, als er den Handtuchroller auspackte und ihn als Ventilator benutzte, mit dem Ziel, den Geruch aus dem Fenster und der Spülküchentür zu vertreiben.

Als die Luft klarer war, kehrte er zur Spüle zurück, füllte dieses Mal beide Kochtöpfe mit Wasser und stellte sie wieder auf den Herd.

„Ich frage mich, was ich besser tun sollte", murmelte er und sah sich hilflos um.

Dann erinnerte er sich plötzlich an Mrs. Hearty.

Er schlich leise nach oben, steckte seinen Kopf durch die Schlafzimmertür und verkündete, dass er hinausgehen würde, um eine Zeitung zu kaufen. Ohne auf Kritik oder Kommentar zu warten, schloss er schnell die Tür wieder.

Zehn Minuten später öffnete er die Glastür mit weißen Vorhängen und blauen Krawatten, die von Mr. Heartys Laden in Fulham zum Salon dahinter führte.

Mrs. Hearty saß am Tisch, ein halbvolles Glas Guinness-Stout vor sich.

Beim Anblick von Bindle begann sie zu lachen, und das Lachen versetzte sie immer in einen Zustand, der halb Angst, halb Ekstase war.

„Oh, Joe!" Sie keuchte und begann sich dann vor Freude zu heben und zu bewegen.

Beim Anblick seines besorgten Gesichtsausdrucks hielt sie plötzlich inne und begann mit ihrer geballten Faust auf ihre Brust zu hämmern.

„Es ist mein Atem, Joe", keuchte sie. „Es scheint nicht besser zu werden. Nimm einen Tropfen", keuchte sie und zeigte auf die Guinness-Flasche auf dem Tisch. „Auf der Kommode steht ein Glas", fügte sie hinzu; aber Bindle schüttelte besorgt den Kopf.

„Es ist Lizzie", sagte er.

„Lizzie!" keuchte Mrs. Hearty. „Was hat sie jetzt gemacht?"

Mrs. Hearty machte sich keine Illusionen über die Fähigkeit ihrer Schwester, für das häusliche Glück jedes Mannes zu sorgen. Ihre eigene Philosophie war: „Wenn etwas passieren muss, dann lass es geschehen", wobei ihr bewusst war, dass Mrs. Bindle danach strebte, die Räder des Schicksals in die Hand zu nehmen.

„Wenn du so groß bist wie ich", würde sie sagen, „wirst du dir um nichts Sorgen machen wollen; es sind die Mageren wie die Grizzlybären."

„Sie liegt krank im Bett", erklärte er, „und ich weiß nicht, was ich tun soll. Sie sagt, sie würde keinen Arzt aufsuchen, und sie ist irgendwie zappelig, weil sie denkt, ich würde die blühenden Töpfe verbrennen." – und ich habe sie verbrannt, Martha", fügte er vertraulich hinzu. „So ein Gestank."

Dabei begann Mrs. Hearty sich zu heben und seltsame Bewegungen liefen über ihr vielfältiges Kinn. Sie lachte.

In Bindles Augen war jedoch kein entsprechender Humor zu erkennen, und sie erholte sich schnell. „Was ist los mit ihm, Joe?" sie schnappte nach Luft.

„Sie wird nicht sagen, wo es ist", antwortete er. „Ich glaube, es ist ihre Brust."

„In Ordnung, ich komme wieder vorbei", und sie machte eine Reihe seltsamer, sich hebender Bewegungen, bis sie schließlich genug Sprungkraft erlangte, um auf die Beine zu kommen. „Du gehst zurück, Joe", fügte sie hinzu.

„Richtig, Martha! Du warst schon immer ein Sport", und Bindle ging zur Tür. Als er es öffnete, drehte er sich um. „Über die Kochtöpfe wirst du nichts sagen", sagte er besorgt.

„Oh! Geh, Schatz, tu es", keuchte Mrs. Hearty und begann sich erneut zu bewegen.

Zusammen mit ihrem Schwager war Mrs. Hearty nie in der Lage, zwischen dem Heiligen und dem Profanen zu unterscheiden.

Eine halbe Stunde später standen Mrs. Hearty und Bindle nebeneinander auf beiden Seiten von Mrs. Bindles Bett. Mrs. Hearty trug einen viel getragenen Seidenplüschumhang und einen alten, hellblauen Tam-o-shanter, der ursprünglich ihrer Tochter gehörte, was ihr ein verwegenes Aussehen verlieh.

„Was ist los, Lizzie?" „„ fragte sie und schnaufte wie ein Collie in den Dog Days.

„Ich bin krank. Lass mich in Ruhe!" stöhnte Frau Bindle mit heiserer Stimme.

Bindle sah zu Mrs. Hearty hinüber und schien zu sagen: „Ich habe Ihnen gesagt, dass es ihr schlecht geht."

„Sei kein Idiot, Lizzie", war der kompromisslose Kommentar ihrer Schwester. „Du gehst zum Arzt, Joe."

„Ich werde nicht –" begann Mrs. Bindle, dann hielt sie plötzlich inne, ein heftiger, bronchialer Husten unterbrach den Rest ihres Satzes.

„Sie haben Bronchitis", sagte Mrs. Hearty überzeugt. „Setz den Wasserkocher auf, bevor du ausgehst, Joe."

„Lass mich in Ruhe", stöhnte Frau Bindle. „Oh! Ich will nicht sterben, ich will nicht sterben."

„Du wirst nicht sterben, Lizzie", sagte Bindle und beugte sich über sie, Angst im Gesicht. „Du wirst leben, um ein ‚Unred' zu sein."

„Du gehst einen Arzt holen, Joe. Ich kümmere mich darum", und Mrs. Hearty begann, ihren kunstvollen schwarzen Plüschumhang auszuziehen.

„Ich will keinen Arzt", stöhnte Frau Bindle. In ihrem Herzen war eine große Angst, er könnte ihre eigenen Befürchtungen bestätigen, dass der Tod nahe war; aber Bindle war auf seinem Gnadenauftrag verschwunden, und Mrs. Hearty keuchte und stöhnte, während sie mit über dem Kopf ausgestreckten Armen nach der einzelnen Hutnadel suchte, mit der sie den Tam-o-shanter an ihrem spärlichen Haar befestigt hatte .

„Auf dem obersten Regal der Speisekammer liegen zwei Scheiben Speck und ein Ei für Joes Frühstück", murmelte Mrs. Bindle heiser.

Mrs. Hearty nickte, als sie aus der Tür ging.

Trotz ihres Gewichts und ihrer Kurzatmigkeit stieg sie in die Küche hinab. Als Bindle zurückkam, stellte er fest, dass es im Schlafzimmer nach Essig stank. Mrs. Bindle saß aufrecht im Bett, ein Handtuch um ihren Kopf gelegt, so dass die Dämpfe des kochenden Essigs nur über ihre Bronchien aus dem Becken entweichen konnten.

„Wie geht es ihr?" fragte er besorgt.

„Es geht ihr gut", keuchte Mrs. Hearty. „Kommt er?"

„Bin in zwei Sekunden da", lautete die Antwort. „Zwei von ihnen waren draußen, das war der dritte."

Er stand da und betrachtete erleichtert die seltsamen Umrisse von Mrs. Bindles Kopf, der in das Handtuch gehüllt war. Endlich hatte jemand etwas getan.

„Sie wird doch nicht sterben, Martha, oder?" erkundigte er sich bei Mrs. Hearty, seine Stirn war voller Angst.

„Nicht ähm", hauchte Mrs. Hearty beruhigend. „Es ist Bronchitis. Mach einfach ein Feuer, Joe."

Fast bevor sie die Worte ausgesprochen hatte, war Bindle auf Zehenspitzen zur Tür geschlichen und nahm drei Stufen auf einmal. Er wollte unbedingt etwas tun. Er beschloss, dass er, sobald das Feuer erst einmal entfacht war, sich daran machen würde, den Kochtopf zu reinigen, den er verbrannt hatte. Irgendwie schien dieser Kochtopf sein Gewissen tief zu belasten.

Der Arzt kam, sah sich die Diagnose von Mrs. Hearty an und bestätigte sie. Nachdem er ihr einen Dampfkessel, Eukalyptusinhalationen, frisches Essen, Wärme und Luft verschrieben hatte, ging er wieder und versprach, am nächsten Tag wieder vorbeizuschauen.

Am Fuß der Treppe wurde er von Bindle überfallen.

„Es ist nicht——", begann er eifrig und hielt dann inne.

Der Arzt, ein junger, blonder Mann, blickte von seinen 1,85 Metern auf Bindles besorgtes, fragendes Gesicht herab.

„Kein Grund zur Sorge", sagte er fröhlich. „Morgen komme ich noch einmal vorbei, und bald haben wir sie wieder bei uns."

„Vielen Dank, Sir", sagte Bindle und seufzte offensichtlich erleichtert. „Komisch", murmelte er, als er die Tür zum Arzt schloss, „dass man scheinbar nie ans Sterben denkt, bis jemand krank wird. Ich bin froh, dass er ein großer Junge ist", fügte er beiläufig hinzu. „Mrs. B. mag sie groß", und er kehrte in die Küche zurück, wo er damit begann, den Herd abzukratzen und den Topf zu reinigen, während Mrs. Hearty sich weiterhin um ihre geplagte Schwester kümmerte.

Mrs. Bindles Gedanken schienen mit ihren häuslichen Pflichten beschäftigt zu sein. Von Zeit zu Zeit erteilte sie ihre Anweisungen.

„Machen Sie Joe ein Bett auf der Couch im Wohnzimmer", murmelte sie heiser. „Ich würde ihn wach halten, wenn er hier schlafen würde."

„Versuchen Sie, Mrs. Coppen dazu zu bringen, hereinzukommen, um Joes Abendessen zu holen", sagte sie ein paar Minuten später.

Und noch einmal bat sie ihre Schwester, auf die Brotpfanne aufzupassen, um sicherzustellen, dass der Vorrat aufrechterhalten werde. „Joe isst viel Brot", fügte sie hinzu.

Auf alle diese Bemerkungen erwiderte Mrs. Hearty die gleiche. „Mach dir keine Sorgen, Lizzie. Du kannst einfach schlafen."

In dieser Nacht arbeitete Bindle lange und ernsthaft daran, dass die Dinge so sein könnten, wie Frau Bindle sie hinterlassen hatte; aber das Schicksal war gegen ihn. Nichts, was er tun konnte, konnte die vernichtenden Beweise seiner Schuld aus dem Inneren des Topfes entfernen. Der Herd war jedoch eine einfachere Sache; aber selbst das bereitete Schwierigkeiten; Denn sobald er das feuchte Schwarzblei auftrug, trocknete es zischend, und die Polierbürste mit dem Halbkreis aus Borsten am Ende, der ihn an „Eartys Schnurrhaare" erinnerte, brachte lediglich Erfolg, anstatt eine Politur zu erzeugen sich verbrennen. Außerdem hatte er das Pech, einen Teller und eine Kuchenform zu zerbrechen.

Beim zweiten Knall ertönte ein Klopfen aus dem Raum darüber, und als er zur Tür ging, hörte er, wie Mrs. Hearty keuchend fragte, was denn kaputt sei.

„Nur ein alter Küchentopf, Martha", log er und kehrte zurück, um die Stücke einzusammeln. Diese wickelte er in eine Zeitung und legte sie in die Kommodenschublade, entschlossen, sie am nächsten Tag wegzunehmen. Er war davon überzeugt, dass Mrs. Bindle, wenn sie vor der gnädigen Ankunft des Müllmanns wieder da wäre, den Mülleimer unweigerlich einer gründlichen Untersuchung unterziehen würde.

Um zehn Uhr stieg Mrs. Hearty schwerfällig die Treppe hinunter und wies ihn, so gut es ihr Atem zuließ, an, was er während der Nachtwachen tun sollte . Bindle hörte aufmerksam zu. Noch nie in seinem Leben hatte er einen Leinsamenumschlag hergestellt, und die Bedienung eines Dampfkessels war für ihn eine neue Tätigkeit.

Als er von dem Bett auf der Couch hörte, war er überrascht. Mrs. Bindle erlaubte ihm nicht einmal, sich darauf zu setzen. Er legte jedoch entschieden sein Veto gegen das Bett ein. Er wollte sich aufsetzen und „versuchen, ihn herzubringen", wie er es ausdrückte.

„Wird sie sterben, Martha?" er verhörte besorgt. Diese Frage schien seine Gedanken zu beschäftigen.

Mrs. Hearty schüttelte den Kopf und schlug sich auf die Brust. Ihr fehlte der nötige Sauerstoff, um expliziter zu antworten.

Nachdem er Mrs. Hearty zum Gartentor geführt hatte, kehrte er zurück, schloss und verriegelte die Tür und ging nach oben. Als er das Schlafzimmer betrat, wurde er von einem heftigen Bronchialhusten begrüßt, der ihn in Angst und Schrecken versetzte.

„Geht es dir besser, Lizzie?" erkundigte er sich mit dem ganzen erzwungenen Optimismus eines offensichtlich ängstlichen Mannes.

Mrs. Bindle öffnete die Augen, sah ihn einen Moment lang an, schloss sie dann wieder und schüttelte den Kopf.

„„Wie haben wir Ihnen einen Arzt geschickt?"" erkundigte er sich.

Wieder schüttelte Mrs. Bindle den Kopf, diesmal ohne die Augen zu öffnen.

Bindles Herz sank. Wenn der Arzt die Notwendigkeit einer Medizin nicht erkannte, muss der Fall tatsächlich verzweifelt sein.

„Was hat er gesagt, Joe?" fragte sie mit heiserer Stimme.

Trotz seines Willens zuckte Bindle leicht zusammen, als er den Namen hörte. Er hatte es viele Jahre lang nicht gehört.

„Er sagte, du kommst gut zurecht", log er.

„Bin ich sehr krank? Ist es –"

„Mit dir ist nicht viel los, Lizzie", antwortete er leichthin in seinem Bemühen, Trost zu spenden, und vermittelte so den Eindruck, dass sie in äußerster Gefahr schwebte. „Scherz ein bisschen kalt."

„Sterbe ich, Joe?"

Trotz der Wiederholung kam ihm der Name immer noch fremd vor.

„Ich werde lange vor dir tot sein, Lizzie", sagte er, und dass er ihre Frage nicht direkt beantwortete, bestärkte Mrs. Bindle in ihrer Ansicht, dass das Ende sehr nahe sei.

„Ich werde dir jetzt etwas Pfeilwurz machen", sagte er mit einer Gewissheit in seiner Stimme, die er alles andere als gefühlsmäßig empfand. Seit Mrs. Hearty ihm die Geheimnisse der Pfeilwurzherstellung erklärt hatte, hatte er gespürt, wie absolut ungeeignet er für diese Aufgabe war.

Durch Mrs. Bindles Gedanken schoss eine Vision von überkochender Milch; aber sie fühlte sich dem Ende zu nahe, um ihre Gedanken in Worte zu fassen.

Mit Unsicherheit im Herzen und Angst in den Augen ging Bindle in die Küche. Er wählte einen kleinen Topf, den Mrs. Bindle für Zwiebeln aufbewahrte, und goss, wie von Mrs. Hearty angewiesen, eine Frühstückstasse voll Milch hinein. Dies stellte er auf den Ofen, der an einer Stelle einen matten roten Farbton zeigte. Bindle war in allen Dingen gründlich, besonders beim Anheizen.

Dann öffnete er die Packung Pfeilwurz und schüttete sie in eine Schüssel mit weißem Pudding. An dem Punkt, an dem Mrs. Hearty die zu verwendende Menge Pfeilwurz hätte angeben sollen, war sie ungewöhnlich kurzatmig gewesen, was zur Folge hatte, dass Bindle die von ihr erwähnten „zwei Esslöffel voll" nicht aufnahm.

Dann wandte er sich an den Herd, um die Milch zu beobachten, und vergaß dabei, dass Mrs. Hearty ihn gewarnt hatte, die Pfeilwurz mit kalter Milch zu einer dünnen Paste zu vermischen, bevor er die heiße Milch darübergießt.

Da die Milch keine besondere Aufregung verriet, zog Bindle die Abendzeitung aus seiner Tasche, die er bisher vergessen hatte. Er war sofort in die Geschichte vertieft, in der in Enfield die Leiche eines Mädchens gefunden wurde, die Spuren eines Verbrechens aufwies.

Er wurde durch ein heftiges Zischen des Herdes aus seiner Versunkenheit gerissen, und einen Moment später hielt er den Topf hoch, aus dem ein Niagara aus weißem Schaum über die Seiten auf den wütenden Herd darunter strömte.

„Was für ein Gestank", murmelte er, während er einen Schritt zurücktrat und sich dem Küchentisch zuwandte. „Allerdings nur ein Scherz", fügte er hinzu, während er mit einem Löffel in der Hand die kochende Milch auf die Pfeilwurzel goss und dabei eifrig umrührte.

„Nun, ich bin hin und weg", murmelte er, als er nach etwa fünf Minuten vor einer besonders zähen Masse stand, die aus einer klebrigen Substanz bestand, in der sich weiße Blasen befanden, die ein feines Pulver enthielten.

Einige Minuten lang stand er zweifelnd da und betrachtete es dann, und dann löffelte er mit der Miene eines Mannes, der sich doppelt sicher sein will, die Masse auf einen Teller und betrachtete sie noch einmal.

„Sieht so aus, als hätte er Lust auf ein paar Johannisbeeren", murmelte er zweifelnd, während er den Teller vom Tisch nahm und sich darauf vorbereitete, ihn zu Frau Bindle zu bringen.

„Ich habe dir etwas zu Essen mitgebracht, Lizzie", verkündete er, als er die Tür hinter sich schloss.

Mrs. Bindle schüttelte den Kopf, öffnete dann die Augen und richtete sie auf die seltsame, zähe Masse, die Bindle ihr entgegenstreckte.

"Was ist das für ein Geruch?" sie murmelte müde.

„Riechen", sagte Bindle und schnupperte in der Luft wie eine Katze, wenn Fisch kocht. „Ich rieche gar nichts, Lizzie."

„Du hast etwas verbrannt", stöhnte sie schwach.

„Hier, iss das", sagte er mit gezwungener Fröhlichkeit, „dann wird es dir besser gehen."

Noch einmal öffnete Mrs. Bindle die Augen, blickte auf die Masse, dann schüttelte sie den Kopf und drehte ihr Gesicht zur Wand.

Fünf Minuten lang versuchte Bindle, sie zu überreden. Schließlich erkannte er seine Niederlage, stellte den Teller auf einen Stuhl neben dem Bett und setzte sich auf eine kleine grün gestrichene Kiste, deren Kanten an den Rändern abgenutzt waren, so dass das ursprüngliche weiße Holz durchschimmerte, und zeigte die Hilflosigkeit, die er empfand.

„Geht es dir besser, Lizzie?" erkundigte er sich ausführlich und hielt eifrig den Atem an, während er auf die Antwort wartete.

Mrs. Bindle schüttelte traurig den Kopf und sein Herz sank.

Plötzlich erinnerte er sich an Mrs. Heartys eindringliche Ermahnung, den Dampfkessel in Betrieb zu halten. Noch einmal ging er in die Küche hinab und beschäftigte sich, während der Kessel kochte, damit, die durch Hitze zerbröckelte Milch von der Herdplatte zu kratzen.

Die ganze Nacht über arbeitete er am Dampfkessel oder saß hilflos da und starrte Mrs. Bindle an, die Verzweiflung umklammerte sein Herz und die Impotenz verfolgte seine Schritte. Von Zeit zu Zeit bot er ihr das jetzt kalte Stück Pfeilwurz an oder erkundigte sich, ob es ihr besser ginge; aber Mrs. Bindle lehnte das eine ab und verneinte das andere.

Mit der Morgendämmerung kam die Inspiration.

„Möchtest du einen Räucherfisch zum Frühstück, Lizzie?" erkundigte er sich, Hoffnung leuchtete in seinen Augen.

Diesmal schüttelte Mrs. Bindle nicht nur den Kopf, sondern zeigte in ihrem Gesichtsausdruck einen solchen Abscheu, dass er sich abgestoßen fühlte. Allein der Gedanke an Hering ließ ihm das Wasser im Mund zusammenlaufen, und als er sich daran erinnerte, dass Mrs. Bindle eine besondere Vorliebe für sie hatte, wurde ihm klar, dass ihr Zustand äußerst ernst sein musste.

Kurz nach neun kam Mrs. Hearty und bestand darauf, das Frühstück für Bindle vorzubereiten. Nachdem sie ihn zu seiner Arbeit geschickt hatte, begann sie aufzuräumen.

Nachdem der Arzt angerufen hatte, erkundigte sich Frau Bindle noch einmal nach ihrem Zustand. Diesmal gelang es Mrs. Hearty, die offensichtlich daran interessiert war, die Kranke zu beruhigen, auch, ihre krankhaften Überzeugungen zu bestätigen.

Beim Anblick des Tellers mit Bindles Vorstellung von Pfeilwurz für einen Kranken war Mrs. Hearty zunächst neugierig geworden, und als sie dann die Bestandteile des widerlich aussehenden Durcheinanders entdeckte, war sie keuchend und keuchend auf die grün gestrichene Schachtel gefallen Sie hob und senkte sich, bis Mrs. Bindle aufgrund ihres Keuchens nach Luft die Augen öffnete.

Fast eine Woche lang widmeten sich Bindle und Mrs. Hearty der kranken Frau. Jeden Morgen kam Bindle zu spät zur Arbeit, und wenn er nach Hause kam, verbrachte er mehr als die Hälfte seiner Abendessenstunde an Mrs. Bindles Bett und stellte die unvermeidliche Frage, ob es ihr besser ginge.

Am Abend kam er so schnell nach Hause, wie Bus, Bahn oder Straßenbahn ihn bringen konnten, und ging kein einziges Mal ins Bett.

Während der gesamten Zeit war Frau Bindle ebenso fügsam und der Vernunft zugänglich wie eine arme Verwandte. Noch nie war sie so unterwürfig gewesen. Von Mrs. Hearty nahm sie das für sie zubereitete Essen entgegen und stimmte den verabreichten Heilmitteln zu. Inmitten eines perfekten Tornados aus Keuchen und Keuchen hatte Mrs. Hearty Bindle anvertraut, dass er besser auf ungültiges Kochen verzichten sollte.

Nichts, was der Arzt oder Mrs. Hearty sagen konnten, konnte Mrs. Bindle davon überzeugen, dass sie sich nach dieser Welt sehnte. Die Fröhlichkeit der Menschen um sie herum schien ein Beweis dafür zu sein, dass sie sich bemühten, ihr eine Hoffnung einzuflößen, die sie bei weitem nicht verspürten.

In ihrer Betrachtung der Ewigkeit vergaß Frau Bindle ihre Küche und die wahrscheinliche Trostlosigkeit, die Bindle anrichtete. Brandgerüche, egal wie stechend, ließen sie ungerührt, und Bindle, der zum ersten Mal in seinem Leben feststellte, dass ihn Immunität umgab, schritt von einem gastronomischen Triumph zum nächsten. Er verbrannte Würstchen in der Bratpfanne, kochte getrockneten Schellfisch in einem mit Porzellan ausgekleideten Milchtopf, und da er nicht wagte, den Geschmack von Würstchen und Fisch zu verwechseln, kam er auf den neuartigen Plan, auf dem Herd ein paar Würstchen zu kochen Herd selbst.

Die kulinarische Begeisterung erfasste ihn und er erfand mehrere eigene kleine Gerichte. Einige waren zweifellos ein Erfolg, insbesondere eines mit Tomaten, Röstzwiebeln und kleinen Speckstreifen; aber sein Waterloo traf er in einem Gericht aus gebratenen Zwiebeln und Eiern. Die Eier kamen viel schneller ins Ziel als die Zwiebeln und siegten im Galopp. Er erkannte schnell, dass eine schnelle Entscheidung unerlässlich war. Es handelte sich entweder um rohe Zwiebeln und gekochte Eier oder um gekochte Zwiebeln und Ascheneier.

Noch nie waren solche Düfte von Mrs. Bindles Herd in die empfänglichen Nasenlöcher der Götter gelangt; Dennoch erhob Mrs. Bindle während all dem weder Protest noch Nachforschungen.

Sogar Mrs. Hearty war entsetzt über den Zustand, in dem sie jeden Morgen die Küche vorfand.

„Mein Wort, Joe!" sie würde keuchen. „Du machst kein Chaos", und sie blickte vom Herd zum Tisch und vom Tisch zur Spüle, die allesamt deutliche Beweise für Bindles kulinarische Aktivitäten enthielten.

Mrs. Bindle schien sich jedoch der Sorgen dieser Welt nicht bewusst zu sein, in ihrer Sorge, die Reise in die nächste nicht anzutreten. Je enger ihr Atem wurde, desto größer wurde ihre Angst.

In ihren Augen lag ein stummer Appell, den Bindle nicht ignorieren konnte. Instinktiv spürte er, was sie beunruhigte, und er ließ sich keine Gelegenheit entgehen, sie zu beruhigen, indem er ihr sagte, dass sie wieder draußen sein würde, bevor sie „Jack Robinson" sagen konnte.

Noch immer lauerte in ihren Augen eine große Angst. Sie hatte noch nie zuvor an einer Bronchitis gelitten und die Schwierigkeiten beim Atmen schienen ihr ein krankhafter Hinweis auf den nahenden Tod zu sein. Obwohl sie noch nie jemanden sterben sah, war für sie der Tod für sie mit einem schrecklichen Atemnot verbunden.

Als Bindle einmal vorschlug, dass sie Mr. MacFie, den Pfarrer der Alton Road Chapel, vielleicht gerne sehen würde, warf Mrs. Bindle ihm einen so gequälten Blick zu, dass er instinktiv zurückschreckte.

„Vielleicht war es Ole Nick", vertraute er später Mrs. Hearty an, „und ich überlege, ihm zu gefallen."

„Sie hat Angst zu sterben, Joe", keuchte Mrs. Hearty. „Alf war genauso, als er die Grippe hatte."

Bindle gab Geld mit der Rücksichtslosigkeit eines verzweifelten Mannes aus. Er kaufte seltsame und unangemessene Lebensmittel in der Hoffnung, dass sie Mrs. Bindles Appetit anregen würden. Egal, wohin ihn seine Arbeit führte, er war immer auf der Suche nach einem Leckerbissen, das er kaufte und triumphierend nach Hause zu Mrs. Hearty trug.

„Du bist kein Scherz, Joe", keuchte sie eines Abends, ließ sich auf einen Stuhl sinken und begann vor unterdrücktem Lachen zu schwanken und zu schallen.

Bindle blickte traurig auf die gelbe Kuchenform, in die er gerade etwa einen Liter Wellhornschnecken geschüttet hatte, die er in der Mile End Road gekauft hatte.

„Sind sie nicht gut gegen Bronchitis?" erkundigte er sich mit einem niedergeschlagenen Blick.

„Letzte Nacht waren es Schweinefüße", keuchte Mrs. Hearty, „und die Nacht vor Saveloys", und sie fuhr fort, sich mit der schmutzigen Faust auf die Brust zu schlagen.

Danach war Bindle auf weniger umstrittene Dinge zurückgefallen. Er hatte illustrierte Zeitungen, Blumen und ein Viertelpfund Schokoladencreme gekauft, die aufgrund des vollen Zustands der Straßenbahn, in der er in dieser Nacht nach Hause zurückgekehrt war, ein wenig verwelkt waren.

In diesen unruhigen Tagen sammelte er eine seltsame Auswahl verderblicher und anderer Artikel. Er konnte nicht ohne ein Zeichen seiner Fürsorge nach Hause gehen.

Eines Abends erwarb er ein farbenfrohes Ölbild in einem vergoldeten Rahmen, das ein gähnendes Grab zeigte, während in der Ferne ein Engel zu sehen war, der einen sehr materiell wirkenden Geist in den Himmel trug.

Mrs. Bindles Empfang des Geschenks war mit einem wilden Blick des Entsetzens verbunden, gefolgt von einem Hustenanfall, der Bindle fast ebenso sehr erschreckte wie sie.

„Komisch", bemerkte er später, als er das Bild aus dem Raum trug. „Ich dachte, sie hätte einen Engel gemocht."

Es war Bindle, der schließlich das Problem löste, wie man Frau Bindles verzweifeltem Geist Trost spenden konnte.

Eines Abends begleitete er die Ärztin in ihr Zimmer. Nach den üblichen Fragen und Antworten zwischen Arzt und Patient brach Bindle plötzlich aus.

„Ich habe mit dem Arzt gewettet, Lizzie."

Nachdem sie ängstlich das Gesicht der Ärztin betrachtet hatte, in dem sie versucht hatte, das Schlimmste zu erkennen, richtete Frau Bindle ihren Blick auf Bindles fröhliches Gesicht.

„Ich wette um ein Pfund, dass du mir heute in der Woche das Abendessen kochst", verkündete er.

Die Wirkung der Ankündigung auf Frau Bindle war verblüffend. Ein neues Licht schoss in ihre Augen, ihre Wangen wurden leicht rosa, als sie dem Arzt einen fragenden Blick zuwandte.

„Es ist wahr, Frau Bindle, und Ihr Mann wird verlieren, wenn Sie vorsichtig sind und sich nicht ausruhen."

Innerhalb von zehn Minuten war Mrs. Bindle in einen tiefen Schlaf gefallen, nachdem sie Bindle zunächst angewiesen hatte, eine weitere Decke auf das Bett zu legen – sie würde kein Risiko eingehen.

„Das erste Mal, dass ich Mrs. B. kennengelernt habe, hat mir zugehört, über Wetten zu reden, ohne mich einen ‚Eiden' zu nennen", bemerkte Bindle, als er den Arzt hinausführte. „Wunder werden niemals aufhören", murmelte er, als er in die Küche zurückkehrte. „Eines Tages wird sie mich bitten, einen Schilling in beide Richtungen zu zahlen. Komische Dinge, Frauen!"

II

Bindles Komplott mit dem Arzt trug mehr dazu bei, Mrs. Bindles Genesung zu beschleunigen, als all die Fürsorge, die ihr zuteil wurde. Von der Stunde an, als sie aus einem langen und erholsamen Schlaf erwachte, begann sie Interesse an ihrer Umgebung zu zeigen. Ihr Appetit verbesserte sich und ihr Geruchssinn wurde geschärft, so dass Bindle für seine Gerichte Materialien auswählen musste, die einen weniger stechenden Geruch verströmten.

Er traf die zusätzliche Vorsichtsmaßnahme und kochte bei weit geöffnetem Fenster und der Spülküchentür.

Mrs. Bindle ihrerseits hatte Freude daran, die Mahlzeiten zu planen, die Mrs. Coppen ihrer Meinung nach kochen würde. Man hatte ihr nicht gesagt, dass die Putzfrau im Gefängnis saß, weil sie einen Polizisten mit einer Ginflasche angegriffen hatte.

„Sie müssen jetzt aufpassen, Joe", ermahnte Mrs. Hearty einmal, als sie die Küche betrat und auf den Tisch blickte, an dem Bindle Materialien für das zusammensuchte, was er als „Top-Old-Stoo" bezeichnete ." „Wenn Lizzie dich dabei erwischen würde, wie du diesen ganzen Mist machst, dann –", beendete Mrs. Hearty den Satz mit einer Reihe von Keuchen.

Eines Abends, als Bindles Menü aus Corned Beef, Piccalilli und Bier bestand, gefolgt von selbstgemachten Pfannkuchen, traf der Schlag.

Das Corned Beef, die Piccalilli und das Bier waren ausgezeichnet und er hatte sie genossen; aber die Pfannkuchen sollten sein Meisterwerk sein. Sein Hauptanliegen bei der Auswahl der Pfannkuchen war, wie er Mrs. Hearty erklärte, „dass sie beim Kochen nicht stinken".

Von seiner Schwägerin hatte er eine allgemeine Vorstellung davon erhalten, wie es weitergehen sollte. Sie war sogar so weit gegangen, beim Mischen des Teigs zu helfen.

Das Fett brodelte fröhlich in der Bratpfanne, als er genug Flüssigkeit für mindestens drei Pfannkuchen hineingoss.

„Vom Kochen gibt es nicht viel zu lernen, alter Kerl", murmelte er, während er beobachtete, wie das Fett dunkel um den cremefarbenen Teig blubberte.

Nach etwa fünf Minuten kam er zu dem Schluss, dass die Unterseite ausreichend fertig war. Dann kam das Problem, wie man den Pfannkuchen wendet. Er hatte gehört, dass erfahrene Köche sie so werfen könnten, dass sie auf der Rückseite wieder in die Pfanne fielen; aber er war zu klug, ein solches Risiko einzugehen, zumal der obere Teil des Pfannkuchens noch in flüssigem Zustand war.

Er entschied sich für vorsichtigere Mittel, um sein Ziel zu erreichen. Mit Hilfe eines Esslöffels und einer Fischscheibe gelang es ihm, den Pfannkuchen umzudrehen. Es stimmte, dass es zerknittert aussah und ein beträchtlicher Teil des losen Teigs auf den Herd gefallen war; Dennoch betrachtete er es als eine Errungenschaft.

Gerade als er darüber nachdachte, den Pfannkuchen auf einen Teller zu legen, klopfte es an der Haustür. Als er antwortete, fand Bindle einen Metzgerjungen, der darauf bestand, dass er früher am Tag ein Pfund Rindersteak bei Nr. 7 statt bei Nr. 17 gelassen hatte. Der Junge war zuversichtlich und weigerte sich, Bindles Versicherung anzunehmen er hatte das fehlende Fleisch weder gesehen noch davon gehört.

Der Streit wurde immer heftiger und schließlich entwickelten sich Persönlichkeiten, hauptsächlich aus dem Metzgerjungen.

Plötzlich erinnerte sich Bindle an seinen Pfannkuchen. Er schlug dem Jungen die Tür vor der Nase zu, rannte durch den Flur und öffnete die Küchentür. Für eine Sekunde stand er entsetzt da, der Pfannkuchen schien jeden Rest Sauerstoff, den der Raum enthielt, aufgefressen zu haben, und stattdessen hatte er einen erstickenden Brandgeruch verbreitet.

Als Bindle erkannte, dass nur schnelles Handeln seine Rettung war, rannte er durch den Raum, öffnete die Tür zur Spülküche und dann die Tür zur Spülküche selbst. Er warf das Fenster hoch und näherte sich dem Ofen, während ihm das Wasser aus den Augen lief. Von seinem Pfannkuchen war nur noch eine schwarze Ruine übrig.

Er nahm die Bratpfanne und trug sie zur Spüle, wo er stehen blieb und die verkohlte Masse betrachtete. Plötzlich fiel ihm ein, dass er die Küchentür, die in den Flur führte, offen gelassen hatte. Er ließ die Bratpfanne fallen und machte Anstalten, sie zu schließen. aber er war zu spät. Dort stand Frau Bindle, die Schultern in einen roten Flanellunterrock gehüllt.

„Mein Gott!" murmelte er tragisch.

Fast eine Minute lang stand sie da, als wäre sie zu Stein geworden. Dann schloss sie wortlos die Tür hinter sich, ging in die Mitte des Raumes und blieb stehen und nahm das Bild der Verzweiflung und Trostlosigkeit um sich herum in sich auf, während Bindle in die hinterste Ecke zurückwich.

Sie betrachtete den Herd, der von Bindles kulinarischem Enthusiasmus großzügig befleckt war, und warf einen Blick zu den verfärbten

Geschirrdeckeln über dem Kaminsims, auf deren Helligkeit sie schon immer besonders stolz gewesen war.

Ihr Blick wanderte weiter zur Kommode und traf auf eine Flut von schmutzigem Geschirr und Tellern, Lachsdosen, leeren Bierflaschen, Brotkrusten, verstärkt durch einen alten Stiefel.

Eine halbe Minute lang fesselte der Küchentisch ihre Aufmerksamkeit. Die zerrissene Zeitung, die es bedeckte, war in allen Schattierungen von Schwarz, Braun und Grau befleckt, und das Ganze bestand aus einem großen gelben Fleck, an dem eine Tasse sehr flüssiger Senf verdorben war.

Auf dieser informellen Tischdecke war ein Gemisch aus ungewaschenen Tellern, Messern und Gabeln, Semmelbröseln, Kartoffelschalen und Fischgräten verstreut.

Nachdem sie sie ausgiebig beäugt hatte und immer noch bedrohlich still war, machte sie eine gründliche Inspektionstour, wobei Bindle sie mit aufgerissenen Augen beobachtete und die Angst ihm das Herz packte.

Am Waschbecken stand sie einige Sekunden lang standhaft und betrachtete Bindles Pfannkuchen. Ihre Lippen waren jetzt völlig verschwunden.

Die Krise kam, als sie die Schublade der Kommode öffnete und die Kuchenform und den Teller fand, die er zerbrochen, aber vergessen hatte, mitzunehmen. Sie verschnürte das Päckchen erneut, drehte sich schnell um und schleuderte es mit aller Kraft auf ihn.

Völlig unvorbereitet unternahm Bindle einen vergeblichen Versuch auszuweichen; Aber das Paket traf ihn seitlich am Kopf und eine rote Linie über seinem Ohr zeigte, dass Mrs. Bindle das erste Blut abgenommen hatte.

„Du Teufel!" Sie weinte. "Oh du--!" Sie ließ sich auf den Stuhl neben dem Tisch fallen und brach zusammen.

Bald hallte die Küche von ihrem hysterischen Lachen wider. Bindle beobachtete sie wie hypnotisiert.

Als wollte er seinen Verstand retten, klopfte es an der Außentür. Er machte einen schnellen Schritt zur Seite und rannte zur Tür, die in den Flur führte. Einen Moment später blickte er erleichtert auf Mrs. Heartys blassblauen Tam o' Shanter.

„Wie geht es ihr, Joe?" sie keuchte.

Als er dann zur Seite trat, um Mrs. Hearty den Vortritt in die Küche zu ermöglichen, fand Bindle seine Stimme wieder. „Ich glaube, es geht ihr besser", murmelte er.

KAPITEL XII

FRAU. BINDLE Bricht einen Waffenstillstand

ICH

„Sie sind eine angenehme Gesellschaft", schnappte Mrs. Bindle, als sie mit einem kurzen Stahlschürhaken heftig auf das Küchenfeuer einschlug.

Bindle blickte von der Zeitung auf, die er gerade las. Es war der dritte Angriff auf das Küchenfeuer innerhalb von fünf Minuten, und er erkannte die Vorzeichen – ein Sturm braute sich zusammen.

„Bei so viel Gesellschaft könnte ich genauso gut auf einer einsamen Insel sein", fuhr sie fort. „Hier bin ich den ganzen Tag allein und habe niemanden zum Reden, und wenn du nach Hause kommst, sitzt du einfach da und liest die Nachrichten über Pferderennen in der Zeitung."

„Worüber redest du gern?" fragte er und ließ das Papier ihm gegenüber auf den Boden fallen.

Sie schniefte wütend und warf den Schürhaken in den Aschekasten.

„Ich habe nichts über Rennen gelesen", fuhr er friedlich fort. „Ich habe scherzhaft von einer Bucht gelesen, die mit den Mädels einer anderen Bucht gelaufen ist, das ist der beste Mantel und zwei Hühner."

"Hör auf!" Sie stand über ihm, die Lippen zusammengepresst, die Augen hart und stählern, als meditierte sie über Gewalt, dann drehte sie sich plötzlich um, ging schnell zur Kommode und zog die linke Schublade heraus. Sie nahm ihre Haube ab, setzte sie sich auf den Kopf und band die Bänder unter ihrem Kinn zusammen.

Hinter der Küchentür holte sie einen braunen Regenmantel hervor, in den sie sich hineinkämpfte.

„Gehst du raus?" erkundigte er sich.

„Ja", antwortete sie, während sie die Tür aufriss, „und vielleicht komme ich nie wieder zurück", und mit einem Knall, der das Haus erschütterte, war sie weg.

Auf dem Weg zu ihrer Nichte Millie Dixon fuhr sie mit der Straßenbahn nach Hammersmith. Sie war wütend; Der Tag war ein Tag voller Ärger und Ärger gewesen. Als sie das Auto betrat, vergrub sie ihre Ellbogen tief in der überflüssigen Gestalt einer Frau, die ebenfalls versuchte einzusteigen.

Sobald sie drinnen war, begann die Frau, dem Auto mitzuteilen, was sie von „mageren Uns mit Gesichtern wie ein Tropfen Essig auf der Schneide eines Messers" halte.

„So bekommt man Krebs", fuhr sie fort, während sie die linke Seite ihrer üppigen Brust streichelte. „Menschen mit solchen Ellbogen sollten gepolstert sein", und Frau Bindle war sich bewusst, dass das Auto bei ihrem Gegner war.

Als nächstes fing Mrs. Bindle an, sich mit dem Schaffner über den Fahrpreis zu streiten, der um einen halben Penny gestiegen war, und drohte schließlich, ihn anzuzeigen, weil er sie nicht zwischen den geplanten Haltestellen abgesetzt hatte.

„Sie hat einen Bradbury verloren und den Wasserpreis gefunden", bemerkte der Schaffner, als er sich noch einmal an die Insassen des Wagens wandte, nachdem er Mrs. Bindle beim Aussteigen beobachtet hatte.

Die dicke Frau reagierte auf die Höflichkeit, indem sie ihre Meinung zum Thema „die nicht wissen, wie sie sich wie Damen benehmen sollen" zum Ausdruck brachte.

Bei Mrs. Bindle war die Verlockung Josephs des Zweiten stark in ihr. Als ihre Einsamkeit zu groß wurde, um sie auszuhalten, oder wenn die häusliche Atmosphäre Anzeichen größerer Anspannung als normal zeigte, wanderten ihre Gedanken instinktiv zu dem blauäugigen Neffen, der sie sabberte und gurrte und seine dicken Fäuste in bedeutungslosen Gesten hob. Dann würde der Hunger in ihr gestillt werden, bis eine zufällige Erwähnung von Bindles Namen ihr Selbstmitleid erwecken würde.

Sie fand Millie allein mit Joseph dem Zweiten, der neben ihr in seinem Feldbett schlief. Während sie ihren Blick auf das Baby mit geschlossenen Augen richtete, verspürte Mrs. Bindle ein Gefühl der Enttäuschung. Sie wollte Babysprache plappern und in diese filmblauen Augen blicken.

Trotz der Proteste ihrer Tante kochte Millie eine Tasse Tee und erklärte dabei, dass Charley lange im Büro bleiben würde.

„Es ist ein guter Kuchen, Millie", sagte Mrs. Bindle ein paar Minuten später, als sie vorsichtig ein weiteres kleines Quadrat aus dem Stück selbstgebackenen Kuchens auf dem Teller vor ihr abschnitt. In ihren Augen lag ein Ausdruck, der eine Hommage an einen guten Koch an den anderen war. „Wer hat dir das Rezept gegeben?"

„Das war alles durch Onkel Joe", sagte Millie. „Er hat immer gesagt, was für eine wunderbare Köchin du bist, Tante Lizzie, und dass er nicht schnurren würde, wenn du die Muschi nicht fütterst", lachte sie. „Du weißt, was für lustige Dinge er sagt", fügte sie in Klammern hinzu – „also habe ich Unterricht genommen. Weißt du", fügte sie urig hinzu, „ich wollte, dass Charley sehr glücklich ist."

„In unserem Haus wird ziemlich viel geschnurrt", war Mrs. Bindles grimmiger Kommentar, als sie ihre Tasse und Untertasse mit den Fingerspitzen ihrer linken Hand vom Tisch hob und mit ihrem kleinen Finger, der ungeschickt gekrümmt war, die Tasse hochhob Sie nahm die Tasse mit der gelösten Hand und nippte mit viktorianischer Raffinesse an dem Tee.

„Wie geht es Onkel Joe?" fragte Millie. „Ich wünschte, er wäre gekommen."

„Oh! Erzählen Sie mir nicht von Ihrem Onkel", rief Frau Bindle verdrießlich. „Er sitzt zu Hause, raucht eine schmutzige Pfeife und liest die Nachrichten über Pferderennen. Ich könnte sein, dass er sich wie Dreck unter seinen Füßen fühlt, so viel Aufmerksamkeit er mir entgegenbringt."

Die Beschwerden des Tages hatten sich bei Frau Bindle angehäuft, und die Last war zu schwer, um sie schweigend zu tragen. Beginnend mit einer schlechten Tomate unter dem Pfund, das sie an diesem Morgen in Mr. Heartys Laden in Fulham gekauft hatte, häuften sich ihre Sorgen bis zu dem Punkt, an dem sie Joseph den Zweiten schlafend vorfand.

Sie hatte beim Bügeln eines ihrer besten Taschentücher mit Hohlsaum verbrannt, die Milch hatte sich durch den Donner in der Luft „verfärbt" und, um die Tragödien des Morgens zu krönen, hatte sie einen Topf verbrannt, weil der Müllmann zu einer ungünstigen Zeit kam Moment.

„Er war für mich nie ein richtiger Ehemann", schniefte sie bedrohlich.

„Liebe Tante Lizzie", sagte Millie sanft, als sie sich nach vorne beugte und ihre Hand auf Mrs. Bindles Arm legte.

„Er demütigt mich vor anderen Menschen und – und manchmal wünschte ich, ich wäre tot, Millie, Gott vergib mir." Ihre Stimme brach, als sie ein Schluchzen unterdrückte.

Millies große, ernste Augen waren voller Mitgefühl, gemischt mit einer kleinen Verwunderung. Sie konnte nicht verstehen, wie jemand „Onkel Joe" anders als bezaubernd finden konnte.

„Seit ich ihn geheiratet habe, ist er derselbe", fuhr Mrs. Bindle fort, während sich unter dem Einfluss von Millies Sanftmut und Mitgefühl die Schleusen des Selbstmitleids weit öffneten. „Er versucht, mich vor anderen klein erscheinen zu lassen und – und ich war für ihn immer eine gute Ehefrau."

Wieder schniefte sie und Millie drückte liebevoll ihren Arm.

„Das Gleiche gilt für Mr. – für Ihren Vater", korrigierte sich Mrs. Bindle. „Warum er das aushält, weiß ich nicht. Wenn ich ein Mann wäre, würde ich ihn schlagen, das würde ich tun, und zwar hart", fügte sie hinzu, als wollte sie bei ihrer Nichte keinen Zweifel an der Natur des Vorfalls aufkommen lassen Strafe, die sie verhängen würde. „Ich würde es ihm zeigen; aber Mr. Hearty ist so gut und geduldig und sanft." Mrs. Bindle holte ein Taschentuch hervor und tupfte sich die Augenwinkel ab, obwohl es keine Anzeichen von Tränen gab.

„Aber, Tante Lizzie", protestierte Millie sanft, „ich bin sicher, er hat nicht vor, dich zu demütigen." Sie hatte das Gefühl, dass die Loyalität gegenüber ihrem geliebten Onkel Joe von ihr verlangte, ihn zu verteidigen. „Sehen Sie, er – er liebt Witze, und er ist sehr gut zu – oh, jedem! Charley liebt Onkel Joe einfach", fügte sie hinzu, als ob damit die Sache für sie erledigt wäre.

„Sehen Sie, wie er sich in der Kapelle verhält", fuhr Frau Bindle fort, voller Angst, dass ihr das Mitgefühl ihrer Nichte genommen werden könnte. „Ich frage mich, ob Gott ihn nicht totschlägt. Ich bin sicher, ich –"

„Schlag ihn tot!" rief Millie entsetzt. „Oh, Tante Lizzie! Das meinst du nicht so, das kannst du nicht." Sie hielt inne und schien die gesamten zwölf Monate ihrer Mutterschaft in die Untersuchung des Problems zu stecken. „Ich weiß, dass er manchmal sehr unartig ist", fügte sie weise hinzu, „aber er liebt dich, Tante Lizzie. Er denkt, dass –"

"Liebe!" rief Frau Bindle mit der ganzen Verachtung einer Frau, die nicht die Absicht hat, sich trösten zu lassen. „Er liebt nichts als sein Essen und seine bescheidenen Gefährten. Er beschämt mich vor den Nachbarn und redet so vertraut mit gewöhnlichen Männern. Wenn ich mit ihm unterwegs bin, schreit er den Busschaffnern zu, oder pfeift Polizisten an oder zwinkert … bei Schlampen auf der Straße. Sie hielt bei der Aufzählung von Bindles Verbrechen inne, während Millie den Kopf drehte, um das Lächeln zu verbergen, das sie nicht ganz unterdrücken konnte.

Sie selbst war bei Bindle gewesen, als er seinen Busschaffner-Freunden zurief und leise gepfiffen hatte, als er an einem Polizisten vorbeikam: „Wenn Sie wissen wollen, wie spät es ist, fragen Sie einen Polizisten"; aber er hatte Mädchen nie zugezwinkert, wenn er mit ihr zusammen gewesen war; Da war sie sich sicher.

„Siehst du, Tante Lizzie, er kennt so viele Leute, und alle mögen ihn und –"

„Nur einfache Leute, wie Chauffeure und Arbeiter", war die Antwort. „Wenn ich mit ihm unterwegs bin, möchte ich manchmal vor Scham im Boden versinken. Er lässt zu, dass sie ihn ‚Joe' nennen, und natürlich respektieren sie mich nicht." Wieder schniefte sie bedrohlich.

„Ich werde mit ihm sprechen", sagte Millie mit einer weisen Miene, die sie seit ihrer Heirat angenommen hatte.

"Sprich mit ihm!" rief Frau Bindle verächtlich. „Könnte genauso gut mit einer Mauer sprechen. Ich habe mit ihm geredet, bis ich müde war, und was macht er? Er lacht mich aus und sagt, ich sei so …" Sie hielt inne, als fiele es ihr schwer, sich zusammenzureißen um Bindles tatsächlichen Ausdruck wiederzugeben: „sagt, ich bin so heilig wie Salbe, wenn Sie wissen, was das bedeutet."

„Aber er will nicht unfreundlich sein, Tante Lizzie, ich bin mir sicher, dass er das nicht will", protestierte Millie loyal. „Er nennt Boy – ich meine Charley", korrigierte sie sich mit einem leichten Erröten, „alle möglichen Namen", und sie lachte über eine ihrer eigenen Erinnerungen. „Glaubst du nicht, Tante Lizzie –" Sie hielt inne, sich bewusst, dass sie sich heiklem Gelände näherte. „Glauben Sie nicht, wenn Sie und Onkel Joe es beide versuchen würden und – und –" Sie hielt inne und schaute ängstlich zu ihrer Tante hinüber, die Unterlippe eingezogen und die Augen ernst aufgerissen.

„Versuchen und was?" fragte Mrs. Bindle, und eine Härte schlich sich in ihre Stimme bei dem Gedanken, dass irgendjemand irgendeinen mildernden Umstand in Bindles Behandlung ihr gegenüber sehen könnte.

„Ich dachte, wenn vielleicht – ich meine", zögerte Millie, „wenn ihr beide euch sehr anstrengen würdet, einander nicht zu verletzen –", hielt sie wieder inne.

„Ich bin mir sicher, dass ich nie etwas zu ihm gesagt habe, was nicht die ganze Welt hören würde", erwiderte Frau Bindle mit der Salbung der Gerechten, „obwohl er immer Dinge zu mir sagt, die mich, verheiratet, vor Scham erhitzen." Obwohl ich eine Frau bin.

„Aber, Tante Lizzie", beharrte Millie, ergriff Mrs. Bindles Arm mit beiden Händen und schaute ihr flehend ins Gesicht, „wollen Sie es nicht versuchen, nur um meinetwillen, bitte", überredete sie.

„Ich habe es versucht, bis ich es satt hatte", war die ungnädige Erwiderung. „Ich meckere und schufte, zentimeterweise und kneife, arbeite Tag und Nacht, um seine Kleidung zu flicken und sein Essen fertig zu machen, und das ist es, was ich dafür bekomme. Er macht mich zum Gespött, redet hinter meinem Rücken über mich. Oh, Ich weiß!" „Fügte sie hastig hinzu, als Millie ein Zeichen ihrer Ablehnung machte." „Er kann mich nicht täuschen. Er will mich auf sein eigenes Maß an Bosheit herabziehen, dann wird er glücklich sein; aber das wird er nicht", rief sie, als sich die Tochter des Herrn manifestierte. „Ich werde mich zuerst umbringen. Er wird dieses Vergnügen nie haben, niemand wird jemals sagen können, dass ich mich von ihm herunterziehen ließ."

„Ich habe immer meine Pflicht ihm gegenüber erfüllt", fuhr sie fort und kehrte zu dem abgenutzten Satz zurück, der ihr immer im Kopf herumschwirrte. „Ich habe morgens, mittags und abends gearbeitet, um ihn respektabel zu halten und zu sehen, wie er mich behandelt. Mir geht es schlechter als einem Diener, das sage ich ihm und was macht er?" sie verlangte. „Lacht mich aus", rief sie schrill und beantwortete ihre eigene Frage, „und demütigt mich vor den Nachbarn. Bringt die Kinder dazu, mir nachzurufen, macht –"

„Oh, Tante Lizzie! Das darfst du nicht sagen", rief Millie verzweifelt. „Ich bin sicher, Onkel Joe würde so etwas niemals tun. Er konnte es nicht", fügte sie voller Überzeugung hinzu.

„Nun, sie tun es", erwiderte Frau Bindle, sich des Gefühls bewusst, dass sie möglicherweise zu weit gegangen war; „Erst gestern haben sie es geschafft."

"Was haben sie gesagt?" fragte Millie neugierig.

„Sie sagten", sie hielt inne, als zögerte sie, zu wiederholen, was die Jugend der Fenton Street ihr nachgerufen hatte. Dann fuhr sie fort, als wäre sie entschlossen, Bindle aller möglichen Sünden zu überführen: „Sie haben mich die ganze Fenton Street hinauf gerufen –" Wieder hielt sie inne.

„Ja, Tante Lizzie."

„Sie riefen ‚Frau Bindle dreht eine Spindel'."

Millie beugte sich schnell vor, damit ihr unwillkürliches Lächeln nicht bemerkt wurde.

„Sie rufen ihm nie hinterher", fügte Frau Bindle hinzu, als wäre das allein der schlüssige Beweis für Bindles Schuld. „Und jetzt muss ich gehen, Millie", und sie stand auf und bückte sich noch einmal, um zu schauen, wo Joseph der Zweite im Schlaf eines guten Gewissens und einer guten Verdauung schlief.

„Segne sein kleines Herz", murmelte sie und vergaß für einen Moment ihre eigenen Sorgen beim Anblick des schlafenden Babys. „Ich hoffe, er wächst nicht wie sein Onkel auf", fügte sie hinzu und ihre Gedanken kehrten schnell in ihren gewohnten Lauf zurück.

„Ich werde mit Onkel Joe reden", sagte Millie, während sie ihrer Tante den Flur entlang folgte, „und dann –" sie hielt inne.

„Du würdest einem Esel das Hinterbein abreden, bevor du irgendeinen Eindruck auf ihn machst", lautete die ungnädige Erwiderung. „Gute Nacht, Millie, ich freue mich, dass du mit dem Kochen weiterkommst", und Mrs. Bindle verschwand in der Nacht, in der Einsamkeit ihrer eigenen Gedanken, die ausschließlich von Bindle und seinen Mängeln bevölkert waren.

II

„Ich habe es Charley nicht gesagt, Onkel Joe, also sei vorsichtig", flüsterte Millie, als Bindle seinen Hut im Flur aufhängte.

„Hast du mir nicht gesagt, was, Millie?“

„Das – das –“ sie zögerte.

„Ich verstehe dich, Steve“, rief er mit einem wissenden Augenzwinkern, „du hast mir nicht gesagt, wie du deine Tante Lizzie zur stillen Frau von Fulham machen willst.“

„Nun, Onkel Joe“, mahnte sie mit schmollenden Lippen, „du hast es versprochen. Du wirst vorsichtig sein, nicht wahr?“ Sie hatte am Abend zuvor zwei Stunden damit verbracht, Bindle in der Rolle zu trainieren, die er spielen sollte.

„Heute Abend bin ich eine normale Taube“, sagte er fröhlich. „Ich könnte ein Ei legen, nur weiß ich nicht, welche Farbe es haben soll.“

Millie starrte ihn einige Sekunden lang fragend und zweifelnd an, dann drehte sie sich mit einem Achselzucken ihrer hübschen Schultern und einem Schmollmund, der bei Charley sehr beliebt war, um und ging voran in den Salon.

Charley Dixon tat sein Bestes, um mit seiner Schwiegertante ins Gespräch zu kommen; aber die einsilbigen Methoden von Frau Bindle erwiesen sich als ernstes Hindernis.

„Jetzt essen wir zu Abend“, rief Millie, nachdem Bindle Charley begrüßt hatte und Mrs. Bindle ein wenig zweifelnd ansah. Er schien im Begriff zu sein, eine Bemerkung zu machen; aber offenbar überlegte er es sich anders, stattdessen drehte er sich um und bewunderte ein Ornament auf dem Kaminsims. Er hatte sich gerade noch rechtzeitig erinnert.

Millie hatte sich auf das Abendessen verteilt. Da war ein kleines, kaltes Huhn, das offenbar in sich zusammenschrumpfen wollte; ein Salat in einer Glasschüssel, dazu eine Gabel und ein Löffel aus Neusilber mit blauen Porzellangriffen; ein Teller Schinken, gut garniert mit Petersilie; eine Beefsteak-Nieren-Torte, kalt, ebenfalls mit Petersilie garniert; etwas gepresstes Rindfleisch und Zunge, von einer Dünnheit, die auf die professionelle Hand hinwies, die es geschnitten hatte.

Auf der Anrichte standen unzählige Törtchen, Zuckerrüben, Kompott und Vanillesoße. Mit der Rücksichtslosigkeit einer jungen Hausfrau hatte Millie für vier Personen vorbereitet, was für vierzehn gereicht hätte.

Es war diese Tatsache, die zuerst die Aufmerksamkeit von Frau Bindle erregte. Ihren scharfen Augen entging nichts. Sie untersuchte die Messer und Löffel und identifizierte sie als Hochzeitsgeschenke. Sie hob den silbernen Pfefferstreuer, ein kleines, luftleichtes Ding, untersuchte die Beschaffenheit der Tischdecke und befühlte die Servietten mit abschätzendem Daumen und

Zeigefinger und lehnte im Geiste das Anzünden der beiden rosafarbenen Kerzen in silbernen Kerzenständern mit gelben Farbtönen ab. in der Mitte des Tisches.

Millie flatterte umher, war sich ihrer Verantwortung sehr bewusst und errötete vor Angst.

„Ich hoffe – ich hoffe", begann sie und wandte sich an ihre Tante. „Ich – ich hoffe, es wird dir gefallen."

„Sie müssen sehr hart gearbeitet haben, Millie", sagte Mrs. Bindle mit einer ungewöhnlich sanften Stimme, woraufhin Millie errötete.

Bindle und Charley waren bald damit beschäftigt, Beefsteak und Nierenpastete, heiße Kartoffeln und Bohnen zuzubereiten. Bindle wäre bei der ersten Hürde beinahe gestürzt. Im hitzigen Streit mit Charley darüber, was mit der Chelsea-Fußballmannschaft los sei, hatte er sich indiskret ein großes Stück Kartoffel in den Mund gesteckt, ohne zu bemerken, wie heiß es war. Ein schmerzerfüllter Ausdruck breitete sich auf seinen Gesichtszügen aus. Er war gerade dabei, eine erste Vorwärtsbewegung zu machen, um die Kartoffel dorthin zurückzubringen, wo sie hergekommen war, als Charley mit einer Geistesgegenwart, die Bindle Tränen in die Augen getrieben hätte, wenn sie nicht schon dort gewesen wären, auf das Glas Bier deutete vor ihm.

Mit einem Schwung ergriff Bindle es, hob es an seine Lippen und kühlte die erhitzte Knolle ab. Er zog sein rotes Seidentaschentuch aus der Brusttasche und wischte sich die Tränen weg, als Mrs. Bindle ihren Blick auf ihn richtete.

„Bring mich nicht zum Lachen, Charley", schrie er begeistert, „sonst ersticke ich", worüber Charley auf eine Weise lachte, die bewies, dass ihm jegliches theatralische Talent fehlte.

„Eines Tages werde ich das Gleiche für dich tun, Charley", flüsterte Bindle und blickte vorwurfsvoll auf die Überreste der Kartoffel, die ihn verraten hatte. „Mein Gott! Es war nicht", murmelte er leise. „Passen Sie auf sich auf und trinken Sie Bier, Andy."

Er wandte sich plötzlich an Frau Bindle. In seinem Herzen hegte die unbarmherzige Hoffnung, dass auch sie in die Strapazen geraten würde, denen er gerade entkommen war; aber Mrs. Bindle aß wie ein Buch über Etikette. Sie hielt ihr Messer und ihre Gabel am äußersten Ende der Griffe, die Ellbogen fest in die Seiten gedrückt, und spielte buchstäblich mit ihrem Essen.

Nach jedem Bissen hob sie ihre Serviette an ihre Lippen und erweckte den Eindruck, als würde sie sich ständig entweder zu ihren Lippen hin oder von ihren Lippen weg bewegen.

Sie ging kein Tischrisiko ein. Sie sorgte dafür, dass jedes Stück Essen sorgfältig auf der Gabel befestigt wurde, bevor sie es vom Teller hob, und dass die Gabel nie eine leichtere Last trug als ihre. Nach jeder Fahrt wurden Messer und Gabel auf ihren Teller gelegt, die Serviette – Mrs. Bindle nannte es eine Serviette – sie hob sie an ihre sauberen Lippen und berührte weder Messer noch Gabel wieder, bis ihre Kiefer völlig aufgehört hatten zu arbeiten.

Zwischen ihren Besuchen in der Küche bemühte sich Millie verzweifelt, ihre Tante zu einem Gespräch zu verleiten. Aber obwohl Frau Bindle viel religiöses und einheimisches Geld besaß, hatte sie kein verbales Kleingeld.

Im Laufe des Nachmittags hatte Millie sowohl ihre Häuslichkeit als auch sich selbst erschöpft – und da war Joseph der Zweite gewesen. Mrs. Bindle las nicht, sie hatten keine gemeinsamen Freunde, sie mied die Bilder, und was sie in den Zeitungen sah, missbilligte sie so sehr, dass sie diesen als möglichen Gesprächskanal schloss.

„Tante Lizzie“, rief Millie verzweifelt, weil sie etwas sagen wollte, „du machst kein gutes Abendessen.“

„Mir geht es sehr gut, danke, Millie“, sagte Frau Bindle, die es in einer Viertelstunde geschafft hatte, etwa zwei Quadratzentimeter Schinken und drei Salatschnitzel darin einzuwickeln.

„Du magst den Schinken nicht, Tante Lizzie“, protestierte die gastfreundliche Millie; „Iss etwas Kuchen.“

„Es ist sehr schön, danke, Millie“, war die knappe Antwort. „Ich genieße es“, und sie fuhr fort, ein Stück Salat auf eine Größe zu zerlegen, die sogar ein „Pflaumen-und-Prismen“-Mund ohne Unannehmlichkeiten angenommen hätte.

„Charley“, rief Millie plötzlich. „Ich möchte nicht, dass du mit Onkel Joe über Fußball redest. Sprich mit Tante Lizzie.“

Einen Moment später erkannte sie ihren Fehler. Bindle kehrte zu seinem Teller zurück, Charley sah seine Tante zweifelnd an und die Unterhaltung verstummte.

„Hör zu“, rief Millie, die nach fünf Minuten dachte, sie müsse entweder etwas sagen oder schreien. „Das ist Joey, lauf rauf und sieh, Charley, da ist ein Schatz“ – sie wusste, dass es nicht Joey war.

Charley erhob sich pflichtbewusst und erneut herrschte Stille am Tisch.

„Tante Lizzie, du *machst* eine schlechte Mahlzeit“, rief Millie aufrichtig verzweifelt, als Mrs. Bindle ihr Messer und ihre Gabel in den

„Entwarnungs"-Winkel stellte, obwohl sie weniger als die Hälfte von dem gegessen hatte, was auf ihrem Teller stand.

„Ich habe es sehr gut gemacht, danke, Millie, und es hat mir Spaß gemacht."

Millie seufzte. Ihr Blick wanderte von dem schwer beladenen Tisch zum Sideboard und sie stöhnte vor Laune. Trotz allem, was Bindle und Charley getan hatten und taten, schien es so viel zu essen, und sie fragte sich, ob Charley für den Rest der Woche etwas dagegen haben würde, kaltes Fleisch, Pudding und Marmeladentörtchen zu essen .

„Er war es nicht, Millie", sagte Charley, als er den Raum wieder betrat und mit der Miene eines Menschen, der entschlossen war, die Zeit, die er in elterlicher Fürsorge verloren hatte, wieder gutzumachen, zu seinem Teller zurückkehrte, während Bindle seinen eigenen Teller wegschob als Zeichen dafür, dass er, was die erste Runde betraf, nichts mehr zu sagen hatte.

„Du bist heute Nacht sehr ruhig, Onkel Joe", sagte Millie, die Seele der Gastfreundschaft in ihr weinte bereits bittere Tränen.

"Mich?" rief Bindle, zuckte zusammen und sah sich um. „Ich bin nicht ruhig, Millie", und dann verfiel er erneut in Schweigen.

Charley schien nichts Ungewöhnliches zu bemerken. Auf seine sanfte, gutmütige Art hoffte er, dass Millie ihn nicht noch einmal bitten würde, mit Tante Lizzie zu sprechen.

Mrs. Bindle nahm mit Hilfe eines Löffels und einer Gabel, kein anderes Wort beschreibt die Wirkung angemessen, an einem offenen Marmeladentörtchen teil und nippte von Zeit zu Zeit genussvoll an ihrem Glas Limonade; aber sie lehnte alles andere ab. Sie habe ein ausgezeichnetes Essen zubereitet, versicherte sie Millie wiederholt, und habe es genossen.

Millie fand Trost darin, Bindle mit Leckereien zu überhäufen. Er hatte keinen Befehl erhalten, seinen Appetit einzudämmen, also hatte er in seiner eigenen Redewendung beschlossen: „Lasst sie alle kommen" – und sie kamen, Törtchen und Teigtaschen, Obstsalat und Pudding, Vanillesoße und Gelee. Als der Käse und die Kekse angekommen waren, musste er sich in seinem Stuhl zurücklehnen und gestehen, dass er besiegt war.

„Nicht, wenn du mich bezahlen würdest", sagte er und schüttelte bedauernd den Kopf.

Nach dem Essen kehrten sie in den Salon zurück. Millie zeigte Mrs. Bindle ein Album mit farbigen Postkarten, die sie während ihrer Flitterwochen gesammelt hatten, während Charley wie ein ruheloser Geist umherirrte und seine Pfeife nach dem Abendessen vermisste.

„Wollen wir nicht rauchen?“ Bindle hatte heiser geflüstert, als sie das Wohnzimmer betraten; aber Charley schüttelte traurig und resigniert den Kopf.

„Vielleicht gefällt es ihr nicht“, flüsterte er zurück, also setzte sich Bindle in die Ecke eines Plüschsofas und fragte sich, wie lange es dauern würde, bis Mrs. Bindle Anstalten machte, nach Hause zu gehen.

Millie tat ihr Möglichstes, um die Postkarten so lange wie möglich haltbar zu machen. Charley war bei seinem ruhelosen Spaziergang durch den Raum neben ihr stehengeblieben und begann, sich an unwichtige Ereignisse an den abgebildeten Orten zu erinnern.

Schließlich waren die Fotos erschöpft, und sowohl Millie als auch Charley begannen sich zu fragen, was an ihre Stelle treten sollte, als Mrs. Bindle aufstand und verkündete, dass sie gehen müsse. Millie drängte sie zu bleiben und bemühte sich, die Dankbarkeit in ihrem Herzen zu unterdrücken, während Charley begann, die Minuten zu zählen, bis er „aufleuchten“ konnte.

Der Abschied nahm jedoch Zeit in Anspruch, und erst zwanzig Minuten später gingen Bindle und Mrs. Bindle in Begleitung von Charley und Millie durch den schmalen kleinen Gang zur Flurtür.

Weitere fünf Minuten waren damit beschäftigt, Bemerkungen über den Garten zu machen und wie sie sich dort amüsiert hatten – und dann wurden die letzten guten Nächte ausgesprochen.

Als seine Nichte ihn küsste, murmelte Bindle: „Mir ging es gut, nicht wahr, Millikins?“ und sie drückte beruhigend seinen Arm, woraufhin er erleichtert aufseufzte. Die Folterungen, die er an diesem Abend erlitten hatte, waren nichts wert, vorausgesetzt, Millie war glücklich.

Als sich die Flurtür schloss, zündete Charley ein Streichholz an und zündete seine Pfeife an. Als er ins Wohnzimmer zurückkehrte, ließ er sich auf den bequemsten der unruhigen Stühle fallen.

„Was ist heute Abend mit Onkel Joe los, Millie?“ fragte er, und als Antwort warf sich Millie auf ihn, schlang ihre Arme um seinen Hals und schluchzte.

„Es war ein angenehmer Abend, Lizzie“, sagte Bindle im Plauderton, als sie zur nächsten Straßenbahnhaltestelle gingen.

Mrs. Bindle schniefte.

„Netter junger Kerl, Charley“, bemerkte er einen Moment später. Er war entschlossen, sein Versprechen gegenüber Millie einzulösen.

„Was war heute Abend mit dir los?“ sie forderte aggressiv.

„Mir egal?“ erkundigte er sich überrascht. „Mit mir ist nichts los, Lizzie, es hat mir gut gefallen.“

„Ja, den ganzen Abend da sitzen, als ob die Butter nicht auf der Zunge zergehen würde.“

„Aber –“ begann Bindle.

„Oh, ich kenne dich“, unterbrach sie. „Du wolltest, dass Millie und Charley denken, es sei alles meine Schuld und dass du ein Heiliger bist. Sie sollten dich in deinem eigenen Zuhause sehen“, fügte sie hinzu.

„Aber ich habe nichts gesagt, denk“, protestierte er.

„Zu Hause ist man nicht so“, fuhr sie fort. „Da tun Sie nichts anderes, als zu lästern und anzügliches Gerede zu reden und Mr. Hearty zu verspotten. Oh! Ich kann Sie durchschauen“, fügte sie hinzu, „und Sie brauchen nicht zu glauben, dass Sie Millie oder Charley betrogen haben. Sie sind nicht die Dummköpfe.“ du denkst sie.

Bindle stöhnte vor Laune. Er hatte an diesem Abend sehr gelitten, weil er jeden Satz im Geiste zensieren musste, bevor er ihn aussprach.

„Dann schau dir an, wie du dich verhalten hast. Du hast wie ein Gormand gegessen. Du hast dafür gesorgt, dass ich mich für dich völlig schämte. Ich konnte sehen, wie Millie zusah –“

„Aber sie hat zugesehen, ob ich genug zu essen habe“, protestierte er.

„Sag es mir nicht. Jedes einigermaßen gebildete Mädchen wäre von deinem Verhalten angewidert. Marmeladentörtchen mit den Fingern essen.“

„Aber wozu soll ich sie essen?“

Bevor sie Zeit hatte zu antworten, hielt die Straßenbahn an und, ihrer üblichen Gewohnheit folgend, schoss Mrs. Bindle darauf zu und stieß dabei die Leute rechts und links mit dem Ellbogen an. Man konnte sich immer darauf verlassen, dass sie sich beim Einsteigen in ein Fahrzeug genügend Feinde macht, um den meisten Menschen ein Leben lang zu überleben.

„Aber wozu soll ich sie essen?“ fragte Bindle noch einmal, als sie saßen.

„Sssch!“ Sie zischte und war sich bewusst, dass eine Reihe von Leuten sie ansahen, darunter auch einige, die die Schärfe ihrer Ellbogen kennengelernt hatten.

„Aber wenn du Marmeladentörtchen nicht mit deinen Fingern essen sollst, wie willst du sie dann in deinen Mund bekommen?“ erkundigte er sich mit heiserem Flüstern, das für den Großteil der Straßenbahninsassen gut zu hören war. „Sie springen nicht", fügte er hinzu.

Auf den Gesichtern der meisten Mitreisenden breitete sich ein Lächeln aus.

„ *Wirst* du ruhig sein?" zischte Frau Bindle.

„Pass auf, dass du nicht so erwachsen wirst, Junge", flüsterte ein verliebter Jugendlicher einer vollbusigen jungen Frau zu, deren Hand er mit verschränkten Fingern umfasste.

Mrs. Bindle hörte die Bemerkung und zog ihre Lippen noch weiter zusammen.

„Hast du schon ein klebriges Gesicht bekommen, Kumpel?" fragte ein kleiner Mann, der neben Bindle saß, mit mitfühlender Stimme.

Bindle drehte sich um und zwinkerte ihm zu.

Kaum waren sie am King's Head aus der Straßenbahn ausgestiegen, verschwand Mrs. Bindles Zurückhaltung. Bis zur Fenton Street beschimpfte sie Bindle dafür, dass er sie vor anderen Menschen gedemütigt hatte. Sie ließ der Wut, die den ganzen Abend in ihr brodelte, freien Lauf. Millie sollte über sein Verhalten informiert werden. Charley sollte lernen, ihn zu hassen, und Little Joey sollte lernen, die bloße Erwähnung seines Namens zu verabscheuen.

„Aber du solltest deinen Ellbogen nicht in die Leute stoßen –" Bindle hielt inne, um ein Wort zu sagen, das für Mrs. Bindles Ohren zart genug war und gleichzeitig keinen Zweifel über den tatsächlichen Teil der Anatomie ließ worauf er sich bezog.

„Ich werde meine Ellbogen in dich stoßen, wenn du nicht aufpasst", war die kompromisslose Antwort. „Ich meine die Törtchen."

Und Bindle hat einen Bolzen dafür gemacht.

„Das kommt jetzt alles dadurch zustande, dass man versucht, auf einem Sicherheitsventil zu sitzen", murmelte er. „Mrs. B. muss mal blasen, sonst würde sie pleite gehen."

KAPITEL XIII

FRAU. BINDLES ENTDECKUNG

ICH

Am Mittwochabend ging Frau Bindle in die Kapelle, um am wöchentlichen Abstinenzgottesdienst teilzunehmen. Da Mäßigkeitstreffen bei Mrs. Bindle immer den missionarischen Geist weckten, wählte Bindle den Mittwoch für das, was er als seinen „Ausgehabend" bezeichnete.

Wenn er früher nach Hause kam, traf er auf Mrs. Bindles prophetische Ansichten über das Jenseits derjenigen, die ihre Freizeit in Gin-Palästen verbrachten.

Zuerst hatte Frau Bindle ihren Unmut gezeigt, indem sie wartete, bis Bindle zurückkam; Aber als er jeden Mittwoch später zurückkehrte, hatte sie endlich kapituliert, und es war für ihn nicht mehr nötig, bis zwei Uhr morgens durch die Straßen zu laufen, um unangefochten nach oben zu schlüpfen, wohin er gehen wollte als er starb.

Eines Mittwochabends, als er auf dem Heimweg war und unter Anstrengung „Bubbles" pfiff, bemerkte er die Gestalt eines Mädchens, das unter einem Laternenpfahl stand, den Kopf gesenkt und die Schultern krampfhaft bewegend.

„„Ullo – ‚ullo!" er weinte. „Was ist jetzt los?"

Als sie Bindles Worte hörte, warf sie ihm einen flüchtigen Blick zu, dann wandte sie sich noch einmal dem eigentlichen Geschäft zu und schluchzte umso lauter.

„Was ist los, mein Lieber?" fragte Bindle und betrachtete sie mit einem verwirrten Gesichtsausdruck. „Oo hat dich gedrängt?"

„Ich – ich habe Angst", schluchzte sie.

„Angst! Es gibt nichts, wovor man Angst haben muss, wenn Joe Bindle in der Nähe ist. Wovor hast du Angst?"

„Ich – ich habe Angst, nach Hause zu gehen", schluchzte das Mädchen.

„Ich habe Angst, nach Hause zu gehen", wiederholte Bindle. "Warum?"

„Mmmm-Mutter."

„Was ist mit ihr los? Ist sie krank?"

„Sie – sie wird mich töten."

„Wilder alter Vogel", murmelte er. Dann zu dem Mädchen: „Hm, du hättest um diese Zeit nicht draußen sein sollen, ein junges Mädchen wie du. Es ist schon zwölf Uhr. Was ist los mit Mama?"

„Sie wird mich umbringen. Ich darf nicht nach Hause gehen." Sie sah zu Bindle auf, einer erbärmlichen Gestalt mit zuckendem Mund und ängstlichen Augen. Dann unterdrückte sie ihr Schluchzen und erzählte ihre Geschichte.

Sie war mit einer Freundin in Richmond gewesen, und ein paar Jungen waren mit ihnen auf ihren Motorrädern joggen gegangen. Bei einem der Fahrräder hatte es einen Motorschaden gegeben, und anstatt um zehn zu Hause zu sein, war es schon halb elf, als sie am Bahnhof Putney Bridge ankam.

„Ich darf nicht nach Hause gehen", jammerte sie, als sie ihre Geschichte beendete. „Mutter wird mich umbringen. Das letzte Mal hat sie gesagt, sie würde es tun. Die Angst hatte sie unabhängig vom äußeren Anschein gemacht.

„Hier, ich bringe dich nach Hause", rief Bindle mit der Miene eines Mannes, der eine gewaltige Entscheidung getroffen hat. „Wenn Frau B. es zu Ohren bekommt, wird es allerdings einen gewaltigen Krach geben", murmelte er.

Das Mädchen wirkte unentschlossen.

„Du lässt nicht zu, dass sie mir wehtut?" fragte sie mit dem bittenden Blick eines verängstigten Kindes.

„Nun, ich kann nicht anfangen, mit deiner Mutter zu streiten, meine Liebe", sagte er unsicher; „Aber ich werde mein Bestes geben. Meine Frau ist ein bisschen streitlustig, wissen Sie, und ich habe gelernt, wie man mit ihnen umgeht. Natürlich würde es das tun, wenn sie Hymnen und Lachs mochte „Es wird irgendwie einfacher sein", überlegte er, „nicht, dass die Chance groß wäre, um diese Nachtzeit eine Dose Lachs zu bekommen."

Das Mädchen wusste nichts von seiner Angewohnheit, Mrs. Bindles Vorliebe für Dosenlachs und Kirchenlieder auszunutzen, und sah ihn mit großen Augen an.

„Nein", fuhr er fort, „diesmal muss es klappen. Komm, komm, Junge, wir können nicht die ganze Nacht hier bleiben. Wo wohnst du?"

Mit einem Nicken deutete sie auf das Ende der Straße, an der sie standen.

„Nun, los geht's", rief er und machte sich auf den Weg, während das Mädchen ihm folgte. Während sie weitergingen, wurden ihre Schritte immer widerstrebender, bis sie schließlich plötzlich stehen blieb.

„Was ist jetzt los?" erkundigte er sich und blickte über seine Schulter.

„Ich darf nicht hineingehen", sagte sie zitternd. „Das tue ich nicht."

„Hier, komm mit", rief Bindle überzeugend. „Deine Mutter kann dich nicht essen. Welches Haus ist das?"

"Das hier." Sie nickte in Richtung eines Tors gegenüber einem Laternenpfahl, Angst und Elend in ihren Augen.

„Komm mit, meine Liebe. Ich werde nicht zulassen, dass er dich ärgert", und er nahm sie sanft am Arm und führte sie zum Tor. Hier jedoch blieb das Mädchen noch einmal stehen und klammerte sich krampfhaft, halb tot vor Schreck, an das Geländer.

Bindle öffnete das Tor, ging den kurzen gefliesten Weg hinauf und griff nach dem Türklopfer. Dabei öffnete sich die Tür so plötzlich, dass er nach vorne taumelte und fast in die Arme einer beleibten Frau mit feurigem Gesicht und wütenden Augen fiel.

Von Bindle wanderte ihr Blick zu der schrumpfenden Gestalt, die sich am Geländer festklammerte.

„Du alter Bösewicht!" „„ schrie sie mit vor Leidenschaft heiserer Stimme und stürzte sich auf Bindle, der geschickt auswich und hinter einem mottenzerfressenen Immergrün in der Mitte des winzigen Vorgartens Deckung suchte.

„Du lässt dich einfach von mir erwischen, während du meine Freundin so draußen hältst, und du bist auch alt genug, um ihr Vater zu sein. Und was dich betrifft, meine Dame, warte nur, bis ich dich ins Haus bringe. Ich zeige es dir, wenn du nach Hause kommst um diese abendliche Zeit.

Sie machte einen weiteren Tauchgang bei Bindle; aber ihre Masse war gegen sie, und es fiel ihm nicht schwer, dem Angriff auszuweichen.

„Was meinst du damit?" „Und du bist noch keine siebzehn. Für zwei Stecknadeln würde ich dich hochnehmen."

„Hier, alter Mann, Missis", rief Bindle und behielt seinen Gegner im Auge. „Ich bin nicht das, was du denkst. Ich bin eine Taube, das ist, was ich bin, und hier spielst du hier Verfolger-mich-Charlie –"

„Warte, bis ich dich habe", schrie sie und übertönte Bindles Protest. „Ich geb dir meine Freundin die ganze Zeit draußen. Warte einfach. Ich zeige es dir, sonst heiße ich nicht Annie Brunger."

Sie stürzte sich noch einmal auf ihn; aber mit einer schnellen Bewegung platzierte er das winzige Immergrün noch einmal zwischen ihnen.

"Mutter Mutter!" Das Mädchen stürzte vorwärts und klammerte sich krampfhaft am Arm ihrer Mutter. „Mutter, nicht!"

„Warten Sie, Mylady“, rief Frau Brunger und schüttelte die Hand ihrer Tochter ab. „Ich werde mich mit dir abfinden, wenn ich mit ihm fertig bin, die Schöne. Ich werde es ihm zeigen!“

Die Eingangstür des Hauses auf der rechten Seite öffnete sich langsam und ein mit Lockenpapier bedeckter Kopf lugte heraus. Zwei Türen weiter auf der anderen Seite wurde ein Fenster geöffnet und der kahle Kopf eines Mannes erschien. Die Hunde des Skandals rochen Blut.

"Mutter!" Das Mädchen schüttelte verzweifelt den Arm ihrer Mutter. „Mutter, nicht! Dieser Herr ist mit mir nach Hause gekommen, weil ich Angst hatte.“

"Was ist das?" Mrs. Brunger drehte sich zu ihrer Tochter um, die mit flehenden Augen dastand und ihren Arm umklammerte, ihre eigenen Ängste für einen Moment vergessen.

„Er sah mich weinen und sagte, er würde mit mir nach Hause kommen, weil – – Oh, Mutter, tu das nicht! – Tu es nicht!“

Zwei Fenster auf der gegenüberliegenden Seite des Weges wurden geräuschvoll hochgeschoben und Köpfe tauchten auf.

„Hier, schauen Sie, Missis“, rief Bindle und nutzte seine Gelegenheit. „Es hat keinen Zweck, mich um diesen Stachelbeerbusch herumzujagen. Ich habe dir doch gesagt, dass ich kein Löwe bin. Ich komme, um die Dinge zu glätten. Eine Art Taube, wissen Sie.“

"Mutter Mutter!" Wieder umklammerte das Mädchen den Arm ihrer Mutter und schüttelte ihn vor Aufregung. „Ich hatte Angst, nach Hause zu kommen, ehrlich gesagt, und – und er sah mich weinen und – und sagte –“ Schluchzen erstickte ihre weitere Äußerung.

„Kommt rein, ihr beide.“ Frau Brunger war sich endlich des Interesses ihrer Nachbarn bewusst geworden. „Manche Leute können sich nie um ihre eigenen Angelegenheiten kümmern“, fügte sie hinzu und deutete damit den Neugierigen an. Sie drehte dem säumigen Paar den Rücken zu und marschierte durch die Tür hinein, den kurzen Gang entlang zur Küche am anderen Ende, wo das Gas brannte.

Bindle folgte ihr selbstbewusst, stand mit der Mütze in der Hand am Küchentisch und sah sich interessiert um. Das Mädchen blieb jedoch flach an der Seite des Gangs liegen, als ob es darauf bedacht wäre, sich zu verdrängen.

„Elsie, wenn du nicht reinkommst, hole ich dich“, verkündete die Mutter drohend.

Elsie glitt an der Wand entlang und um den Türpfosten herum in die Ecke des Zimmers, die am weitesten von ihrer Mutter entfernt war. Dort stand sie mit entsetzten Augen, die auf ihre Eltern gerichtet waren.

„Nun, was habt ihr zwei zu eurer Meinung zu sagen?“ Mrs. Brunger blickte von Bindle zu ihrer Tochter, mit der Miene einer Person, die durchaus bereit ist, die Verantwortung der Vorsehung zu übernehmen.

„Nun, so war es hier“, sagte Bindle leichthin. „Ich sehe sie“, er zeigte mit dem Daumen in Richtung des Mädchens, „sie weint unter einem Laternenpfahl unten auf der Straße, also frage ich sie, was los ist.“

Bindle hielt inne und Mrs. Brunger wandte sich fragend an ihre Tochter.

„Ich – ich –“, begann das Mädchen, dann hielt auch sie abrupt inne.

„Du warst wieder mit diesem Luder Mabel Warnes zusammen.“ In Frau Brungers Tonfall klangen Anklage und Überzeugung. „Leugnen Sie es nicht“, fuhr sie fort, obwohl das Mädchen keine Anstalten machte, dies zu tun. „Ich habe dich gewarnt, was ich dir antun würde, wenn du noch einmal mit diesem schnellen kleinen Gepäck losgehst, und ich werde es tun, also hilf mir, Gott, das werde ich tun.“ Ihre Stimme wurde wütend.

„Hier, schauen Sie, Missis –“, begann Bindle.

„Mein Name ist Brunger – Mrs. Brunger“, fügte sie hinzu, um Missverständnissen vorzubeugen. „Ich dachte, ich hätte es dir einmal gesagt.“

„Das hast du“, sagte Bindle fröhlich. „Sehen Sie mal“, fuhr er überzeugend fort, „wir sind nur einmal jung.“

Frau Brunger schnaubte verächtlich; und der Blick, den sie ihrer Tochter zuwarf, ließ das Mädchen näher an die Wand schrumpfen.

„Selten, ich war dafür da, zu spät nach Hause zu kommen“, erinnerte sich Bindle.

„Du schämst dich noch mehr“, war die kompromisslose Erwiderung.

„Ich hätte mich nicht wundern müssen, wenn du ab und zu ein bisschen zu spät gekommen bist, als du ein Mädchen warst“, fuhr er fort und blickte mit kritischem Verständnis zu Mrs. Brunger auf – „sonst wüssten die Jungs nicht, was was ist“, sagte er hinzugefügt.

„Zwei Schwarze ergeben noch keinen Weißen“, war Frau Brungers obskurer Kommentar.

„Ja, aber ein Mädchen kann nicht anders, als hübsch zu sein", fuhr Bindle fort und folgte seiner Argumentation. „Wenn du so gewesen wärst wie eine Mutter, hätte ihn niemand draußen halten wollen."

„Wen meinst du?" forderte Frau Brunger; aber es war kein Unmut in ihrer Stimme.

„Es sind nur die Hübschen, die bis spät in die Nacht draußen bleiben", fuhr Bindle unbeirrt fort, und sein Selbstvertrauen wuchs, als er die Anzeichen einer schwächelnden Verteidigung sah. „Nun, bei einer Mutter wie dir", hielt er beredt inne, „musste es passieren. Du hättest nicht zu streng mit dem Mädchen sein sollen, obwohl, wohlgemerkt", sagte er und wandte sich an den Täter. „Sie sollte gegen den Willen ihrer Mutter nicht mit Mädchen ausgehen, und sie wird in Zukunft ein gutes Mädchen sein – nicht wahr, meine Liebe?"

Das Mädchen nickte energisch.

„Da sehen Sie", fuhr Bindle fort und wandte sich noch einmal an Frau Brunger, deren Gesicht deutliche Anzeichen von Entspannung zeigte. „Nun, wenn ich wieder ein junger Kerl wäre", fuhr er fort und schaute von der Mutter zur Tochter, „nun, dann könnte alles passieren."

„Mach weiter so." Frau Brungers gute Laune kehrte zurück.

„Nun, ich denke, ich muss", sagte Bindle grinsend. „Es ist an der Zeit, dass ich mich dagegen wehre."

Seine Ankündigung schien das Mädchen zu erregen. Bisher hatte sie als stille Zeugin gestanden und war verwirrt über die seltsame Wendung, die die Ereignisse nahmen; Doch nun wurde ihr klar, dass ihr Beschützer sie dem Feind überlassen würde. Sie ging vorwärts und packte Bindle am Arm.

„Geh nicht! – oh, geh nicht! Ich –" Sie hielt plötzlich inne und blickte zu ihrer Mutter hinüber.

„Du willst doch nicht zu streng sein?" sagte Bindle und interpretierte den Blick.

Frau Brunger sah unentschlossen aus. Ihre Wut fand ihren Ursprung eher im Mutterinstinkt des Schutzes als in schlechter Laune. Bindle nutzte ihre Unentschlossenheit schnell aus. Voller Inspiration wandte er sich dem Mädchen zu.

„Jetzt brauchst du dir keine Sorgen zu machen, meine Liebe. Sie hat genug zu tun, ohne dass sie von einem hübschen kleinen Mädchen wie deinem belästigt wird. Wenn sie dir verzeiht, versprichst du ihr dann, nicht zu spät zu kommen? Nochmal, und nicht mit diesem Mädchen gehen, was ihr nicht gefällt?

„Oh ja, ja! Das werde ich nicht tun, Mütter, ehrlich gesagt." Sie sah ihre Mutter flehend an und sah etwas Beruhigendes in ihrem Gesicht, denn einen Moment später klammerte sie sich fast heftig an den Arm ihrer Mutter.

„Sie müssen eines Samstagabends vorbeikommen und meinen Mann sehen", sagte Mrs. Brunger ein paar Minuten später, als Bindle am Riegel der Flurtür herumfummelte. „Er läuft bei *The Daily Age* und ist nur samstagabends zu Hause."

„Oh, *bitte* !" rief das Mädchen, dessen Lächeln bis auf die Tränenspuren alles aus ihrem Gesicht verjagt hatte, und Bindle versprach, dass er es tun würde.

„Wenn Mrs. B. diese kleinen Leute hören würde", murmelte er, als er in Richtung Fenton Street ging, „gäbe es einen gewaltigen Krach. Mrs. B. ist eine gute Frau „Da sie eine gute Frau ist, wird sie bestimmt das Schlimmste denken", und er öffnete das Tor, das zu seinem „Little Bit of ‚Eaven' führte."

II

„Guten Tag, Frau Stitchley."

„Guten Tag, Frau Bindle. Ich hoffe, ich komme nicht zu einem ungünstigen Zeitpunkt."

„Nein, bitte kommen Sie herein", sagte Mrs. Bindle mit fast Freundlichkeit, als sie beiseite trat, um ihren Besucher hereinzulassen, dann schloss sie die Haustür hinter sich und öffnete die Tür, die zum Wohnzimmer führte.

„Würden Sie hier bitte eine Minute warten, Mrs. Stitchley, und ich ziehe die Jalousie hoch?" Sie sagte.

Mrs. Stitchley grinste und lächelte, während Mrs. Bindle sich mit erstaunlicher Geschicklichkeit ihren Weg durch das Labyrinth der Dinge, mit denen der Raum vollgestopft war, in Richtung Fenster bahnte.

Einen Moment später zog sie die dunkelgrüne Jalousie hoch, die immer zugezogen war, damit der Teppich nicht verblasste, und das Sonnenlicht strömte in den Raum. Es enthüllte ein trauriges Durcheinander von Stühlen, Hockern, Fotorahmen, Bildern und Ornamenten, die allesamt Mrs. Bindle sehr am Herzen lagen.

„Wollen Sie sich nicht setzen, Mrs. Stitchley?" fragte Frau Bindle primitiv. Mrs. Stitchley war begeistert von ihrem Besuch in der Alton Road Chapel; Bindle hatte sie einmal als „eine Kapelle" bezeichnet.

„Danke, meine Liebe, danke", sagte Mrs. Stitchley, deren Art Freundlichkeit ausstrahlte.

Sie blickte sich zweifelnd um, und es war Mrs. Bindle, die die Angelegenheit regelte, indem sie auf einen Stuhl aus geprägtem Plüsch deutete, dessen Sitz in der Mitte hart und hoch war. Über dem Rücken befand sich ein ecrufarbener Antimacassar, der mit einem hellblauen Band zusammengebunden war. Nach kurzem Zögern vertraute Mrs. Stitchley es ihr an.

„Es ist lange her, seit ich Sie gesehen habe, Frau Bindle." Sie hatten sich drei Abende zuvor in der Kapelle getroffen.

Mrs. Bindle lächelte schwach. Sie verdächtigte Mrs. Stitchley immer des heimlichen Alkoholkonsums, obwohl sie der Chapel Temperance Society angehörte. Mrs. Stitchleys rote Nase, gepaart mit ihrer Leidenschaft für das Kauen von Nelken, hatte ihre Mitanbeterin misstrauisch gemacht.

„Was für ein schönes Zimmer", Mrs. Stitchley sah sich anerkennend um, „so vornehm und so raffiniert."

Frau Bindle grinste.

„Erst gestern Morgen beim Frühstück habe ich zu Stitchley gesagt – er war ein großer Fan von Würstchen, er mochte sie so sehr – ‚Mrs. Bindle' als Geschmack, sage ich, , *und* Raffinesse.'"

Mrs. Bindle, die ihrem Besucher gegenüber Platz genommen hatte, zog ihr Kinn ein und faltete die Hände vor sich, mit der Miene einer Person, die nur das erhält, was ihr zusteht.

Es entstand eine kurze Pause.

„Ja", sagte Mrs. Stitchley mit einem Seufzer, „ich war immer ein Freund von Vornehmheit *und* Seriosität."

Frau Bindle sagte nichts. Sie fragte sich, warum Mrs. Stitchley angerufen hatte. Auch wenn sie es nicht in Worte gefasst hätte oder auch nur zugelassen hätte, dass es in ihren Gedanken Form gefunden hätte, wusste sie, dass Mrs. Stitchley eine Frau war, für die Klatsch der Atem des Lebens war.

„Jetzt fragst du dich, warum ich gekommen bin, meine Liebe", fuhr Mrs. Stitchley fort, die immer freundlicher wurde, je länger ihre Anrufe dauerten, „aber es ist ein Blödsinn. Ich sage heute Morgen zu Stitchley: ‚Da ist der Arme.' „Liebe Mrs. Bindle, sie lebt in Unschuld darüber, wie sie beschimpft wird." Mrs. Stitchley war manchmal etwas locker in der Art und Weise, wie sie ihre Sätze konstruierte und die Worte wählte.

Mrs. Bindles Lippen begannen eine harte Linie anzunehmen.

„Ich verstehe nicht, Mrs. Stitchley", sagte sie.

„Nur scherzhaft sage ich zu Stitchley: ‚Sie weiß es nicht, das arme Lamm', sage ich, ‚wie sie betrogen wird, ‚wie sie –'" Mrs. Stitchley machte eine Pause, nicht aus irgendeinem Grund für die Dramatik ; aber wegen eines heftigen Schluckaufs, der sie befallen hatte.

„Entschuldigung, Mama – Mrs. Bindle“, korrigierte sie sich; „Aber ich war schon immer ein Freund von ‚Schmerzen‘, und wenn es keine ‚Schmerzen‘ sind, dann sind es Krämpfe. Erst gestern hat Stitchley zu mir gesagt, nein, das war es nicht, es war am Tag zuvor, dass –“

„Willst du mir nicht sagen, was du vorhattest?“ sagte Frau Bindle. Sie wusste schon seit langem, wie weitschweifig Mrs. Stitchleys Erzählmethoden waren.

„Ganz sicher, ganz sicher“, und sie nickte, bis die Jet-Verzierung in ihrer schwarzen Haube gelähmt zu sein schien. „Nun, meine Liebe, es ist so. Wie ich heute Morgen zu Stitchley sagte: ‚Ich kann mir nicht vorstellen, dass die arme Mrs. Bindle von diesem Monster getäuscht wird.‘ Ich durchschaue, dass ich an diesem Abend deine Party in …“ sie machte eine Pause für einen Vergleich, „in das, was du daraus gemacht hast“, fügte sie inspiriert hinzu.

„Oh! die Bosheit dieser Welt, Frau Bindle. Oh! die Sünde und der Irrtum.“ Sie warf ihre trüben, wässrigen blauen Augen auf und blickte auf den gelben Fliegenfänger aus Papier, und erneut begann das Jet-Ornament zu zittern.

„Bitte sagen Sie mir, was es ist, Mrs. Stitchley“, sagte Mrs. Bindle, sich einer drohenden Katastrophe bewusst.

„Der böse Mann, das grausame, herzlose Geschöpf; aber sie sind alle gleich, wie ich Stitchley sage, und er mit einer Frau wie Ihnen, Mrs. Bindle, mit so einer jungen Isebel weiterzumachen, um –“

„Mach weiter mit der jungen Isebel!“

Das ganze Verhalten von Frau Bindle hatte sich verändert. Ihre Aufrichtigkeit schien betont worden zu sein, und der grimmige Ausdruck auf ihrem Mund hatte sich zu einem bedrohlichen Ausdruck verhärtet. Ihre Augen, hart wie zwei Stücke Stahl, schienen das Gehirn ihres Besuchers zu durchdringen. "Wie meinst du das?" sie verlangte.

Instinktiv zuckte Mrs. Stitchley zurück.

„Wie ich zu Stitchley sage –“ begann sie, als Mrs. Bindle einbrach.

„Macht nichts, Mr. Stitchley“, schnappte sie. "Sag mir was du meinst."

Mrs. Stitchley sah verletzt aus. Die Dinge liefen nicht ganz so, wie sie es geplant hatte. Bei der Verbreitung von Skandalen war sie eine Künstlerin, und sie konstruierte ihre Perioden im Hinblick auf deren dramatische Wirkung auf ihren Zuhörer.

„Ja“, fuhr sie in Erinnerungen fort, „er war ein guter Mensch als Stitchley. Niemals, ohne mit anderen Frauen zu galoppieren. Er hat immer gesagt:

‚Matilda, meine Liebe, es wird nie wieder eine Frau für mich geben.‘ Seine Worte sind es, Frau Bindle, das versichere ich *Ihnen* “, und Frau Stitchley putzte sich wie ein mottenzerfressener Pfau.

„Sie sagten –“ begann Frau Bindle.

„Sicherlich, sicher“, sagte Mrs. Stitchley; „Aber wir alle müssen unsere Kreuze tragen. Der Herr wird Ihnen Kraft geben, Frau Bindle, so wie er mir Kraft gegeben hat, als Stitchley sein Bein verlor. ‚Der Herr gibt und der Herr nimmt‘“, fügte sie rätselhaft hinzu .

„Mrs. Stitchley“, sagte Mrs. Bindle und erhob sich mit entschlossener Miene, „ich bestehe darauf, dass Sie mir sagen, was Sie meinen.“

„Ah! meine Liebe“, sagte Mrs. Stitchley mit einer Emotion in ihrer Stimme, die sie normalerweise bei Beerdigungen bewahrte, „ich wusste, wie es sein würde. Ich sage zu Stitchley: ‚Stitchley‘, ich sage: ‚dieser arme, Die liebe Frau wird leiden. Sie ist eines dieser sanften, zarten Lämmer, die vom Schlangenzahn der Lust des Mannes zertreten werden. „Das waren meine eigenen Worte, Mrs. Bindle“, fügte sie hinzu, ohne Rücksicht auf die Mischung aus Metaphern.

Mrs. Bindle sah ihre Besucherin hilflos an. Ihr Gesicht war sehr weiß; aber sie erkannte, dass Mrs. Stitchleys Geschwätzigkeit unbezähmbar war.

„Ich nehme um zwei Uhr morgens ein junges Mädchen mit und werde dann von ihrer Mutter – und ihrem Vater, die jeden Abend bei der Arbeit sind – hereingebeten, und zwar nicht morgens.“ Siebzehn, und alle Nachbarn blicken aus den Fenstern und kreischen und bitten ihre Mutter, es nicht zu tun, und sie sagen: „Warte, bis ich dich habe, meine Güte.“ „Mädel“, und ich nenne „ich bin ein alter Bösewicht.“ Ich sage zu Stitchley, „dieser Mann sollte verhaftet werden, und das liegt nur an Lord George.“ „Das ist es nicht.“

"Wie meinst du das?" Frau Bindle bemühte sich, sich zu beherrschen. „Wer war es, der um zwei Uhr morgens jemanden mit nach Hause nahm?“

„Du armes Lamm“, krächzte Mrs. Stitchley und blickte zu Mrs. Bindle auf, deren lammhafte Eigenschaften noch nie so ausgeprägt waren wie in diesem Moment. „Sie armes Lamm. Sie werden getäuscht, Frau Bindle, grausam und niederträchtig beschimpft. Ihr Kollege macht mit einem jungen Mädchen weiter, das hätte sein können, seiner Tochter. Oh! Die Bosheit dieser Welt, die –“

„Ich glaube es nicht.“

Mrs. Stitchley fuhr zurück. Die Worte schienen ihr fast ins Gesicht zu treffen. Sie blinzelte unsicher mit den Augen, als sie Mrs. Bindle ansah, die Verkörperung einer empörten Frau und einer rachsüchtigen Wut.

„Ich fürchte, ich muss gehen, meine Liebe", sagte Mrs. Stitchley; „Aber ich hatte das Gefühl, ich sollte es dir sagen."

„Nicht bevor Sie mir alles erzählt haben", sagte Frau Bindle entschieden, als sie zur Tür ging, „und Sie verlassen diesen Raum nicht, bis Sie erklärt haben, was Sie meinen."

Mrs. Stitchley drehte sich in ihrem Stuhl um, als Mrs. Bindle durch den Raum ging, Überraschung und Angst in ihren Augen.

„Herr, sei mir gnädig!" Sie weinte. „Machen Sie es nicht so an, Mrs. Bindle. Das ist es nicht wert."

Dann machte Frau Bindle Frau Stitchley unmissverständlich klar, dass sie die Wahrheit brauchte, die ganze Wahrheit und nichts als die Wahrheit, ohne unnötige Umschreibungen, Ausdrücke oder verdeckende Metaphern.

Nach fünf Minuten hatte sie ihren Besucher in einen Zustand tränenreichen Nachgebens versetzt.

Zuerst blieb ihre Periode aus; aber sie kam bald in Schwung und schwang sich mit sichtlichem Vergnügen vorwärts.

„Meine Schwägerin, nicht weil sie meine Schwägerin ist, hat Stitchleys Vater zweimal geheiratet, ist zweitens eine Witwe mit fünf eigenen, und ist noch keine neunundzwanzig Damals, rücksichtslos, nenne ich es. Wie ich schon sagte, Mrs. Coggles, „ihr Name reicht aus, um Ihnen Schmerzen zu bereiten, und der Zustand von Ihnen, meine Liebe –" Mrs. Stitchley zog sie auf den Blick zur Decke gerichtet, als ob ihr die Worte fehlen würden.

„Nun", fuhr sie nach einer kurzen Pause fort, in der Mrs. Bindle sie ansah, ohne einen Muskel zu bewegen, „wie ich schon sagte, Mrs. Coggles" – sie schauderte leicht, als sie den Namen aussprach – „sie lebt in Arloes." Road, Nr. 9, rosa Krawatten zu ihren Vorhängen, und so auffällig in ihrem Kleid. schloss sie, als wäre ihr die christliche Nächstenliebe zu Hilfe gekommen.

„Sie hat mir alles darüber erzählt. Sie wollte scherzhaft zu Bett gehen, kam zu spät wegen ‚Ector, der ist der siebte, zehn Monate alt und liegt noch an der Brust, ekelhaft, ich nenne es, ‚Avin." Sie dachte, es seien Krämpfe, und sie hörte den Streit und Ubbub, sie geht zur Tür und sieht alles, und das ist die Evangeliumswahrheit, Mrs. Bindle, wenn ich wie Sulphira niedergeschlagen werden sollte. "

Anschließend gab sie einen sehr ausführlichen und kunstvollen Bericht über Bindles Abenteuer vor etwa sechs Wochen. Sie begleitete ihre Geschichte mit einer Fülle von Details, von denen die meisten ungenau waren, gepaart mit der Versicherung, dass der Lord und Mrs. Stitchley zweifellos alles in ihrer Macht Stehende tun würden, um Mrs. Bindle in ihrer Stunde der Prüfung zu helfen.

Schließlich ertappte sich Mrs. Stitchley dabei, wie sie mit einem Gefühl großer Ungerechtigkeit den kleinen gepflasterten Weg entlangging, der zum Außentor der Bindles führte.

„Niemals beißen oder essen", murmelte sie, als sie sich aus dem Tor wandte und darauf achtete, es offen zu lassen, „und ich erzähle ihm alles, was ich ihm gesagt habe. Ich bin auf Gemeinheit gestoßen Zu meiner Zeit wurde mir aber noch nie eine Tasse Tee verweigert, und ich habe mir die Mühe gemacht, etwas Grausames zu sagen. Ich wundere mich nicht, dass er sich mit diesem Mädchen eingelassen hat.

In dieser Nacht vertraute sie sich ihrem Mann an. „Stitchley", sagte sie, „es gibt keinen Rauch ohne Feuer, merken Sie sich meine Worte", und Stitchley blickte von seiner Zeitung auf und erkundigte sich, worüber zum Teufel sie vergasen wollte; Aber sie machte keinen Kommentar, außer dass sie noch einmal betonte, dass er sich ihre Worte merken sollte.

An diesem Nachmittag arbeitete Frau Bindle mit einer selbst für sie ungewöhnlichen Energie. Sie griff das Küchenfeuer an, warf ein Bügeleisen in die Spüle, das die Kühnheit hatte, zu heiß zu werden, schrubbte Bretter, die nicht geschrubbt werden mussten, wusch Linoleum, das makellos war, und trug Bleischwarz auf, wo das Auftragen von Bleischwarz wie das Bemalen einer Lilie war. Kurz gesagt, sie schien entschlossen, ihre Energie und ihren Zorn auf die hilflosen und unbelebten Dinge um sie herum zu richten.

Von Zeit zu Zeit ertönte aus ihren geschlossenen Lippen ein Laut wie von jemandem, der Schwierigkeiten hat, seine aufgestauten Gefühle zurückzuhalten.

Schließlich, nachdem sie alles gereinigt hatte, was reinigbar war, bereitete sie eine Tasse Tee zu, die sie im Stehen trank. Dann nahm sie ihre Schürze ab, nahm ihren Hut aus der Kommode, setzte ihn auf ihren Kopf und rückte die Bänder unter ihrem Kinn zurecht.

Ohne auf ein anderes Kleidungsstück zu warten, verließ sie das Haus und machte sich auf den Weg zur Arloes Road.

Zweimal ging sie die ganze Länge entlang, unterzog das von den Brungers bewohnte Haus einer sorgfältigen Prüfung, betrachtete die Fenster mit großer Sorgfalt und fand an ihnen wenig zu kritisieren. Dann kehrte sie zur Fenton Street zurück.

Die Tatsache, dass er den tatsächlichen Schauplatz von Bindles Perfidie gesehen hatte, schien Mrs. Stitchleys Geschichte zu bestätigen. Bevor der

Sturm jedoch ausbrechen durfte, hatte Mrs. Bindle die Absicht, sich noch mehr Gewissheit zu verschaffen, indem sie ihn, wie sie es selbst betrachtete, „dabei erwischte".

An diesem Abend wählte sie für ihre Abendlektüre das Kapitel in der Bibel aus, in dem von den Plagen Ägyptens berichtet wird. Vorübergehend sah sie sich selbst in der Rolle einer empörten Vorsehung, während sie für die Rolle des Pharaos Bindle gecastet hatte, der, ohne sich seines drohenden Untergangs bewusst zu sein, Ginger im Gelben Strauß erklärte, dass ein Bigamist entlassen werden sollte, weil „" „Es muss verrückt sein, es getan zu haben."

III

Frau Bindle erwartete den Beginn des Samstagabends mit einer Grimmigkeit, die dazu führte, dass Bindle sie mehr als einmal neugierig betrachtete. „Da ist etwas auf dem Andel", murmelte er prophetisch; Aber da Frau Bindle kein Zeichen gab und ihm darüber hinaus seine Lieblingsgerichte vorstellte, ließ er zu, dass Spekulationen sich in Appetit und Vergnügen verwandelten.

Es war charakteristisch für Mrs. Bindle, dass sie bei der Zubereitung seiner Mahlzeiten besondere Sorgfalt walten ließ, da Bindle mehr als sonst unter Druck stand. Es war ihre Art, den Unterschied zwischen ihnen hervorzuheben; Er ist der irrende Ehemann, sie ist die perfekte Ehefrau.

„Ich werde heute Abend nicht zum Abendessen da sein, Lizzie", verkündete Bindle beiläufig an dem Abend, an dem Mrs. Bindle bereits beschlossen hatte, ihr Tag des Zorns zu werden. Er nahm seine Melone und bereitete sich auf einen seiner blitzschnellen Abgänge vor.

"Wo gehst du hin?" forderte sie und hoffte, ihn in eine Lüge zu verwickeln.

„Wenn du aufstehst und sagst, dass du in die Kapelle gehst", bemerkte er und ging zur Tür, „dann denke ich überhaupt nicht darüber nach, da ich ein vertrauensvoller Mann bin; wenn ich also aufstehe, gilt das Gleiche." ' sagt, ich gehe nicht in die Kapelle, du hättest auch nichts sagen sollen, denk mal, Mrs. B. Wots Soße für die Gans ist – –"

„Du bist ein böser, schwarzherziger Mann, Bindle, und das weißt du."

Die Gefühlsintensität, mit der die Worte ausgesprochen wurden, überraschte ihn.

„Glauben Sie nicht, dass Sie Staub werfen können –" Sie hielt plötzlich inne und kam dann zu dem Schluss: „Seien Sie besser vorsichtig."

„Ich bin, Frau B.", antwortete er fröhlich, „vorsichtig *wie* vorsichtig."

Bindle hatte es sich zur Gewohnheit gemacht, samstagabends bei den Brungers vorbeizuschauen, und zu diesem Zweck ließ er sich, wie er es nannte, „waschen und auffrischen". Dies führte zu einem vollständigen Wechsel der Kleidung und dem üblichen „Spülen" am Küchenspülbecken. Dies allein bestätigte Mrs. Stitchleys Geschichte.

„Na ja, na ja", sagte Bindle, als er die Küchentür öffnete. „Lass die Feuer brennen", und damit war er weg.

Bindle hatte aus früheren Erfahrungen gelernt, dass die Wahrscheinlichkeit, dass Frau Bindle den letzten dialektischen Punkt erzielte, umso geringer war, je dramatischer sein Abgang war.

An diesem Abend hatte sie jedoch andere und wichtigere Dinge zum Nachdenken – und Handeln. Kaum hatte sie die Küchentür geschlossen, ging sie schnell zur Kommode, zog eine Schublade auf und holte ihren dunkelbraunen Regenmantel und die Haube heraus. Mit schnellen, geschickten Bewegungen zog sie an dem einen und band die Schnüre des anderen unter ihrem Kinn fest. Dann, ohne einen Blick in den Spiegel über dem Kaminsims zu werfen, betrat sie den Flur und verließ die Flurtür.

Sie sah gerade noch, wie Bindle um die Ecke verschwand. Ohne zu zögern folgte sie ihm.

Unbewusst, dass Mrs. Bindle, genau wie Nemesis, hinter ihm her war, setzte Bindle seinen Weg fort, bis er schließlich in die Arloes Road einbog. Als er den zweiten Laternenpfahl erreichte, stieß er einen besonders schrillen Pfiff aus. Als er das Tor öffnete, das zu einem hübschen kleinen Haus führte, öffnete sich die Eingangstür, und ein junges Mädchen rannte den Weg entlang und ergriff seinen Arm. Es war offensichtlich, dass sie auf das Signal gelauscht hatte. Einen Moment später betraten sie gemeinsam das Haus.

Ein paar Sekunden lang stand Mrs. Bindle am Ende der Straße und starrte auf die Tür, die sich hinter ihnen geschlossen hatte. Ihr Gesicht war weiß und starr, und eine graue Linie der Grimmigkeit markierte die Stelle, an der ihre Lippen verschwunden waren. Ihr war aufgefallen, dass das Mädchen hübsch war, mit blonden Haaren, die in üppigen kleinen Ranken um ihren Kopf hingen, und dass es außerdem mit einem breiten hellgrünen Band zusammengebunden war.

"Der Bösewicht!" „murmelte sie zwischen zusammengebissenen Zähnen, während sie sich umdrehte und ihre Schritte zurückverfolgte. „Ich werde es ihm zeigen."

Zurück in der Fenton Street ging sie direkt nach oben und machte sich daran, eine aufwendige Toilette zu bauen. Etwas mehr als eine Stunde später schloss sich die Haustür erneut hinter ihr, und Mrs. Bindle setzte ihren Weg fort, knöpfte ihre schmerzhaft engen Handschuhe zu und war sich bewusst, dass sie in puncto Kleidung ein Triumph der Vollständigkeit war.

IV

„Und wie war Nibs die ganze Woche über ein gutes Mädchen?" Bindle hielt inne, während er ein Glas Bier an die Lippen führte.

„Das habe ich, Mütter, nicht wahr?" Elsie Brunger mischte sich ein, ohne ihrer Mutter Gelegenheit zu einer Antwort zu geben.

Frau Brunger nickte. Die Frage war ihr in einem Moment aufgefallen, als ihr Mund überfüllt war mit gebratenen Schollen und Kartoffeln.

„Das ist das Ticket", sagte Bindle zustimmend. „Kein langes Ausgehen und die Milch holen, oder" – er machte eine beeindruckende Pause – „Ich bekomme noch ein Mädchen, verstehen Sie?"

Zu diesem Zeitpunkt hatte Frau Brunger die Scholle und die Kartoffeln auf ein gesprächiges Maß reduziert.

„Sie hat mir auch viel im Haus geholfen", sagte sie von oben in ihrer weißen Seidenbluse, die unbedingt zeigen wollte, wie sehr Mrs. Brunger wirklich in ihr steckte.

Elsie blickte Bindle triumphierend über den Esstisch hinweg an.

„Das ist ein gutes Mädchen", sagte Bindle anerkennend.

„Sie haben ihr viel Gutes getan, Mr. Bindle", sagte Mrs. Brunger, „und ich und George sind dankbar, nicht wahr, George?"

Mr. Brunger, ein Mann mit schwerem Gesicht, traurigen, glanzlosen Augen und blasser Haut, nickte. Er war ein Mann, dem das Sprechen schwer fiel, aber dieses Mal wurde seine Aussprache durch eine Fischgräte eingeschränkt, die irgendwo in der Nähe seiner Zungenwurzel steckte.

„Wunderbar, wie alle Mädels mich annehmen", bemerkte Bindle. „Jagt mich um Stachelbeerbüsche herum, das tun sie; sie tun alles, um mich zu kriegen."

„Machen Sie doch weiter", lachte Frau Brunger. „Woher sollte ich das wissen?"

„Ich sagte, ich wäre eine Taube. Du hast mich gehört, nicht wahr, Fluffy?" forderte er und wandte sich an Elsie.

„Ich werde nicht Fluffy genannt", rief sie in gespielter Empörung. „Du weißt, dass es mir nicht gefällt."

„Der Mann, der herumgeht und einer Frau sagt, dass sie es mag, wird nicht viel Marmelade bekommen", bemerkte Bindle orakelhaft.

„Jetzt lasst uns wegräumen, Mutter", bemerkte Herr Brunger zum ersten Mal.

„Oh, Papa! Liebst du deine Dominosteine nicht?" rief Elsie, sprang auf und umarmte ihn. „Alles klar, Mama und ich werden bald Entwarnung geben." Komm mit, Onkel, du Butle. Das an Bindle.

Unter lautem Geplapper und Gelächter wurde der Tisch abgeräumt, das rote Tischtuch anstelle des weißen Tischtuchs ausgebreitet und die Domino-Box reichte vom Küchensims herab. Das ernste Geschäft des Abends hatte begonnen.

Herr Brunger hatte nur einen Abend pro Woche zu Hause, den er gerne zwischen seiner Familie und seinem Lieblingsspiel aufteilte und dem Spiel den größten Teil seiner Aufmerksamkeit widmete.

Früher hatte er die Angewohnheit, einen Freund oder Bekannten zu bitten, sich ihm anzuschließen; aber seit der Ankunft von Bindle war es selbstverständlich geworden, dass sich jeden Samstagabend dasselbe Quartett treffen sollte.

Frau Brunger würde so tun, als würde sie häkeln. Das Produkt hatte eines mit der Weberei von Penelope gemeinsam: Es schien nie nennenswerte Fortschritte in Richtung Vollendung zu machen.

Mr. Brunger widmete sich den Strapazen des Spiels, und Elsie flatterte zwischen den beiden Spielern hin und her, platzte, traute sich aber nie, den Rat zu geben, den ihr überlegenes Wissen wertvoll machte.

Bindle hielt die Gesellschaft bei Laune, bis auf Mr. Brunger, der zu sehr in die Knochenparallelogramme vor ihm versunken war, um noch etwas anderes zu bemerken.

Elsie hätte genauso gut daran gedacht, ihr Sonntagsessen zu verpassen, wie diese Samstagabende, und Frau Brunger stellte bald fest, dass ihr eine neue und mächtige Waffe in die Hand gedrückt worden war.

„Na schön, ihr geht am Samstag um sieben ins Bett", sagte sie, worauf unweigerlich ein „Oh, Mamas!" folgte. der Reue und Fügsamkeit.

„Raus! Du bist geschlagen, Onkel", schrie Elsie, klatschte in die Hände und genoss den Ausdruck gespielter Demütigung, mit dem Bindle die Dominosteine vor sich betrachtete.

Mr. Brunger lehnte sich in seinem Stuhl zurück, ein Ausdruck milden Triumphs veränderte sein Gesicht mit den breiten Wangen. Es war bemerkenswert, wie konsequent Herr Brunger als Sieger hervorging.

In diesem Moment ertönte ein lautes und gebieterisches Ratten-Tat-Tat durch den Gang.

„Jetzt frage ich mich, wer das ist." Frau Brunger legte ihre Häkelnadel auf den Tisch und stand auf.

„Bringst du niemanden hierher, Mutter", befahl Herr Brunger, der befürchtete, dass ihm der Abend verdorben würde, als er begann, die Dominosteine zu mischen. Es gab keine Musik, die ihm so am Herzen lag wie ihr Klick-Klack, als sie einander berührten.

Frau Brunger verließ das Zimmer, schloss vorsichtig die Tür hinter sich, ging durch den kurzen Flur und öffnete die Tür.

„Ich bin wegen meines Mannes gekommen!"

Auf der Türschwelle stand Frau Bindle, grimmig wie das Schicksal. Ihr Gesicht war weiß, ihre Augen hart und ihr Mund kaum mehr als durch eine Schattenlinie zwischen ihren eng zusammengepressten Lippen angedeutet. Die Worte schienen Frau Brunger sprachlos zu machen.

„Dein – dein Mann?" wiederholte sie ausführlich.

„Ja, mein Mann." Mrs. Bindles Diktion verlor unter dem Druck großer Emotionen ihre Reinheit und Präzision. „Ich weiß, dass er hier ist. Leugnen Sie es nicht. Ich habe ihn kommen sehen. Oh, Sie böse Frau!"

Frau Brunger blinzelte verwirrt. Sie war von der Plötzlichkeit des Angriffs überrascht; Aber ihr Zorn steigerte sich unter diesem beleidigenden und unprovozierten Angriff.

„Wie nennst du mich?" sie verlangte.

„Einen rechtmäßigen Ehemann einer Frau nehmen –" begann Mrs. Bindle, als sie von Mrs. Brunger unterbrochen wurde.

„Hier, kommen Sie herein", rief sie, wohlwissend, dass im Inneren des Hauses nur diejenigen auf beiden Seiten es hören konnten, während ihre Unterhaltung auf der Türschwelle Eigentum der gesamten Straße sein würde.

Mrs. Bindle folgte Mrs. Brunger ins Wohnzimmer. Einen Moment schwiegen die beiden Frauen, während Frau Brunger die Streichhölzer fand, das Gas anzündete und die Jalousie herunterließ.

„Was ist denn mit dir los? Was ist dein Problem?" forderte Frau Brunger mit unterdrückter Leidenschaft. "Raus mit der Sprache."

„Ich will meinen Mann", wiederholte Frau Bindle, ein wenig verblüfft über die Heftigkeit des Angriffs.

„Und was habe ich mit Ihrem Mann zu tun, würde ich gerne wissen?"

„Er ist hier. Sie ermutigen ihn und führen ihn weg von –" Mrs. Bindle hielt inne.

„Ihn von was wegführen?" fragte Frau Brunger.

"Von mir!"

„Ich führe ihn weg, oder? – führe ihn weg, glaube ich, hast du gesagt?" Mrs. Brunger legte eine Hand auf beide Hüften und schob ihr Gesicht nach vorne, was Mrs. Bindle dazu veranlasste, unwillkürlich zurückzuweichen.

„Oh! Du brauchst keine Angst zu haben. Ich werde dich nicht schlagen. Ihn wegführen war das, was du gesagt hast." Frau Brunger machte eine dramatische Pause und lehnte sich leicht zurück, als wollte sie einen umfassenderen Blick auf ihren Widersacher werfen. „Nun, er muss ein verdammt kurzsichtiger Idiot sein, wenn er sich von so einem Ding wie dir abbringen lassen will. An seiner Stelle würde ich mit aller Kraft davonlaufen."

Die beißende Verachtung dieser Worte, der beleidigend verächtliche Ton, in dem sie geäußert wurden, schienen Mrs. Bindle einen Moment lang zu betäuben; aber nur für eine Atempause.

Sie erholte sich schnell und richtete einen Strom von Anschuldigungen und Vorwürfen gegen ihren Gegner.

Sie erzählte, wie ein Mitgläubiger der Alton Road Chapel die Rückkehr von Bindle in der Nacht der Auseinandersetzung im Vorgarten miterlebt hatte. Sie beschuldigte Mutter und Tochter unvorstellbarer Verbrechen und brachte ihr dabei ein Zitat aus der Heiligen Schrift zu Hilfe.

Sie verwechselte Fulham und Hammersmith mit Sodom und Gomorra. Sie rief die allsehende Vorsehung dazu auf, den Bezirk im Allgemeinen und die Arloes Road im Besonderen von der pestilenzielle Bevölkerung zu säubern.

Sie verfolgte die Abstammung von Frau Brunger über Generationen voller Schande und Sünde hinweg. Sie drohte ihr mit Bestrafung in dieser und der nächsten Welt. Sie erzählte von Bindles Vernachlässigung und Bosheit und warf ihn hinaus in die zähneknirschende Dunkelheit. Sie zertrat ihn mit Füßen und sorgte dafür, dass die Vorsehung ihn und seine Gefährten verschmähen und sie alle der ewigen und feurigen Verdammnis überantworten sollte.

Allmählich steigerte sie sich in einen Rausch hysterischer Beschimpfungen. In ihren Mundwinkeln bildeten sich kleine Schaumpunkte. Ihre Haube war nach hinten abgerutscht und hing mit den Schnüren um ihren Hals. Ihr rechter, biskuitbrauner Handschuh war auf der Handfläche geplatzt.

Mrs. Bindle hatte jegliche Kontrolle über sich verloren.

„Er ist hier! Er ist hier! Ich habe ihn kommen sehen! Du Isebel! Du versteckst ihn; aber ich werde ihn finden. Ich werde ihn finden. Du – du –"

Mit einem wilden, hysterischen Schrei stürmte sie zur Tür, riss sie auf, rannte durch den Flur und stürmte in die Küche.

„Also habe ich dich mit dem Jez erwischt –" Sie hielt inne, als wäre sie versteinert.

Mr. Brunger hatte gerade seinen letzten Dominostein geworfen und lehnte sich triumphierend in seinem Stuhl zurück. Elsie, die einen Arm um den Hals ihres Vaters gelegt hatte, lachte spöttisch über Bindle, der mit komischer Besorgnis auf die fünf Dominosteine starrte, die auf der ihm zugewandten Seite standen.

Alle drei Köpfe fuhren herum, und drei Paar aufgerissene Augen starrten auf die zerzauste, bleiche Gestalt, die mit dem Licht des Wahnsinns in den Augen auf sie herabblickte.

„Ohhhh!", keuchte Elsie, während sich ihre Arme um den Hals ihres Vaters schlossen und ihn fast erwürgten.

„Grrrrmp", würgte Mr. Brunger und ließ seine Pfeife auf seine Knie fallen.

Bindle sprang auf und warf dabei seinen Stuhl um. Seine Augen funkelten, seine Lippen waren zu einem festen Strich zusammengepresst und seine Hände waren krampfhaft zu Fäusten geballt.

„Du – du verschwindest hier!" die Worte schienen unwillkürlich aus ihm herauszuplatzen: „oder –"

Einen Moment lang starrte Mrs. Bindle ihn verwirrt an, in ihren Augen schienen Überraschung und Angst die Oberhand zu gewinnen. Ihr Blick wanderte weiter zu dem verängstigten Mädchen, das ihren Vater um den Hals drückte, und dann zurück zu Bindle. Sie drehte sich so plötzlich um, wie sie eingetreten war, feuerte Mrs. Brunger ab, die hinter ihr stand, und stolperte blind durch den Gang auf die Straße.

Frau Brunger folgte ihr und schloss die Haustür hinter sich. Als sie in die Küche zurückkehrte, hatte Bindle seinen Stuhl aufgehoben und nahm wieder Platz. Seine Hände zitterten leicht und er war sehr weiß.

„Ihr – ihr geht es in letzter Zeit nicht gut", murmelte er heiser. "ICH--"

„Nun, Mutter, wo ist das Bier? Ich habe ein bisschen Durst;" und nach dieser ungewöhnlich langen Rede begann Mr. Brunger mit fast beängstigender Energie die Dominosteine zu mischen, während Elsie mit verwunderten Augen und ein wenig blass auf der Armlehne des Stuhls ihres Vaters saß und Bindle verstohlen ansah.

Als Bindle an diesem Abend nach Hause kam, fand er auf dem Küchentisch eine Flasche Bier, ein Glas, zwei Stücke Brot und Butter, ein Stück Käse und eine kleine Schüssel mit eingelegten Zwiebeln.

„Nun, ich bin überwältigt!" murmelte er beim Anblick dieser ungewöhnlichen Aufmerksamkeit. „Wunder werden niemals aufhören", und er fuhr fort, den Stopfen der Bierflasche aufzuschrauben.

Der Vorfall mit den Brungers wurde später zwischen ihnen nie zur Sprache gebracht; aber Mrs. Bindle gab sich keine Ruhe, bis sie die Ursache all des Ärgers entlarvt hatte.

Mrs. Stitchley war überzeugt, den Grund zu sehen, warum sie sich aus der Alton Road Chapel Temperance Society zurückziehen sollte, denn der Grund war eine halbe Viertelflasche Gin, die sie bei einer Zauberlaternen-Veranstaltung beim Trinken erwischt hatte – und es war Mrs . Bindle, der sie erwischt hat.

DAS ENDE